В поисках собственного голоса

ЭВЕТТА РОУЗ

Издание 2

В поисках собственного голоса

Обращение

Вся информация, полученная от Эветты Роуз, а также все написанное и сказанное ею, должно интерпретироваться в качестве доброго совета. Эветта Роуз и группа БТЛ не несут личную, юридическую и финансовую ответственность за какие-либо действия, предпринятые по совету из данной книги. Эветта Роуз не является психологом и врачом по образованию, поэтому она не способна диагностировать болезни, назначать и заниматься их лечением, избавлять от каких-либо недугов. Все, кто воспользуются информацией из этой книги, подтверждают, что они прочитали и поняли данное обращение автора. Эветта и другие практикующие члены БТЛ не в состоянии диагностировать, предписывать и назначать лечение или настаивать на лечении каких-либо психологических заболеваний, которые подразумевают медицинскую и психиатрическую помощь. Принципы, предлагаемые техникой БТЛ и системой Трех шагов ППП, являются только направляющими принципами и рекомендациями. Используя советы из данной книги, читатель признает, что он/она берет на себя полную ответственность за все приобретенные знания и их применение. Данные материалы не замещают рекомендаций практикующих медицинских специалистов. Читатель берет на себя полную ответственность за то, как он/она использует и применяет на практике информацию из данной книги.

Авторские права

Другие книги Эветты Роуз

Метафизическая Анатомия

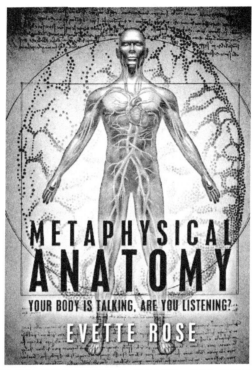

Ваше тело говорит с вами, вы слушаете?

Метафизическая анатомия о болезнях от А до Я. Данная книга представляет собой нечто большее, чем описание эмоциональных компонентов каждого заболевания. Метафизическая анатомия также включает в себя пошаговые инструкции о том, как идентифицировать причину появления болезни. Была ли болезнь заложена в вашей родословной, во время зачатия, при рождении или сформировалась в детстве. Данная книга может быть одинаково полезна для опытных последователей нетрадиционной медицины, психотерапевтов, гипнотерапевтов, тренеров личностного роста и тех, кто увлекается самоисцелением. Для более подробной информации посетите наш сайт www.EvetteRose.com www.MetaphysicalAnatomy.com

В поисках собственного голоса

Оглавление

Благодарность

Спасибо моему мужу Саймону за его безотказную помощь. Спасибо за твою бесконечную поддержку.

Я также хотела бы поблагодарить мою маму за ее мужество, преданность и поддержку. Спасибо за твой вклад и участие в проекте.

Спасибо Лей Номчонг, психологу из Канберры, за его вклад и поддержку. Я очень благодарна за то время, которое вы подарили мне, оказывая помощь в создании данной книги.

Выражаю большую благодарность Рогнеде Елагиной-Апперсон за перевод моей книги на русский язык. Надеюсь, что мои знания и опыт принесут пользу русскому читателю.

Я благодарю Викторию Киорсак за поддержку при переводе моей книги и то, как она сохранила ее голос!

С любовью,

ЭВЕТТА РОУЗ

Вступление

Меня зовут Эветта Роуз, и я автор этой книги, где делюсь своими мыслями, чувствами и опытом, связанными с насилием. Я также являюсь одним из основателей компании по личностному развитию под названием БТЛ (Быстрая Трансформация Личности), которая раньше была известна как терапия отправных точек (Reference Point Therapy). Для более полной информации вы можете посетить сайт www.rpt.co.

На наших семинарах мы помогаем и поддерживаем тех, кто прошел через сложные ситуации, людям, которые хотят в своей жизни движения вперед. Я всегда нахожу частичку себя в каждом из тех, кому мы помогаем. Поддерживая других, я чувствую, что исцеляюсь сама на новом уровне.

Вопросы, мнения и выводы других вдохновили меня на то, чтобы больше помогать людям, но, работая только с нашими пациентами и студентами, я никогда не смогла бы ответить на такое огромное количество вопросов или дать так много советов.

Одной из целей написания этой книги — поддержать вас в решении сделать первый шаг на пути к исцелению. Прочитав книгу, вы будете в одном шаге от принятия решения полностью исцелиться от прошлого при поддержке квалифицированного практика.

Я не вполне отдавала себе отчет, как будет трудно написать книгу на неродном для меня языке. Мне пришлось выучить много нового в английской грамматике. Самым сложным было написать историю о своей жизни с намерением помочь другим, весь процесс занял более 3-х лет. Сложность заключалась в том, как облечь свои мысли и чувства в слова. Я очень благодарна всем чудесным людям, с которыми мне посчастливилось встретиться и которые поддерживали меня в этом путешествии.

При написании данной книги моим главным намерением было помочь и направить тех, кто готов выйти из зоны комфорта. Эта книга для тех, кто готов совершить перемены в своей жизни. То, что сначала кажется небольшим изменением, в последствии может оказать огромное влияние на вашу жизнь.

Любая перемена в лучшую сторону является шагом вперед, вне зависимости от того, насколько значительными были изменения.

Моя книга адресована тем, кто ищетлюдям, в поиске новых перспектив. Она дает уверенность, что есть и другие люди, которые прошли через трудные времена и подобный опыт.

Еще одинм моим намерением было содействовать вам в достижении контроля и управлению собственной жизнью. Читая эту книгу, вы готовитесь к тому, чтобы открыть другой, более широкий взгляд на жизнь. Не существует ничего более захватывающего, чем начать свой переход в состояние человека наделенного силой.

Я начала свой путь более четырех лет назад. Когда мне было чуть больше двадцати лет, мне очень хотелось помогать людям, способствовать их исцелению, особенно от сексуальных, физических и эмоциональных травм. Искать людей по всему миру и помогать им один на один невозможно, поэтому написание книги стало лучшим способом достичь этой цели.

Книга рассказывает о моей жизни, личном опыте и о том, как я исцеляюсь от прошлого с сексуальным, физическим и эмоциональным насилием.

Эта книга ни в коем случае не является средством излить душу или найти сочувствие. Ее назначение – на примере моей жизни дать вам, уважаемый читатель, представление о ясном и глубоком понимании вашей жизни, шаблонов поведения и убеждений. Данная книга поможет вам сделать шаг в сторону и взглянуть на ваш путь глазами наблюдателя. Это может стать полезным уроком и снабдит вас необходимыми инструментами для исправления того, что вам не нравится в вашей жизни. Я рассказываю о моих успехах, провалах и ошибках, чтобы показать, как жизнь может сделать полный круг.

Идея написания книги появилась в 2009 году. Я позвонила своему отцу и сказала, что собираюсь написать книгу о своей жизни. Я объяснила, что напишу о нем и о нашем прошлом. К удивлению, он сказал, что понял мои намерения.

Еще я попросила его написать главу об алкоголизме, и он согласился. Впрочем, эта глава так и не была издана. Тем не менее, она все-таки была написана, правда, человеком, с которым мы даже не были знакомы, когда я начала работать над книгой.

Моя жизненная история не самая жестокая из тех, о которых вы когда-либо читали. Но я пережила среднюю по тяжести травму, с которой может столкнуться каждый. Переживания и боль, которые остаются в результате насилия, имеют сходные тенденции, последствия и особенности для тех, кто пережил это в самых тяжелых формах.

Самым трудным испытанием для меня стало – снова научиться чувствовать себя в безопасности, и не только среди людей, но и наедине с собой.

Важно понять, что нельзя изменить других. Вы можете изменить только себя: кардинально изменить отношения с другими и то, как вы реагируете на эти отношения. Вы можете изменить свою реакцию на многие ситуации в повседневной жизни или ситуации из прошлого.

Я описываю в книге свой жизненный опыт, чтобы рассказать вам об уроке, который мне пришлось выучить, из опыта жизни с алкоголиком: моим отцом.

Книга поможет вам осознать, что мысли, тоска и боль, которые вы молча носите в себе, не уникальны. В мире много людей, которые чувствуют тоже самое.

Самой главной частью этого путешествия является понять, что происходит внутри вас. Первая часть книги поможет понять, что происходит в вашей среде и почему вы чувствуете и поступаете именно так. У вас появится вопрос: «Что мне с этим делать?»

Любое насилие, совершенное над человеком, может спровоцировать борьбу длиною в жизнь, если с этим не разбираться. Я рассказываю свою историю о насилии со стороны отца и его семьи и о том, как это повлияло на меня. Я также делюсь тем, как в конечном итоге исцелилась от этого.

Писать об очень личной боли было гораздо эмоциональнее, чем я могла представить. Вместе с тем, это помогло мне окончательно завязать незатянутые концы, закрыть незавершенные главы своей жизни и двигаться дальше. Написание книги помогло мне исцелиться от той части моей жизни, которая оставалась застывшей и неизведанной.

Особенно эмоционально тяжело было писать о моем отце и негативном влиянии, которое он и его семья оказывали на жизнь моей матери и меня. Как и во всех семьях, всегда находится нормальный родитель и родитель, с которым у вас трудности и проблемы. Это создает огромный дисбаланс в семейном кругу, вызывает растерянность, беспокойство, страх и необходимость бежать.

Мой отец алкоголик. Он приобрел много черт человека, который страдает от АРЛ (антисоциального расстройства личности). Американская психиатрическая ассоциация в руководстве по диагностике и статистике психических расстройств описывает это как *DSM-IV-TR по причине повреждения мозга от алкоголя*. Я не верю, что мой отец психопат, однако на протяжении многих лет его действия граничили с подобным поведением. С медицинской точки зрения, у моего отца не было врожденного АРЛ. Однако злоупотребление алкоголем серьезно повредило его способность к сопереживанию. Я уделила много внимания теме алкоголизма. Отец злоупотреблял алкоголем, чтобы избегать ответственности за свои поступки и их последствия, чтобы убегать от прошлого и окончательно переложить всю ответственность на маму и меня.

Данная тема затрагивается несколько раз, чтобы показать, что может сделать алкоголизм и оскорбительное поведение с семьей, в основании которой пролегла трещина. Помимо алкоголизма отца, мне в своей жизни также приходилось столкнуться с сексуальным насилием.

Все, кому приходилось иметь дело с поведением алкоголика, которому не хватает внимания, знают, что это нелегкая жизнь. Трудности будут до тех пор, пока обидчик сам не пожелает измениться.

Вы можете исцелиться от насилия. Травма и насилие не должны контролировать вас и управлять вашей жизнью. Многие люди даже не осознают, что они способны на это. Они поддались ложному пониманию того, что насилие и сложившиеся обстоятельства – это их судьба, и вынуждены жить с этим.

Насилие и злоупотребление являются постоянными темами для многих. Люди застревают в повторяющихся циклах злоупотреблений. Они неизменно привлекают партнеров, которые злоупотребляют ими, и заканчивают тем, что живут нездоровой жизнью. Зависимость от наркотиков, лекарств и алкоголя начинается с того, что кажется единственным способом облегчить страдания или личную боль. Это происходит в детстве, когда право ребенка выбирать здоровые личные границы было жестоко подавлено. Это одно из самых ослабляющих и трагических действий, которое можно совершить над ребенком.

Без крепких личных границ у вас нет фундамента внутри, нет его в вашей жизни, в вашей среде, в ваших отношениях с другими. Вы теряет способность и принцип понимания и определения ваших личных границ. Вы заточаете себя в личные границы других людей, в их ограничения и ожидания.

Если вы потратите несколько секунд и оглядитесь вокруг, то увидите несколько исключений. Вы увидите успешных людей – эмоционально стабильных, пребывающих в согласии с собой. Они взаимодействуют друг с другом с абсолютной уверенностью. Вы не можете не заметить одну вещь: у таких людей здоровые эмоциональные границы. Им не нужно запугивать других, чтобы быть услышанными.

Эти границы разрушаются, когда человек испытывает на себе насилие. Насилие не связано с конкретной культурой, страной или религией. Оно может случиться с кем угодно. Насилие может нанести ущерб в любом возрасте.

Для ребенка существует риск подвергнуться насилию со стороны родителей, няни или учителя, тренера или даже члена религиозной группы. Часто думают Считается, что насилие может происходить только в раннем детстве или когда человек слишком молод, чтобы запомнить, что с ним случилось.

Взрослые, в свою очередь, также могут страдать от физического, эмоционального и сексуального насилия. Взросление не означает, что вы приобретаете иммунитет от возможности получить такой опыт в любой момент. Это может случиться в офисе, у доктора; часто подобное происходит в домах престарелых и интернатах для инвалидов.

Одно я уяснила наверняка: сексуальное насилие обычно связано с физическим и эмоциональным насилием. Это почти всегда так, и довольно редко, чтобы сексуальное насилие случалось без предварительного физического и эмоционального насилия, такого как запугивание, манипуляция, физическое ограничение. От сексуального насилия мы страдаем эмоционально и психически.

Покидая детство, нам становится легче делать различия между тем, что кажется правильным, а что нет. Когда жестокому обращению подвергается подросток или взрослый, в нем навсегда может остаться чувство обиды, ощущение, словно им грубо воспользовались, эмоционально и физически изнасиловали те, кому он раньше доверял. Это тяжелый бег в гору, который не так легко будет забыть. Все новое будет строиться на этой травме.

Что в итоге? Эмоциональное смятение, недоверие и злость на людей, которые, по идее, должны заботится о вас. Сюда же входит чувство нестабильности и непрочности фундамента, на котором строится ваше будущее. Подавленность и злость становятся вашими средствами выживания, ваша страсть, радость, свобода, любовь и личность тоже неизбежно подавляются.

Проживать свою жизнь под покровом насилия из прошлого является скудным существованием, а не жизнью. Такая жизнь превращается в постоянную борьбу за эмоциональное выживание, в поле боя.

Люди, перенесшие насилие над собой, полностью меняются. Радость невинности и свободы заменяют отвращение к себе, паранойя, неуверенность, тревога, гнев, недоверие, пренебрежительность, страх одиночества и надломленные отношения с Богом.

Вот, что прячется в глубине той боли, которую может причинить насилие. Это путешествие научило меня, как болезненно оно может быть, если рядом нет необходимой поддержки. Я хорошо понимаю, какие сомнения, боль и гнев сопровождают вас. Эта боль не должна продолжаться вечно. Однажды вы просто скажете, что на этом все!

Я выбираю перемены, я беру свою силу назад и я снова хочу быть свободным и невинным!

Однако вы забываете об одном: вашу свободу и невинность никто не крал. Их нельзя отнять. Вы сами подавили эту божественную часть себя и сделали это потому, что жизнь изменилась, и вам пришлось адаптироваться к новым условиям, где нет места свободе и невинности.

Если жить с насилием достаточно долго, то начинаешь думать, что заслужил это, что ничего не стоишь, так как видишь и интерпретируешь плохое отношение близких людей, и оно отражается на отношении к себе.

Подвергаться ежедневному насилию становится нормальным. В юности вы не осознаете, что имеете право сказать «нет», умаляете тот факт, что ваше право на личные границы достойно уважения. Будучи ребенком, вы не знаете, что можете устанавливать границы, потому что за стремление сказать «нет» вы были бы наказаны. Люди и дети подвергались бы избиению за попытки установить физическую и эмоциональную границы.

Если вы не можете строить личные границы в детстве, как же вы можете их построить во взрослых отношениях? Большинство людей, прошедших через отношения с насилием, в конце концов будут искать для себя нового обидчика. Насилие становится нормальным, допустимым и занимает значительную часть вашей жизни.

Но однажды вы просыпаетесь со странным ощущением, что что-то не так. Вы пробуждаетесь и осознаете, что жизнь, которой вы живете уже не та, как вам хочется. Что-то большее и лучшее ожидает вас.

Вы говорите: «Моя жизнь не такая, какой я хочу, чтобы она была. Я хочу новую карьеру. Я хочу новую жизнь. Я хотел(а) бы нового(ую) избранника(цу) и новых друзей. Это не сон. Я далеко от всего этого, но я хочу все изменить прямо сейчас!»

В такой момент вы начинаете искать пути к переменам и предпринимаете серьезные шаги.

Это сложно для людей, которые носят в себе неразрешенные проблемы насилия. И чем сильнее вы это осознаете, тем труднее становится перейти на новую фазу в жизни. Это еще труднее, если вы и дальше собираетесь нести с собой всю свою боль. Прошлое будет тормозить вас, подавлять энтузиазм и саботировать новые отношения.

В поисках собственного голоса

Моя интуиция всегда говорила мне, что управлять собственной жизнью и быть наделенным божественной силой - это естественное состояние сознания. Вы отдаете свою силу людям, которые должны были быть ответственными, сострадающими и надежными. В большинстве случаев, наступало лишь разочарование.

Всегда легче винить в своей боли других, вместо того, чтобы взять под контроль собственную жизнь, что, кстати, отнимет власть у обидчиков. Слишком просто уступать другим, когда необходимо брать управление на себя. Это дает возможность не брать контроль над ситуацией в свои руки. Особенно, если это означает, что вы не должны нести ответственности за результат. Для меня это так и было.

Мне говорили, что я не могла исцелиться от прошлого потому, что оно было моим прошлым, а я есть я. Я не согласна с этим. Вы совершенное создание, просто вас тормозит травма из прошлого. Вы подвергались жестокому обращению на биологическом уровне, но не на духовном.

В сегодняшнем быстро меняющемся мире вам сразу говорят, что вы нуждаетесь в медицинских препаратах, потому что детство искалечило вас. Мне давали антидепрессанты, но я быстро поняла, что не нуждаюсь в них. Мне не нужны лекарства, чтобы исцелиться от своего прошлого. В то же время существует много случаев, когда у людей действительно химический дисбаланс, и для них важно принимать специальные лекарства. В моем случае такой необходимости не было, я чувствовала, что застряла в прошлом, что устала от него и не имею никакого представления, что с ним делать.

Читая данную книгу, попытайтесь выявить в ней аналогичные ситуации, которые, возможно, случались в вашей жизни. Я не стыжусь того, что случилось со мной, также как я не стыжусь открыто говорить об этом с другими. И вам не стоит стыдиться. Скорее всего, многие столкнулись с подобными травмами. Очень важно, чтобы вы читали эту книгу в собственном ритме. Одна из ее главных целей – дать вам силу. Это словно напоминание о том, что нет ничего, чего нужно стыдиться. Стыд – это только эмоция. Вы не родились со стыдом. Стыд является результатом вашей реакции на ситуацию.

Вы - бриллиант. Вы по-своему ценная, яркая и уникальная личность. Иногда вас нужно немного отполировать, чтобы вернуть внутренние блеск и ясность. Если вы переживаете свое прошлое и двигаетесь по жизни вперед, важно, чтобы это было осознанное решение, которое не должно быть принято кем-то от вашего имени. Все ваше сердце и ваша душа должны быть в этом решении.

Вы должны хотеть измениться. Если вы начали свое путешествие к исцелению, пути назад уже нет. Ваша жизнь изменится навсегда! Вы можете измениться так сильно, что вдруг поймете: люди, о которых вы были самого высокого мнения, не такие уж восхитительные. Возможно, вы поймете, что работодатель пользовался непрочностью ваших личных границ. А возможно, вы поймете, что больше не хотите быть со своим супругом (супругой).

Последствия исцеления могут быть самыми невероятными. Возможно, слово последствия превращает путешествие к исцелению во что-то пугающее, а возможный положительный эффект во что-то негативное. Но это не так, ведь вы начинаете путешествие к исцелению внутри. Теперь вы знаете, что заслуживаете отношений, где вас безгранично любят. Любовь и принятие не должны зарабатываться выполнением определенных дел, или тем, что вы позволяете другим переступать через вас и жестоко обращаться с вами. Вы должны убедиться, что искренне делаете этот выбор в своем сердце, а не в гневе или ради мести.

Назначение самоисцеления в том, чтобы перерасти все негативные моменты, освободиться от них, а не создавать новые, становясь желчным и мстительным. Да, есть случаи, когда необходимо применять правовые меры; я ни в коем случае не упускаю этот вариант. Когда вы начинаете исцеляться от своих призрачных воспоминаний, они становятся именно воспоминаниями, но не утомляющими образами.

Я прошла по пути исцеления от сексуального, физического и эмоционального насилия. Я по-настоящему понимаю, насколько эмоциональным может быть это путешествие. Мне известно, что это такое оправляться от насилия. Вот почему я так увлеклась поиском способов, которые могли бы помочь мне и нашим пациентам исцелиться от их прошлого без необходимости разрушать себя.

Не пугайтесь своего прошлого; не давайте вашей травме столько власти.

Ваша настоящая суть неизменна. Ее подавление – это худшее, что может с ней случиться. Признавая, что у вас отняли силу, вы теряете ее.

Почерпните из данной книги то, что вам необходимо. Посидите над ней, познакомьтесь с различными концепциями и идеями, поделитесь мыслями с другими, поговорите о них. Я не стремлюсь изменить ваши убеждения и ценности. Будьте открыты, чтобы увидеть и почувствовать жизнь по-новому. Однако самое главное, не забудьте наконец-то сделать этот долгожданный выбор в сторону изменения своей жизни!

В данной книги представлена техника под названием Система трех шагов ППП (the Triple A step). Я создала эту систему не так давно. Систему трех шагов не следует путать с техникой БТЛ, которой мы с Саймоном обучаем на своих семинарах.

Часть 1 Мое путешествие

Глава 1 Моя история

Когда я задумываюсь о том, через что мне пришлось пройти, я понимаю, насколько счастлива сегодня. Я делюсь своей историей в надежде, что это поможет другим осознать, что всегда есть свет в конце тоннеля. Жить в боли – не ваше предназначение.

Моя история наверняка перекликается со многими другими. Она не самая страшная, в ней есть радость, любовь и исцеление. Я рассказываю свою историю, ничего не скрывая, чтобы показать вам – вы можете исцелиться, даже если шаблоны жизни формировались годами и поколениями.

Мой рассказ берет свое начало в городе Удцхурн, в Южной Африке, где в 1984 году я родилась. Известное своими страусовыми фермами, это место привлекает туристов, что создает здесь новые рабочие места.

Вскоре после моего рождения мы переехали в Хрутфонтейн, в Намибии.

Через два года в Хрутфонтейне мы вернулись в Южную Африку, только поселились теперь в городе под названием Кимберли. Здесь мы прожили лишь несколько месяцев, потому что работодатель отца перевел его обратно в Намибию. Таким образом, после долгих скитаний, состоялся наш четвертый переезд в город Ораньемунд в Намибии с населением около 4000 человек. Вода и электричество до 2009 года здесь были бесплатными. Даже местные телефонные звонки были бесплатными, с чем естественно баловались пятилетние дети.

Город был основан в 1936 году и специализировался на алмазной промышленности. После шести лет проживания в Ораньемунде, когда мне исполнилось 11 лет, мы переехали обратно в Кимберли.

Папа и мама целыми днями работали, а я проводила дни в детском саду. Кульминацией дня для меня был обед, когда я разыгрывала других детей: заставляла их смотреть в другую сторону и воровала из их тарелок свою любимую еду. Воспитатели покрывали меня, похоже, это их изумляло. Я всегда ладила с людьми из разных слоев общества, изучила много разных культур и никогда не осуждала других за то, что они выглядят или разговаривают по-другому. Все это – составные части жизни. Мой мирный подход к жизни начал меняться, когда я стала старше, и отношения с отцом становились все более напряженными. Назревали и другие проблемы.

У меня замечательные отношения с мамой. Она всегда была и остается очень хорошим другом и прекрасной матерью.

Мой отец – немногословный человек, особенно когда дело касается меня. Он мало говорил; один его взгляд мог точно выразить все, о чем он думает. Его глаза и то, как он смотрел на тебя, могли обстоятельно рассказать о его чувствах.

Мое самое первое воспоминание об отце – это его глубокие, проницательные карие глаза. У него был пристальный взгляд, которого я никогда не забуду. Он умел так посмотреть на меня, что температура моего тела падала за секунды. Я также знала, что значил один из этих пугающих взглядов. Ответ был прост: беги и не попадайся на глаза. Наблюдать за подобным поведением отца было странным. Иногда такие взгляды, казалось, возникали без всякой причины. Когда же они случались, выяснялось, что я слишком далеко зашла в его личное пространство, то есть, например, в комнату, где он работал.

Временами я не замечала его взглядов. Тогда они заменялись тем, что он толкал меня, проходя в дом, или давал подзатыльник. К сожалению, в моей памяти остались воспоминания о многочисленных оскорблениях, которые были нанесены умышленно.

Мой отец, его отец и его мать были моими злейшими врагами. Мой отец – алкоголик. Он был трудным человеком, с которым было непросто ужиться. Изо дня в день его общение со мной заключалось в том, что он постоянно утверждал свое доминирующее положение. Мне же не было позволено разделить этого положения с ним. С раннего детства он винил меня в семейных неурядицах. Он видел во мне соперника и угрозу, а не собственную дочь. Будучи единственным ребенком, мне пришлось смириться с обвинениями – больше не на кого было свалить вину. Идти против моего отца было то же, что сражаться на войне с одной рукой и пластиковым мечом. У меня не было шансов на победу, никаких шансов быть услышанной.

Спасаясь от домашних драм, я вступала в споры в яслях. Никто не ценил мое мнение. Я всегда считала, что если ты не хочешь знать, что творится в моей голове, то не спрашивай. А еще меня учили – если тебе задают вопрос, то отвечать на него нужно настолько честно, насколько можешь. Я знала, что если не буду так отвечать на вопросы дома, то меня ждут гневные тирады, а то и что-нибудь похуже. Ложь была неприемлема.

Кто бы мог подумать, что другие детям в яслях не нравилась честность? Дети были просто детьми. Я всегда давала сдачи, если другой ребенок ударял или пинал меня. Это было единственное место, где я могла физически защитить себя и выпустить пар. В то время я не знала, что причиняя кому-то боль, я демонстрировала свое ложное начало, основанное на прошлом и постоянных потрясениях дома.

В поисках собственного голоса

Мне не хотелось быть агрессивной. Я прекрасно помню, что чувствовала себя ужасно, если ударяла кого-то по руке. Однако необходимость ослабить мое внутреннее напряжение брала верх над логикой. Я ощущала этот конфликт внутри себя. Мне хотелось делать больно другим потому, что делали больно мне, и тогда чувство вины за свое поведение таяло. Поиск мести ранил меня больше, чем даже сам акт насилия, который изначально был спровоцирован против меня. Теперь я знаю, что мы не созданы для того, чтобы быть агрессивными и сеять ненависть и злобу по отношению друг к другу. Если мы предназначены для всех этих отрицательных эмоций, почему же тогда столько больных людей? Они только разрушают наш некогда спокойный мир и гармонию в душе.

В то время, пока у меня был неровный старт в яслях, я также боролась со своими демонами и в других местах. После яслей я не хотела идти в детский сад. Я безумно боялась оставаться одна или с людьми, которых не знала. Моя жизнь пошла под откос. Чем отчетливее я понимала, что являюсь причиной ненависти отца, тем сильнее это отражалось на чувстве моей безопасности. В то же время я не хотела оставаться дома. Ощущение защищенности начало исчезать.

Мне некуда было идти, а тоска и тревога, которые были спровоцированы отношениями с отцом, сделали меня безразличной. Глядя на это сейчас, я понимаю, что дистанцировалась от своего окружения.

В таком раннем возрасте я не знала, что эмоциональное и сексуальное насилие, совершаемые надо мной, были преступлением. Тем не менее, одни только воспоминания об этом до сих пор заставляют меня чувствовать неловкость и смущение.

Я была физически и сексуально изнасилована, когда мне еще не было четырех лет. Это случилось в детском саду в Хрутфонтейне, где мама оставила меня, чтобы пойти на работу. Более того, стоит добавить, что родители моего отца, которые страдали педофилией, в то время тоже гостили у нас. У меня не было другого пути. Я не могла оставаться дома, чтобы избежать насилия в детском саду, пока бабушка и дедушка были у нас. По тем же причинам я не могла избежать походов в детский сад. Других детей там тоже насиловали; я была не единственной. С ними делали то же, что и со мной.

Странным было то, что только определенные люди совершали сексуальные преступления надо мной. Я ощущала противоречие в том, какими должны быть мои отношения с другими. Все это только укрепило неуверенность и смятение в том, как просить любви и внимания, потому что даже необходимые безопасность и комфорт представлялись мне иначе.

Родители моего отца были увлеченными и бесстрашными педофилами. Они могли насиловать меня ночью в моей спальне. Моя комната была рядом со спальней родителей. Однако я никогда ничего им не рассказывала, потому что это был секрет из серии «Я убью тебя, если проговоришься». Я хранила это в себе и думала, что так и должно быть. Родители моего отца были авторитетными фигурами в моей жизни, и несоблюдение их требований повлекло бы за собой страшные последствия.

Помню, как однажды я отказалась выполнять их требования, и это было только потому, что сосед ждал меня на улице. Прежде, чем я успела что-либо понять, они насильно привязали меня к моей собственной кровати.

Мне приходилось делить комнату с бабушкой и дедушкой. Стараясь спрятаться от них, когда они приезжали, я просилась в спальню к родителям. Я не понимала, что поведение бабушки и дедушки было неправильным. Я была озадачена их действиями, когда они начали привязывать меня. Мне было страшно и стыдно. Когда меня насиловали, я чувствовала себя странно, но у меня не было другого выбора, как доверять обидчикам. Во время этих действий, доверять было больше некому.

В поисках собственного голоса

Вскоре мама наняла няню, чтобы присматривать за мной, поскольку я отказалась ходить в детский сад, а бабушка и дедушка упивались литрами бренди дома. Няня мне не понравилась, потому что оставила меня одну и валялась на диване со своим парнем.

Я решила, что для первого дня с ней – достаточно. Я собрала свой портфель и пошла домой. Я подумала, что могу побыть у соседей, пока родители не вернуться домой с работы. Няня догнала меня на полпути домой и притащила обратно к себе, угрожая, что позвонит маме. Я так и ответила: «Хорошо, пожалуйста, позвоните моей маме. Я хочу домой прямо сейчас. Я не хочу здесь больше оставаться!»

По какой-то причине я не боялась быть с ней дерзкой. Когда она поймала меня на полпути к дому, она не показала злости. Я подумала, что она слабый и плохой воспитатель. Она не кричала на меня и не била. Реакция моего отца, например, в подобной ситуации была бы катастрофической. Я уже приготовилась к тому, чтобы прятаться, или хотя бы выслушать несколько смертельных угроз. Няня же спокойно взяла меня за руку и отвела к себе домой.

После этого происшествия мама взяла отпуск на работе, чтобы присматривать за мной, пока бабушка и дедушка гостили у нас.

Мы поехали на несколько дней в Национальный парк Этоша. Я помню, как сидела около глубокого темного колодца. Вдруг слова бабушки прозвучали как гром среди ясного неба: «Если будешь плохо себя вести, я тебя утоплю». Я оглянулась, чтобы убедиться, что мама может меня видеть и присматривает за мной.

Однажды дома я подошла к дедушке, который ел апельсин. Я взяла кусочек из его тарелки, не осознавая, какую ошибку совершаю. Следующее, что я увидела, был большой кулак, летящий мне в лицо. Он сразу сбил меня с ног. Я упала на бетонный пол и ударилась головой. Я очнулась в растерянности и потрясении, пока не поняла, что произошло. С плачем я бросилась к маме, ощущая вкус крови во рту. Я поняла, что кровь течет из нижней губы. Мои зубы прошли насквозь нижней губы. Это был значительный момент в моей жизни. Большая часть меня умерла в тот день.

Я была в сильном шоке, начала черстветь по отношению к окружающему миру и людям вокруг. Я полностью потеряла уверенность в себе. Мой дедушка сказал, что я упала и разбила губу об пол. Я посмотрела на маму с изумлением. Бабушка же ухмыльнулась, будто все произошедшее было одной большой шуткой. В то время, пока мама смотрела на дедушку, я заметила на себе взгляд бабушки. Он был таким же пронизывающим до костей, каким обычно смотрел отец. Бабушка продолжала смотреть на меня и сказала: «Дети врут». Она взглянула мне прямо в глаза и произнесла: «Ты глупый ребенок».

Пока бабушка с дедушкой продолжали гостить у нас, мамин отпуск закончился, и ей пришлось срочно искать новую няню. Мама не смогла никого найти так быстро, и случилось неизбежное: на один день я осталась наедине с бабушкой и дедушкой. Мама попросила соседку присмотреть за мной и разрешить мне поиграть у нее.

Как только родители ушли, бабушка и дедушка открыли припрятанную бутылку бренди. Я старалась не попадаться им на глаза и играть в доме соседки. Примерно через полчаса я вернулась домой. Бабушка была в гневе. Она так сильно схватила меня за ухо, что оторвала мочку. Я билась в истерике от боли. Чем громче я кричала, тем злее она становилась. Она подняла мои руки вверх и приложила их к горячей конфорке. Плита работала уже несколько часов, но бабушка была уже слишком пьяна, чтобы выключить ее. Она включила плиту ещё утром, когда прикуривала свою первую сигарету. Она прикуривала от плиты, так как не могла найти спички. Я чувствовала, как от мочки уха по шее бежит струйка крови. Чем больше я плакала, тем сильнее бабушка била меня по голове. Подавить слезы и замолчать было единственным способом остановить это наказание.

Мама вошла как раз в тот момент, когда бабушка перестала меня бить. Конечно, мама увидела кровь на моем ухе. Она поняла, что произошло. Я убежала к себе в комнату и спряталась. В первый раз я слышала, как мама кричит на бабушку с неконтролируемой яростью. Она больше не пыталась быть покорной перед свекровью. Она швыряла в бабушку тарелками и проклинала ее, на чем свет стоит. Потом она позвонила отцу и рассказала обо всем, что случилось. Я думала, что скандал разразится еще сильнее, когда он придет домой. Но я ошибалась.

Когда отец пришел домой, он начал игнорировать кричащую на него маму. Он сделал вид, что ничего не произошло. В тот день он даже не взглянул в глаза родителей. Он открыл банку пива, сел на улице и уставился вдаль.

Мой отец не был сильным человеком. Родители управляли им и держали под своим контролем. Он боялся их также, как я боялась его. У него не было внутренней силы. Правда родителей была для него законом.

Для него было легче поверить в их ложь, чем принять мою правду. Это означало, что ему как отцу не нужно было брать на себя ответственность. Это означало, что он может избежать конфликта с родителями. Это давало ему возможность избежать своего жестокого прошлого – прошлого, с которым он не хотел встречаться.

Я подозреваю, что бабушка и дедушка подвергали сексуальному насилию и других членов моей семьи. Они были очень умными и организовывали для детей поездки на выходные в заповедники. Это была идеальная возможность для того, чтобы манипулировать ребенком и использовать его в своих интересах. Они были алкоголиками и заядлыми курильщиками. Их рассудок отключался в тот момент, когда они открывали бутылку бренди. Иногда они издевались надо мной и в трезвом состоянии. Хотя в большинстве случаев это происходило в состоянии опьянения.

К сожалению, много людей используют алкоголь для того, чтобы реализовать свои фантазии и избежать чувства вины, если они переходят чьи-то личные границы. Картины того, как родители отца издевались надо мной, останутся со мной на всю жизнь. Иногда я задаюсь вопросом, делала ли бабушка все эти ужасные вещи со мной, чтобы отвлечь дедушку? Тогда он не требовал от нее никаких особых сексуальных изощрений.

Я вспоминаю, как мне рассказывали истории о том, что дедушка физически издевался над ней и их детьми. Мне кажется, бабушка жила в таком страхе, что делала все, лишь бы дедушка не трогал ее. Много пила, чтобы облегчить боль и ощущение травмы. Я ни в коем случае не оправдываю их поведение. Действия обоих были аморальны и неприемлемы. Я подозреваю, что одной из причин такого поведения была попытка разрядить напряжение в их отношениях. Они причиняли боль невинным людям для того, чтобы притупить свое чувство неудовлетворенности собственным браком. Выходит, они думали, что кто-то должен заплатить за их боль. Возможно, таким витиеватым непонятным для меня образом они понимали любовь, заботу и боль. Можно сделать и такое предположение, но я, сознаюсь, не могу согласиться с этим.

Если они воплощали в жизнь свои травмы, очевидно, что и они подвергались насилию в детстве. Любовь и внимание были показаны им в оскорбительном и неподобающем виде. Это вполне нормально, что люди, подвергающиеся постоянным издевательствам, постепенно сходят с ума. Таким образом человек пытается справиться с обстоятельствами, которые не в состоянии избежать или взять под контроль.

Вскоре после возвращения домой, дедушка скончался. Бабушка приехала к нам во второй раз.

Насилие не прекратилось. От постоянных волнений и страха перед непредсказуемыми реакциями, которые могли возникнуть в любой момент, я была совершенно измучена.

Однажды в выходной день, моя бабушка насиловала меня в моей спальне. В этот момент отец открыл дверь и натолкнулся на нее. Он видел все, что происходило. Он встретился со мной глазами, быстро закрыл дверь и ушел. На его лице не было ни одной эмоции. Бабушка покинула комнату так, словно ничего не случилось. Я уверена, что это был один из многочисленных секретов, которые хранил мой отец.

Я никогда не рассказывала маме о том, что происходило, потому что до конца не была уверена, правильно это или нет. Все хранила в себе, не желая провоцировать новые словесные перебранки. Рассказать обо всем значило поднять новые волны в нашей и без того нестабильной семейной жизни.

Это теперь для меня ясно, что отец безумно боялся своей матери и отца, когда тот был еще жив. Он притуплял чувства алкоголем, у него не хватало мужества противостоять им. Я иногда задаюсь вопросом, насколько он, должно быть, был закрыт от самого себя и от своих эмоций, если смог игнорировать то, что случилось. Такое безвольное и трусливое поведение для взрослого было явным знаком того, что и он прошел через подобное. Теперь же он достиг того момента, когда ему приходилось мириться с этим, заливая алкоголем боль от физического и эмоционального насилия, через которое он прошел. Оба мои родителя были под сильным влиянием стереотипа, что никогда нельзя оспаривать пожилых людей. Я же, в свою очередь, придерживаюсь другого мнения. Я решила, что не буду придерживаться старой школы мышления. По-моему, если что-то неправильно или несправедливо, у тебя есть полное право заявить об этом.

Судя по всему, он был сильно потрясен в детстве. Я верю, что люди могут так долго терпеть боль, что перестают чувствовать разницу между тем, что морально приемлемо и что неприемлемо. Кажется, что люди, страдающие от таких проблем, теряют естественное чувство логики. Они просто перестают рационализировать вещи в жизни, поскольку не в состоянии найти рационального объяснения происходящему, и начинают принимать все так, как есть. Идя по такому пути, они забывают о личных границах и человеческих правах.

Мои бабушка и дедушка притворялись мирными христианами, держали Библию у кровати и ходили в церковь по воскресениям. Несмотря на это, все же была темная тайна, которую они скрывали от церкви, христианской общины, семьи и друзей.

Бабушка и дедушка манипулировали моим отцом и другими детьми, применяя Библию. Эта же модель поведения была в наших отношениях с отцом. Он тоже любил манипулировать людьми через Библию. Он мог носить Библию под мышкой, но при этом наговаривать на людей, оскорблять их. Он прятался за именем Бога и Библии, когда ему это было необходимо. Он пользовался Библией, угрожая другим, что Бог жестоко накажет нас за наши грехи. Таким образом он контролировал свое окружение и нас. Он знал, как использовать слабость людей против них, и добивался того, что хотел.

Будучи ребенком, я не знала, что отец применял Библию в своих целях и таким образом контролировал других. Его угрозы наводили страх, что позволяло добиться еще большего контроля и влияния над людьми.

Помню, как однажды я много ерзала и крутилась в церкви во время службы. Мое подавленное беспокойство в то время была слишком непомерным для меня, и желание двигаться помогало облегчить стресс. Теперь, когда я старше, я понимаю, почему была гиперактивным ребенком. Однако в то время чувства были просто эмоциями и ощущениями, которые мне не нравились и которые я изо всех сил старалась избегать. Я поняла, что если быть активной, бегать и играть на улице, то плохие чувства уходят.

К сожалению, в тот день в церкви, мое поведение достало отца, он схватил меня за руку и потащил на улицу. Он выпорол меня здесь же, у всех на глазах. Потом запер в машине и вернулся в церковь. Мне было четыре года. Я помню, как люди стояли и с ужасом смотрели на отца. Одна женщина даже остановилась у машины, чтобы убедиться, что со мной все в порядке. Вскоре пришла мама, заметив, что я не вернулась в церковь с папой. Она нашла меня запертой и осталась со мной, пока служба не закончилась.

Папа вышел из церкви и начал угрожать, что изобьет меня до полусмерти, когда мы вернемся домой. К сожалению, это был один из тех случаев, когда он сдержал свое слово.

Издевательства прекратились, когда мы переехали из Хрутфонтейна в Кимберли. К этому времени моего дедушки уже не стало. У него отказало сердце. Его нашли рано утром перед работой — на полу.

После его смерти бабушка немного изменилась. Она изнасиловала меня только один раз, и сексуальные извращения прекратились. Я все еще сторонилась ее, когда она приехала навестить отца в Кимберли. В то время она уже страдала от эмфиземы.

Помню, видела, как она хватала воздух ртом. Чтобы было легче дышать, ей дали маску и специальный бак. Я четко помню, как стояла в коридоре, смотрела на ее бледнеющее лицо и ни капли не жалела. Если мне чего-то и хотелось в тот момент, так это того, чтобы Бог спас меня от этого кошмара и забрал ее. Вскоре после этого отец поделился интересным замечанием.

Вот, слово в слово, что он сказал моей маме: «Моя мать борется за смерть. В своей жизни она причинила слишком много боли другим. Она не может простить себя. Она так долго боролась за свою жизнь, что уже не может найти здесь покоя. Она сказала мне, что прочитала книгу под названием «Имя Иисуса». Слова этой книги «что посеешь, то и пожнешь» поразили ее, как будто тонна кирпичей свалилась с плеч». Папа сказал то же, что она сказала мне в больничной кровати: «Я знаю, за что я так страдаю». Бабушка знала. Она знала сколько разрушений и боли она принесла невинным людям.

Она понимала, что натворила, и это было неправильно и непростительно.

Она все знала. В нескольких словах она признала свои грехи. Каждый, кто пострадал от ее руки, понимал, о чем она говорила.

Взаимоотношения между папой и его матерью так и не изменились. Ядовитые флюиды по-прежнему витали в воздухе.

Вскоре после этого, папа играл со мной в забавную игру. Это было впервые за все время, что я могла вспомнить. Я сидела у него на спине, а он ходил по полу, изображая лошадь. У меня до сих пор нет слов, чтобы выразить, насколько важным был для меня этот момент. К тому времени он был уже пьян, но если честно, мне было все равно. Мой папа уделял мне внимание. Я была готова принимать его в любом состоянии, пока я знала, что любима.

На следующий день после работы папа пришел домой во время. Это было немного необычно. Обычно он возвращался около полуночи. Он сел на диван; вокруг его головы клубился дым от сигареты. Он посмотрел на меня своим обычным смертельно холодным и пронзительным взглядом. Я была настолько обескуражена и разочарована. Он уже был не тем, что день назад, когда мы играли вместе.

Опустив голову, я молча вышла из гостиной и незаметно взяла его кошелек. Я думала, что если заберу кошелек, то он не сможет пойти в бар и напиться. Тогда мы могли бы опять играть вместе. Я понимала, что он надломлен внутри и нуждается в помощи. Отец был заядлым курильщиком и выкуривал по 30-60 сигарет в день, что, в действительности, не делало ему ничего хорошего. Я тихонько пробралась с кошельком к занавеске и спрятала его. Затем я убежала к себе в комнату, надеясь, что мой план сработает. Не успела я начать играть, как в коридоре раздались громкие приближающиеся шаги.

Я знала, что это был мой отец, который искал кошелек. Он уже понял, что я взяла его, и не дал мне и шанса, чтобы все объяснить. Ударив меня по голове, он начал кричать, чтобы я нашла его бумажник. Я вернула ему пропажу, он выбежал из дома и отправился обратно в паб. После случившегося я не расстроилась и не ощутила никакого стресса, я даже не заплакала, когда он ударил меня. В результате всего прожитого за последние месяцы мои чувства очерствели; у меня просто не осталось никакого эмоционального заряда. Я была истощена до предела.

Я пыталась понять, через что пришлось пройти отцу. Казалось, что он был самим собой, и это у него получалось лучше всего. Он не мог быть ответственным родителем. Только теперь я знаю, что он никогда не хотел быть ответственным за собственную жизнь.

Он утопал в боли, причиненной ему еще в детстве. В то время я не знала, что именно с ним произошло. Однако было видно, что он не понимал, как с этим справляться.

Моя жизнь сосредоточилась на эмоциональном выживании. Я потеряла способность сочувствовать и сопереживать людям, которые были вокруг. На подсознании держалась за свою бесчувственность, потому что так казалось безопаснее. Боли не чувствовалось, никто не мог ранить меня. Я стала непобедимой.

Новое начало

Прошло несколько месяцев, и мы переехали в город с бесчисленными рядами песчаных дюн. Этот маленький райский уголок назывался Ораньемунд. Со временем, проведенным в Намибии, связаны мои самые любимые детские воспоминания.

Это был маленький городок в пяти километрах от побережья Атлантического океана. Примерно там же Оранжевая река впадает в Атлантический океан. Река является границей между Намибией и Южной Африкой. Там вам придется прогонять антилоп ориксов из своего сада и наблюдать, как они бегут в торговый центр Вулуворс, преследуемые ленивыми охранниками.

На заднем дворе была пустыня, где не существовало правил. Не было никакой опасности, лишь бескрайнее пространство для игр и исследований. Когда мы переехали из Южной Африки в Намибию, мне уже исполнилось пять лет.

Это было счастливое время, потому что больше не было сексуальных извращений, через которые мне приходилось проходить с бабушкой и дедушкой. Я была далеко ото всех, кто мог бы причинить мне боль, и особенно от матери моего отца. Однако наши отношения, к сожалению, оставались напряженными.

Мы жили в Намибии с 1980-х до начала 1990-х годов. Я счастлива, что провела там большую часть своего детства. Я играла с детьми из соседских домов. Мы могли гулять и играть без страха. А еще с тех пор, как я попробовала шоколадное мороженое, я радовалась, что была единственным ребенком в семье. У меня была та независимость, какую может иметь только единственный в семье ребенок. Я была одной из немногих, кто мог съесть десерт перед обедом и бегать по улицам до заката, при условии, конечно, что уроки сделаны… В чем-то я была не глупее любого мальчишки и даже иногда учила маму. Она всегда поддерживала меня в моих желаниях и планах на день.

Если я говорила, что сделаю что-либо, то держала слово, и мама это знала. Наше с ней доверие было особого рода. Мы могли провести целый день врозь, занимаясь каждый своим делом, а потом собраться вместе и делать наши общие дела, дела матери и дочери.

В поисках собственного голоса

Я всегда говорила, что если съем десерт перед едой, то обязательно съем весь обед. И я держала слово!

В большинстве случаев я сама принимала решения и не просила совета. День начинался с того, что я давала маме краткий отчет, куда собираюсь, и убегала из дома. Округа была настолько маленькой, что маме достаточно было выглянуть за забор, чтобы увидеть меня. День состоял из поедания жуков, муравьев и красной глины. Я строила дома на деревьях, пекла пироги из песка и безнадежно обстреливала яйцами проходящих мимо детей.

Когда жара была не очень сильной, я ходила в пустыню и играла в песчаниках, босиком бегала вверх и вниз по мягкому песку. Обувь была для неженок. Я же, когда ходила в свои походы за сокровищами, любила ощущать под ногами мягкий, как шелк, песок. Во время таких походов всегда находились кусочки старого стекла, разбитые горшки и бутылочки из-под лекарств. Я обожала скатываться с песчаников и есть толстые пустынные растения, когда меня разбирала жажда. Похоже, я знала, какие из них можно есть, потому что ни разу не отравилась.

Около одного из больших песчаников валялся капот от машины. Нам понадобилось шесть человек, чтобы затащить его на вершину песчаника, а потом мы прыгали на него и скатывались вниз.

От Атлантических ветров песчаники за несколько дней передвигались с места на место. Я заметила это, когда мы вернулись после короткого отпуска. Все маленькие песчаники сдвинулись! Я была поражена, потому что не могла понять, как это произошло. Побежала домой и рассказала маме, что один из моих песчаников ушел. Она объяснила, что дует ветер, и песок переносится в новые места. Если ветер дует в одном направлении, то постепенно появляются новые маленькие песчаники. Мне же казалось, что они живые!

Трудно заметить передвижения песчаников, когда каждый день находишься в одном и том же месте. За неделю отсутствия стало очевидным, насколько быстро могут появиться маленькие песчаники в самых разных местах.

У меня всегда были друзья, но лучшего друга никогда не было. Я была не тем ребенком, который любит обязательства. Свобода играть, где хочу и с кем хочу, была очень важна для меня. Эта сторона жизни была у меня под контролем.

Я терпеть не могла, когда девочки ссорились за дружбу. Они, бывало, говорили: «Нет, она моя подруга!», другая перебивала ее со словами: «Нет, она была моей подругой первая!» Я же обычно смеялась над такими детьми!

Оглядываясь назад, могу сказать, что дружба ассоциируется с драмами, разочарованиями и грустью. Я наблюдала драмы и ссоры в своем семейном кругу. По-моему, общественные группы и отношения предназначены для людей, которым они необходимы. Однако, будучи ребенком, я чувствовала себя прекрасно и без этого. Только теперь я понимаю, как много радости и поддержки я с этим теряла.

Незаметно подошло время идти в школу. Я боялась идти в начальную школу, так как понимала, что у меня украдут свободу. Первый школьный день я провела внутри шкафа, делая все, чтобы не идти. Начальная школа была ужасной. Мне было трудно привыкнуть ко всему, я отказывалась участвовать в обязательных групповых занятиях.

Я была тем ребенком, который начинал ругаться с учителем, если тот говорил, что я должна участвовать вместе со всеми…Настаивала на своем и перестраивала занятие. Я всегда сопротивлялась приказам взрослых. Инструкции для меня были стрессом и вызывали опасение. У меня было такое впечатление, что, если я послушаюсь взрослого, он причинит мне боль. Подозрение вызывала даже просьба выполнять задания с группой. Я не доверяла суждениям учителей. Они были взрослыми, а для меня это означало, что они были врагами.

Страшно было остаться последней в школе после уроков. Я помню, как боялась не увидеть маминой машины, припаркованной на улице. Однажды этот страх стал реальностью. Мама забыла забрать меня из школы. Это случилось в первом классе. Я стояла там и ждала-ждала, но машина так и не показывалась. Мама всегда учила меня, что садиться в машину к незнакомцам нельзя. Следовательно, я ждала.

Прошел почти час, и я начала ощущать страх, не зная, что делать. Пришлось вернуться в класс. Я знала, что учительница была все еще там, готовя задания. Я подошла к ней с серьезным лицом и сказала, чтобы она позвонила моей маме: «Мама опаздывает, а это небезопасно для детей стоять на улице самим по себе». Учительница засмеялась. Она явно была очень довольна услышанным. В этот же момент мама вошла в класс. Она извинилась за опоздание и повела меня в машину. Я все еще высказывала ей свою обиду за то, что она забыла меня забрать. Это только усилило мой параноидальный страх быть брошенной. Теперь я понимаю, что это было не от того, что я была маленькой сознательной девочкой. Мое поведение было продиктовано страхом: страхом быть покинутой. Я знала, что мама никогда не бросила бы меня; тем не менее, этот страх всегда присутствовал в моей голове.

Когда мне исполнилось восемь лет, я стала обращать внимание на симпатичного одноклассника по имени Тим. Теперь мое внимание рассредоточилось, кроме себя я стала замечать других детей. Мы могли посмотреть друг на друга и начать хихикать. В присутствии друзей он делал вид, что я ему не нравлюсь, но когда никто не смотрел, Тим улыбался мне. Его лучший друг Гари однажды проговорился и сказал, что я нравлюсь Тиму.

Я застеснялась, эта новость была достаточно забавной. Было приятно, что кто-то заметил меня, походы в школу перестали быть такими скучными. Меня охватывало волнение, когда я входила в класс и пыталась найти Тима за партой. Однажды утром я вошла в класс и обнаружила, что Тима там нет. Я спросила Гари, и он ответил, что Тим приболел и находится в больнице. По выражению лица Гари я поняла, что с Тимом произошло что-то серьезное. Вечером того же дня я узнала, что Тиму поставили диагноз вирусный менингит.

Через короткое время после этого мне пришлось удалять гланды. Я оказалась в одном больничном отделении с Тимом. Он лежал в отдельной палате, но я видела, как медсестра сопровождала его в туалет. Он выглядел бледным и измученным, казалось, он едва ли узнал меня. Я была так счастлива снова видеть его. Я улыбнулась самой широкой улыбкой, какой только могла, но он не ответил.

Моя медсестра стояла рядом и видела, как пристально я смотрела на Тима. Она сказала, что он был очень болен и никак не поправлялся. Однако теперь в больнице надеялись, что он выздоровеет. Я посмотрела на нее, не зная, что сказать. Тем не менее, Тим вернулся в школу через несколько недель и мы продолжили улыбаться друг другу.

Пока он был в больнице, все вернулось на свои места. С ним было весело, потому что он отвлекал меня от моих драм. Отец по-прежнему разрывался между алкоголем и карьерой, а мама работала все дни напролет.

К сожалению, вскоре состояние Тима опять ухудшилось, и он вернулся в больницу.

Однажды утром я пришла в школу, и мы, как обычно, выстроились в линию перед классом. Однако это утро было другим. Учительница была бледна и выглядела очень расстроенной. Ее глаза наполнились слезами: «Мне очень неприятно сообщать вам это, но прошлой ночью в больнице скоропостижно скончался ваш одноклассник Тим».

Я сразу же посмотрела на Гари, который старался сдерживать слезы. Я стояла и повторяла себе то, что она сказала. Этого просто не могло произойти. Как мог ребенок умереть? Только старые люди умирают. Я не могла в это поверить и бессознательно пыталась укрыться в своем безразличии. Это был длинный день. Никто в классе почти не разговаривал, а я и Гари постоянно смотрели на место, где раньше сидел Тим.

Через несколько дней вся школа отправилась на его поминовение. Для начала и завершения поминовения наш класс приготовил песню. Когда мы вошли в церковь, сестра Тима, Клэр, раздавала всем буклеты с его фотографией. Она посмотрела на меня, и ее глаза наполнились слезами. Она знала, что я нравилась Тиму, и она время от времени подшучивала над ним из-за этого.

Было очень трудно находиться в церкви. Я никогда не была ребенком, который открыто выражал свои эмоции. Однако здесь чувствовала себя неадекватно, так как не знала, как переварить это событие и успокоить Гари. Я стояла рядом с ним все время церемонии. На середине поминовения Гари начал плакать, его плечи тряслись. Я взяла его руку, крепко сжала в своей и сказала: «С Тимом теперь все хорошо, можешь не беспокоиться». Я не знала, что еще сказать. Гари же даже не слышал, что я сказала. Ему нужно было время, чтобы справиться со своим горем. В тот момент я стояла рядом.

После церемонии мы вернулись в класс. В кабинете было холодно и серо. Все были притихшими. В тот день учительница дала нам простые и творческие задания, чтобы чем-нибудь другим занять наши головы. После этого дня Гари уже никогда не был таким же. Он стал отдаленным и не хотел ни с кем общаться. Ему понадобился почти год, чтобы пережить потерю лучшего друга.

Я тоже ощущала пустоту в груди. При этом я изо всех сил старалась забыть все, что случилось с Тимом. Я знала, что это теперь в прошлом. Ты не можешь вернуть того, кто умер. Тим теперь с ангелами. Я смирилась с этим и всегда представляла его в белом плаще с золотым нимбом вокруг головы и белыми ангельскими крыльями. Мысль о том, что он в безопасности и выглядит как ангел, успокаивала меня.

Жизнь пришла в норму. Со временем я заметила, что отношения с отцом отличаются от отношений моих друзей с их родителями. Я чувствовала, что он не заботится обо мне так, как заботятся другие отцы. Мне пришлось с этим смириться. То, что мой отец никогда не был дома, только укрепило мои подозрения. Я думала, что он, скорее всего, ненавидит меня и поэтому не заботится.

Все детство отца не было дома, значит, а значит можно было не волноваться, узнает ли он, что я металась в амоке по округе. Свою жизнь он провел в пабе. Он шел в бар сразу после работы и оставался там до раннего утра. У него случались случайные романы на стороне. Иногда, если мне везло, я видела его перед школой.

Мама и папа спали в разных спальнях. Я все еще была в том возрасте, когда боялась темноты и не могла спать одна. Однажды ночью я спала на дополнительной кровати в комнате отца, потому что мамина дверь была заперта. Так она показывала отцу границы между ними. Я проснулась на следующее утро, и обнаружила свою пижаму на полу. На мне было только нижнее белье. Я замерла в оцепенении, схватила пижаму и убежала к себе в спальню. Я пряталась под одеялами до тех пор, пока там хватало воздуха. Ничего не было сказано в тот день. Я подозреваю, что из-за моей прошлой травмы, сознание стерло все, что случилось ночью. Я была рада, что не могла ничего вспомнить.

После нашего переезда в Ораньемунд и особенно после этого происшествия его отсутствие стало еще заметнее. Я помню, как оставляла записки и письма на его кровати с просьбой проводить больше времени с мамой и со мной. Мои послания всегда оказывались в мусоре.

Теперь я понимаю, почему это было так. Подобное поведение - явный знак того, что он не хотел противостоять своим собственным демонам и причинам его неподобающего поведения. Он всегда мне давал такое оправдание: «Это вина твоей матери. Я всего лишь хочу оставаться молодым».

После тех случаев с письмами, отношение отца стало только хуже, он проявлял больше злости и отвращения ко мне. Он перестал приходить на мои дни рождения и редко справлял Рождество с нами. Паб всегда был более привлекательным местом. Чаще всего он находил паб, открытый на Рождество, или шел отмечать в гости.

Он никогда не проявлял никакой привязанности ко мне. Он никогда не хотел научиться общаться с ребенком. Для него это было слишком тяжело. Если он говорил что-нибудь или объяснял мне, и я не понимала с первого раза, то он сдавался и уходил. Мама давала мне достаточно пространства для того, чтобы совершать ошибки и учиться на них. Она делала все, что могла, чтобы восполнить его отсутствие. Мы финансово зависели от отца, и он этим пользовался.

На следующий год отец купил мне породистую лошадь. Его друзья тоже купили своим детям дорогих чистокровных лошадей с заграничных и местных ферм в Намибии. Сначала может показаться, что иметь лошадь, это очень весело. Однако моя недолгая радость длилась до тех пор, пока я не поняла, почему он купил мне лошадь. Это было сделано ради бизнеса. Лошадь была символом особого статуса для конкурентов.

Моя карьера наездницы началась, когда мне исполнилось девять. В течение нескольких лет я принимала участие во многочисленных шоу по всей Намибии. Верховая езда никогда не была моей мечтой, это было мечтой папы. Хотя я действительно наслаждалась поездками на природу, к реке или к океану. Я любила свою лошадь, но я не любила то, что за этим скрывалось. Мне приходилось носить дорогие вызывающие костюмы, макияж и прически, которые подходили к уздечке моей лошади. И все это было для шоу.

Моя лошадь была хорошо обучена, и мы, казалось, хорошо понимали друг друга. Она могла пастись в сотне метров от меня, но каждый раз, когда я звала ее, она прибегала ко мне, стоявшей у ворот.

Стойла находились недалеко от устья Оранжевой реки. С друзьями мы любили кататься по берегу реки. Переводили лошадей по воде на остров и шли купаться. Это было очень забавно.

На тот момент мы были очень обеспечены, и что бы я не попросила, все получала. Это была по-своему прекрасная жизнь. В то же время, я не знала, как зарабатывать на то, что ты хочешь. Меня не впечатляла даже самая красивая кукла в магазине, потому что я знала, что могу получить ее, если только попрошу.

Я не могла по достоинству оценить то, что была одним из немногих девятилетних детей начала девяностых, в чей комнате стоял цветной телевизор. В то время это было большой редкостью для Намибии. Еще у меня был популярный тогда розовый велосипед, привезенный из Южной Африки.

Отец знал, что не может купить мое прощение. Я была не из тех, кого подкупают. Моему прощению нет цены. Папа знал об этом, и это невероятно злило его. Если он чувствовал, что подарок не восхитил меня, он мог забрать его назад или бросить на пол прямо у меня на глазах.

Все, что было связано с отцом, подразумевало напряжение и усилия, оборачивалось стрессом, манипуляциями и страхом. С ним даже поход ночью в туалет был испытанием. Я сразу запомнила, что нужно включать свет в ванной, когда идешь в туалет. Я никогда не знала, в каком состоянии обнаружу ванную комнату.

Много раз случалось так, что повсюду была рвота. Трудно сосчитать, сколько раз я полусонная заходила в ванную, забыв включить свет. Не хватит пальцев на руках, чтобы посчитать, сколько раз по среди ночи я наступала в рвоту. Иногда я убирала весь беспорядок, иногда же у меня просто не было сил. В доме в

Ораньемунде у нас был только один туалет. Отец ни разу так и не извинился за свое поведение. Это была старая история: ему не за что было извиняться. Причиной такого поведения были я, моя мама и все вокруг, но только не он.

Внутренняя сила и выносливость были моими спасителями. Благодаря им, я добилась того, что имею. Они помогали мне противостоять людям, которые манипулируют другими и контролируют их. Я больше не хотела встретить в своей жизни таких людей, как мой отец.

Движение вперед

В 1995 году, когда мне исполнилось одиннадцать, я узнала, что нам предстоит переехать обратно в Южную Африку. Папа открыл свой бизнес по продаже оборудования для очистки старой и грязной нефти. В то же время он решил порвать со своей любовницей, так что переезд обратно в Кимберли должен был стать новым началом для нашей семьи.

Мы так думали. Мне казалось, что меня снова ударили об стену. Я злилась, потому что мне пришлось расстаться со своей жизнью и своими друзьями здесь, а он снова обманул нас. Отец был искусным манипулятором, у него был дар склонять людей на свою сторону и использовать в своих целях.

Он мог убедить, что вы занимаетесь своим делом, но вы всего лишь выполняете его указания. Когда он разговаривал с мамой и со мной, казалось, что мы находились в состоянии легкого гипноза. Он пользовался этим умением и добивался всего, что хотел. Мы были вынуждены покинуть Ораньемунд, потому что в местной общине у папы сложилась плохая репутация. Он сумел начать бизнес, который обладал большим потенциалом. Однако он был заядлым алкоголиком, и у него не было мотивации руководить бизнес предприятием, которому суждено было разориться.

Несмотря на то, что отец ненавидел ответственность, он умел создавать перспективные проекты. Но ему не хватало внутреннего стержня и мотивации. Я пыталась убедить моих родителей остаться в Ораньемунде. Тем не менее, папа решил уехать. Ему было необходимо выбраться из того беспорядка, который он создал.

Алкоголизм тоже не способствовал улучшению дел. Алкоголики очень эгоистичны и всегда сделают все, чтобы добиться своего. Я была в отчаянии, когда папа забрал у меня лошадь. Мне даже не дали возможности увидеться с ней перед отъездом. Мне пришлось попрощаться с несколькими друзьями, которыми успела обзавестись. Помню, как немели ноги, когда я шла в машину. Впереди предстояло длинное двухдневное путешествие в Кимберли.

Всю дорогу я плакала. Я чувствовала себя такой растерянной. Трудно было представить, как начинать новую жизнь в таком опасном городе, где правят преступность, расизм, убийства и коррупция. Я всегда была счастлива сама по себе, и способность заводить новых друзей не была моей отличительной чертой.

Солнце катилось к закату, а мы все ехали. В Кимберли мы отправились на двух машинах. Папа ехал впереди в своем грузовике с двумя собаками в задней части машины. Я смотрела на грузовик отца, который ехал на расстоянии четырех машин впереди нас. Он ехал через холм, где был участок с плохой видимостью. Когда он достиг вершины, показалась другая машина. Машина ехала по той же стороне дороги, что и папа!

Машины свернули в разные стороны и лишь поцарапали бока друг другу. Отец почти полностью съехал с дороги, собаки громко лаяли. Вторая машина продолжала движение, мотаясь от одного края дороги к другому. Водитель был абсолютно пьян. Папа выбрался из машины и заплакал.

Правая сторона машины была повреждена; правое переднее колесо с шипением сдувалось. Я была в шоке, но не удивлена. Я стояла там и думала, сколько раз, интересно, отец врезался в людей на дороге, возвращаясь пьяным из паба? Может, это был урок ему, чтобы показать, что в прошлом чувствовали те люди, когда пытались разъехаться с ним на дороге? Он сменил колесо, и мы продолжили путь.

Я оставила свою свободу и свою лошадь позади и приехала в Южную Африку, где последствия и боль от апартеида и насилия были на лицо. У всех было отчаянное желание сцепиться и сгруппироваться вместе внутри их собственной культуры. Считалось неправильным и безнравственным разговаривать с кем-либо, если у него другой цвет кожи.

Во время режима апартеида белому мужчине не полагалось находиться в машине с черной женщиной. Они были бы немедленно арестованы, а женщина побита. Чернокожим людям не полагалось ходить по районам белых после 9 вечера. За это их могли жестоко избить или даже убить. Несмотря на то, что апартеид закончился задолго до нашего возвращения в Южную Африку, ничего особенно не изменилось.

Апартеид закончился, однако эмоциональная неприязнь и ненависть все еще были очевидны. Все перевернулось, и теперь к власти пришла месть за все, что делалось с чернокожими в Южной Африке на протяжении сотен лет.

Я росла в среде, где белые и черные дети могли счастливо играть вместе. Я не сталкивалась с расизмом. Для меня было настоящим шоком наблюдать раскол Южной Африки.

Я ощутила, как чувство одиночества повисло надо мной, когда мы остановились перед нашим новым домом. Естественно, отец снял дом в районе Роялдене, который, возможно, до сих пор является одним из самых дорогих в Кимберли. Его низкая самооценка всегда заставляла его соответствовать богатой толпе. Меня отправили в очень престижную школу, где учились дети с академической одаренностью. Я не была лучшей в классе и чувствовала, будто меня бросили в глубокий омут. Школу я возненавидела с первого дня. Моя тяга к искусству и рисованию тоже постепенно сошла на нет. Адаптация к новой школе проходила плохо. Я не завела близких друзей и обычно играла между различными компаниями.

Южная Африка была далека от того, чтобы называться безопасным и приветливым местом. Уже через неделю после пребывания я имела представление о том, что эта страна может предложить.

Однажды утром мама и я мыли посуду. Мама выглянула в окно и увидела, как двое мужчин проскользнули к нам во двор и украли большой газовый баллон. Мама с криками выбежала к ним, схватив нашего породистого пуделя, который не представлял из себя никакой угрозы. Эта собака охотилась на фейерверки и в Ораньемунд иногда гонялась за дикими антилопами, пытаясь прогнать их из нашего сада. Я старалась не отставать от мамы, когда мы на полной скорости бежали за ворами. Она даже не задумывалась о том, были ли они вооружены. Мне было так смешно, когда мама с такой серьезностью бежала за ними с маленькой собачкой под мышкой. Мы нашли газовый баллон на соседнем поле и прикатили его обратно домой.

Так состоялось мое знакомство с преступностью в Южной Африке. Однако тогда я еще не знала, насколько серьезно мог обернуться этот инцидент. Преследование вора – это, пожалуй, самое неразумное, что можно сделать. Ты никогда не знаешь, прячутся ли их друзья с ножами и оружием в кустах. Те дни, когда я ходила в школу пешком, бегала по округе, играла в крикет и прятки, прошли безвозвратно. Теперь все это было слишком опасно.

Мне было трудно знакомиться и сближаться с людьми. Большое разнообразие национальных групп и культур не представляли собой ничего хорошего. В голове постоянно крутилась мысль о том, что они могут навредить. Я всегда старалась находиться в людных местах, не оставаться одной в классе или в уединенных местах.

Через несколько недель пребывания в новой школе, мне встретился тот, кого я никак не ожидала увидеть. Прозвенел звонок, и можно было идти домой. Я шла по коридору к задней двери, все остальные дети тоже бежали ко входу, чтобы скорее увидеться с родителями. Вдруг я вспомнила, что забыла в классе пенал. Я повернула обратно, стараясь идти против движения бегущих навстречу детей. Я глянула себе под ноги и снова подняла глаза.

Прямо передо мной стояла она: сестра Тима Клэр. Мы посмотрели друг на друга, и она произнесла: «О, Боже! Эветта? Неужели! Что ты здесь делаешь?» Я смотрела на нее и была буквально ошарашена. Все, на что я была способна – это пялиться на нее в недоумении.

В ее лице я всегда видела Тима. Они были очень похожи с сестрой. Я обняла ее и почувствовала облегчение. Хоть кто-то знакомый из Намибии был здесь, и это был не просто кто-то. Мы немного поговорили, я ощущала себя счастливой и пораженной одновременно. Каковы были шансы снова встретиться с ней после стольких лет в другой стране? Во-первых, в Кимберли было восемь начальных школ, но мы оказались в одной и той же. Во-вторых, она на два года старше меня и ходит в другой класс.

Радость от этой встречи длилась несколько дней. Затем все вернулось на свои места.

Наша учительница математики любила придираться к тем, кто плохо разбирался в ее предмете. Она унижала учеников, которые сразу что-то не понимали. Настала моя очередь подвергнуться нападкам с ее стороны. Я попросила ее дважды объяснить, как пользоваться формулой. «Какой бестолковой нужно быть, чтобы не понять, что я сейчас сказала!», - закричала она. Я оцепенела и не сказала ни слова. Она снова закричала на меня и потребовала пересесть за первую парту. Пришлось сесть с мальчиком, который плохо успевал по всем предметам. Учительница посмотрела на меня и сказала: «Вам двоим самое место сидеть за первой партой!»

Я начала упорно заниматься, чтобы надо мной прекратили издеваться. К концу года мои оценки улучшились на десять процентов. Однако я поняла, что не могу нравиться всем. Было достаточно быть собой, по крайней мере для меня. Очевидно, проблема была с учительницей, а не со мной.

Она была единственным преподавателем, который когда-либо придирался ко мне. Другие учителя редко замечали меня. Я не могла найти постоянных друзей, которые не придирались и не использовали меня. Я не знала, что они пользовались моей низкой самооценкой, ведь я не умела устанавливать личные границы. Они тешились над моим отвращением к себе и отсутствием самоуважения.

Люди смогут уважать вас только тогда, когда вы начнете уважать себя сами. Все начинается с себя.

Преступность в Южной Африке абсолютно вышла из-под контроля. Каждый делал, что хотел. Проявления расизма и негодование буквально висели в воздухе. Первое, с чем ассоциировалась у меня Южная Африка были насилие, ненависть и заносчивость. Во мне проснулся инстинкт выживания, что заставило меня переосмыслить не только характер отца, но и все свое окружение. Приходилось быть на чеку с всеми. К сожалению, это привело к тому, что я стала очень подозрительной. Когда я шла по улице, то могла просто взглянуть на человека и за секунду определить, его намерения. Основываясь на своих суждениях, я постоянно меняла маршруты, когда шла по улице или за покупками. Я не чувствовала себя безопасно настолько, чтобы свободно сходиться с другими.

В поисках собственного голоса

В школе у нас всегда были лекции по безопасности. Нас учили поднимать мусор за пределами двора. Воры могли использовать разноцветные жестяные банки в качестве кода. Такой цветовой код помогал им указывать на дома пустые и легкодоступные для грабежа.

Когда мы ходили за покупками, мама тоже учила меня всяким умным трюкам. Мой первый урок был однажды в субботу. Пока мы шли по улице, она сказала: «Эветта, держи свою сумку между нами, рядом с моей. Для вора будет труднее схватить ее. Возьми меня под руку, потому что мы заходим на опасную территорию».

Такая жизнь выводила меня из себя. Еще она научила меня всегда смотреть в витрины, чтобы видеть, кто идет сзади. Мама даже запоминала их одежду и приметы. Если кто-нибудь шел за нами слишком долго, мы заходили в магазин и ждали, пока не чувствовали, что продолжать наш поход снова безопасно. Если мы чувствовали угрозу, то для самозащиты зажимали ключи от дома между пальцами.

Помню, как мы обходили машину кругом, чтобы убедиться, что за ней не прячутся воры. Настал тот день, когда наше любимое место шоппинга стало слишком опасным. Последней каплей стало то, что цветные гангстеры, инфицированные ВИЧ, брали шприцы, кололи себя и шли в толпу, где укалывали зараженной иглой случайных прохожих. В тот день несколько белых подростков заразились ВИЧ. Вскоре улицы начали наполняться военными. Они ходили повсюду с заряженным автоматическим оружием.

Не прошло и нескольких дней, как гангстеры опять начали колоть людей. Через день один из воров отрезал палец старой женщине, бриллиантовое кольцо которой он хотел украсть. Один из военных увидел вора и выстрелил в него восемь раз. Я подумала, что восемь раз – это чересчур. Тем не менее, это только подтвердило, что военные и полиция были сыты по горло этими безжалостными преступлениями. Даже военные не имели достаточно власти и ресурсов, чтобы что-то изменить.

Были среди офицеров достойные, которые действительно хотели перемен. Однако коррумпированность полиции не делала жизнь честных офицеров легче. Можете спросить любого жителя Южной Африки об этом. Вы увидите, что их ответ будет страшнее, чем вы ожидали.

Было трудно смириться с тем, что красивая страна, где я родилась, с навсегда разрушенной экономикой опустилась на колени перед насилием и преступностью.

Нам не только приходилось мириться с небезопасной жизнью в стране. Отец тоже подбросил нам с мамой сюрприз. Он сообщил: «Мы разорены». Мама и я посмотрели друг на друга. Мы понимали, что скоро снова будем паковать чемоданы, чтобы переехать в более дешевый район. Не знаю, как он решил, что может руководить бизнесом из паба. Для нас это было очевидно, однако папа был абсолютно слеп. Он был уверен, что может потянуть бизнес. Вскоре после этого разговора я услышала, как папа обсуждал новый план действий. Но вместо того, чтобы радоваться его активности, я начала бояться, что нам придется пройти через еще одно банкротство.

Папа встретил в пабе парня по имени Иван. Они стали лучшими друзьями быстрее, чем успели выпить по стакану пива. Он пригласил Ивана на барбекю к нам домой. Я взглянула на Ивана один раз и сразу сказала маме: «Что-то с ним не так. Он мне совсем не нравится!» Мама чувствовала то же самое. Нас обеих передернуло, и мы ушли прочь. Не успела я оглянуться, как Иван уже жил у нас.

Отец привел домой бездомного безработного человека и поселил его с нами. Я не против помогать другим, но если дело касается моего отца, то у меня появляются причины для беспокойства! Это было первым сигналом к тому, что в этой нелепой ситуации что-то неправильно. Я думала, что если бы была безработной и жила на улице, то не сидела бы в пабе и не тратила последние деньги на алкоголь.

Папа полностью утратил способность трезво судить о ситуации. Он игнорировал все возможные последствия, которые мог вызвать приход в нашу жизни странного незнакомца. У Ивана были пугающе голубые, словно стекло, глаза и внушительный рост.

С течением времени пришлось переехать в тот дом, который мы могли себе позволить. В какой-то мере переезд оказался спасением. Мы переехали в очень красивый пригород под названием Хилкрест. Здесь я чувствовала себя свободнее.

А что же Иван? Да, он переехал с нами. Ситуация была очень странной.

Отвлекусь на минуту от Ивана, чтобы рассказать вам о моем самом любимом воспоминании в этом доме. После школы я шла к себе в комнату, всю освещенную солнечными лучами. Казалось, лучи солнца приветствовали меня своим теплом и лаской. Я могла сидеть на ковре, наслаждаясь теплом и солнца, и смотреть через окно на наш пышный зеленый сад. Здесь царило ощущение покоя.

Настал день, когда папа заявил нам, что Иван получил повышение и теперь стал его новым партнером по бизнесу. Это была бомба замедленного действия. Отец открыл бизнес на свое имя и занялся продажами частного страхования. Иван ездил на встречи с клиентами за пределами Кимберли, где подделывал подпись отца на документах и получал большую комиссию. Помимо этого, Иван разбил и списал две новые Мазды Седан, которые папа купил для бизнеса. На одной Иван врезался в оленя, который ночью переходил через дорогу. Другая машина пришла в состояние негодности после охоты на зайцев.

Иван был алкоголиком, который не уважал других и не заботился о вещах и нуждах. Он жил для себя за счет других. Папа игнорировал поведение Ивана, он был слишком пьян, чтобы замечать это. Плюс его апатичное отношение к бизнесу стало еще одним шагом на пути к грядущей катастрофе. Иван воспользовался слабостью отца, который все повесил на себя, а как следствие, на маму и меня.

Папа хотел зарабатывать деньги, но он не хотел сам делать тяжелую работу, - яркий пример того, как алкоголики не любят брать ответственность на себя. Иван злоупотреблял доверием отца и его деньгами. Финансовые траты, которые приходились на Ивана, были настолько ощутимы, что казались бездонными. Папе пришлось потратить сбережения на мое образование в университете, которые мама откладывала с моего рождения. Нам было необходимо покрыть счета и долги за выпивку.

Иван был вылитый отец. Он никогда не чувствовал стыда или угрызений совести за то, что делал - спокойно смотрел папе в глаза после всего, что натворил. Иван исчез только в тот момент, когда мы позвонили в полицию и завели на него дело. После ссоры с отцом он за ночь упаковал чемоданы и исчез. До сегодняшнего дня полиция так и не нашла его.

Вскоре после исчезновения Ивана нам позвонили и сообщили, что умерла мама отца. Я помню, как папа со слезами на глазах вошел в комнату и сказал: «Умерла моя мать». Я посмотрела на него и почувствовала огромное облегчение. Мне не удалось бы выдавить ни слезинки, даже если бы я старалась.

Так закончилась очередная глава в моей жизни. Тем не менее, смерть бабушки не избавила меня от глубокой боли, причиненной ею. Это было путешествие, которое мне пришлось совершить и закончить самой. Я даже не представляла, насколько тяжело это будет сделать.

Самое трудное было впереди: преодоление злости, боли и травмы, примирение с прошлым. Они настолько прочно засели в голове, что я не представляла, кто я без насилия. Они доминировали в моей жизни.

С течением времени я стала более рассудительной относительно того, какой отпечаток оставило прошлое.

У меня было не так много друзей, как у других детей. Одной, из причин, но не главной, было то, что я подсознательно избегала отношений, не желая открываться другим. Я шла этим путем, чтобы избегать переживаний, которые неизбежно разочаровывали меня. Жизнь была пустой и одинокой.

Несколько друзей, что у меня все же было, но они пользовались мной, потому что у меня было гораздо больше карманных денег, чем у них.

Все изменилось после того, как второй бизнес отца прогорел. Количество немногочисленных друзей совсем сократилось. В школе я была главным поставщиком чипсов и газировки. Чем больше денег я тратила, тем больше друзей у меня появлялось. Со мной дружили по понятным причинам. Но если честно, мне было все равно; было приятно стать частью чего-нибудь. Папа же окончательно потерял свой второй бизнес и впервые официально объявил о банкротстве.

Однажды после школы я пришла домой и обнаружила маму, которая в слезах разговаривала по телефону. Я подождала, пока она закончит разговор, и спросила, что произошло. В животе появилось странное чувство, я приготовилась к худшему. Мама посадила меня и сказала, что нам придется выехать из дома, потому что мы больше не можем позволить себе жить здесь, и все вещи нам тоже больше не принадлежат.

Пока папа сидел в пабе, стараясь избежать последствий своих действий, представители компаний подъехали к дому и забрали мебель и офисное оборудование. Мама также сказала мне, что собирается развестись с отцом. Она организовала для нас переезд в маленький городок. Моя бабушка по материнской линии приехала из Претории, чтобы помочь нам устроиться. Она очень нас поддерживала. Бабушка удостоверилась, что у нас есть новый дом, машина и все необходимое, чтобы жить нормальной жизнью.

Помню, как в зимние месяцы, когда на улице было морозно, наша машина не заводилась. Она была старой и вот-вот готова была сломаться. Так и случилось. В утренний час пик, когда мы ехали через большой перекресток, двигатель автомобиля заглох. Нам с мамой пришлось выскочить из машины и оттолкать ее на край дороги. У людей не было ни капли сострадания к тому, что случилось. Они кричали на нас и гудели, пытаясь прогнать со своего пути. Мама только смеялась тому, что машина не заводилась. Я же стояла там, чувствуя себя злой и униженной. Мои подростковые гормоны не были настроены на юмор. Хотя мамина сила и чувство юмора всегда поднимали мне настроение, но как бы я ни старалась, не видела ничего веселого в бедности.

В день последнего экзамена в школе машина не завелась совсем. Можно было позвонить друзьям и попросить отвезти меня в школу или пропустить экзамен. Мне неохото было звонить кому-либо и просить о помощи. Я посмотрела на маму и сказала: «Не волнуйся из-за экзаменов, я все еще смогу их сдать, потому что у меня были хорошие оценки в течение года».

Мама, естественно, проигнорировала мои доводы и позвонила друзьям, чтобы те отвезли меня в школу. Я была уязвлена. Мое эго по-прежнему было тесно связано с нашей прежней жизнью, когда всего было в изобилии, включая работающую машину.

Наконец-то наступили школьные каникулы. Я была счастлива, что можно делать все, что захочется. Друзья разъехались. Мне нравилось делать поздравительные открытки и продавать их в магазинах. Но большую часть времени все равно было скучно. Однако моя скука длилась недолго: ровно до того момента, когда однажды я услышала истерический лай собак.

Это было в субботу. Мы с мамой только что развесили мокрое белье. Услышав лай собак, мы выбежали на улицу. Когда мы завернули за угол, то увидели парня, перепрыгивающего через наш двухметровый бетонный забор. Он пытался украсть белье и веревку. Я была шокирована, когда увидела, что он пользовался зажигалкой и аэрозольным баллончиком. Грабитель светил зажигалкой и брызгал на нее из баллончика, увеличивая пламя. Он пытался подпалить морды собакам каждый раз, когда они с лаем прыгали на забор. Он увидел, как мама подбежала к нему, крича что-то и махая руками. Он посмотрел на нее словно на какое-то недоразумение, которое доставляло ему неудобство. Затем он развернулся и пошел вниз по улице. У соседей в пяти домах от нас он попытался сделать то же самое. Мы позвонили в полицию и сообщили о случившемся.

Полиция так и не приехала.

Мы прятали   вещи и по два раза проверять замки в доме. На улицу решили выходить только в случае необходимости. Вскоре мама нашла хорошую работу, и мы купили небольшой симпатичный домик в другом месте.

В том же году я стала старостой в школе. Во всей школе было выбрано только 10 мальчиков и 10 девочек. К тому времени у меня уже появились друзья. Это был великий момент для меня. Однако в старосты школы в том году не было избрано ни одного из моих друзей. Они перестали со мной дружить, заявив, что я им больше не подхожу. Похоже, что вместе с хорошим всегда случалось что-то плохое. Мне так хотелось просто отдохнуть от эмоционального хаоса и напряжения, но желанию моему еще очень долго не суждено было сбыться.

Жизнь папы катилась по наклонной. Он пил все сильнее. Его долг в баре сильно вырос, а ведь раньше он легко расплачивался здесь. Теперь расплачиваться за него приходилось на ежемесячной основе. В конце концов отец нашел работу и переехал в Йоханнесбург. Мы виделись с ним дважды в месяц. После того, как мне исполнилось тринадцать, папа несколько раз брал меня в паб вместе с ним. Мне было интересно, что же там было особенного для него? Я не могла понять, почему он отдал свое сердце и душу этому месту.

В поисках собственного голоса

Когда мы вошли в паб, я шла сзади, чтобы не встречаться лицом с клубами сигаретного дыма. Огни были тусклыми, поэтому трудно было разглядеть тех, кто сидел по углам. Пол был мокрый и липкий от бесконечного числа пролитых напитков. Воздух был затхлым, пахло плесенью. Чувствовалось, как будто тяжелая плотная энергия обрушилась на меня.

В пабе были две официантки с ярким макияжем, одетые в кофты с глубоким вырезом. Они наслаждались вниманием пьяных посетителей. Забавным было то, что у многих мужчин не было даже половины зубов на месте, но они улыбались как звезды кино.

Все в той комнате улыбались и смеялись. Очевидно, что их поведение было не настоящим, а наигранным. Я наблюдала, как они вели беседы. Они поддерживали эго друг друга и рассказывали о своих близких так, словно это была самая большая проблема в жизни.

Алкоголики всегда винят близких во всем что происходит в их жизни. Другие вынудили их стать алкоголиками. Они не видят, что сами поднимают бокал с выпивкой, создают мир, в котором укрываются от ежедневных обязанностей, потому что не в состоянии справиться с ними. Так они подавляют боль и проблемы. Алкоголики относятся к незнакомцам как к друзьям. Я поняла, насколько мелкими и одинокими были эти люди. У них не было ни капли самоуважения. У большинства нет половины зубов, грязные волосы; от них распространяется неприятный запах. Там, конечно, было несколько хорошо одетых мужчин, но их было меньшинство.

Ты ощущаешь, будто они делают тебе одолжение, что разговаривают с тобой на их территории. Они не общались бы с обычным человеком, потому что он не смог бы их ни понять по-настоящему, ни согласиться с ними. Трезвому трудно понять язык алкоголика. Однако в пабе, похоже, пьяный без особых усилий понимал болтовню другого. Языковой код алкоголиков помогает им понимать горести и проблемы друг друга. Они разделяют одни и те же убеждения. Они верят, что являются жертвами. Виноватыми в их зависимости становятся все окружающие.

Люди лгали друг другу в очевидных вещах. Они хвастались, какими значимыми людьми они были, хотя я лично знала только нескольких. После проблемы алкоголизма их главной проблемой был недостаток значимости.

Папа вел себя таким же образом. В пабе его ложь была очевиднее, а поведение было еще более инфантильным. Он не мог проиграть в споре. Сказать ему «нет» – было бы, как сказать «нет» двухлетнему ребенку. Он не мог справиться с нападками и, когда кто-нибудь агрессивно с ним разговаривал, начинал вести себя как ребенок. Он мог спорить до хрипоты на любые темы. Настаивал на своем и считал, что всегда прав. Папа никогда бы не отступил от своих слов.

Отец даже не допил вторую кружку пива, но его зловредное поведение уже отражалось на других. Обычно нужно было, как минимум, шестнадцать бокалов пива, чтобы начать ругаться, а пил он без остановки. Я была в шоке! Трудно было поверить, что один человек может выпить так много и все еще сидеть прямо.

Я осознала, что инфантилизм отца был спровоцирован насилием в его прошлом. В школьные годы часть его существа заледенела, остальное настроилось на режим выживания. Значительная часть него так и не повзрослела. Некоторые люди, если они подвергаются нападкам, склонны застревать в детском состоянии. Они стараются обратиться к той части себя, которая помогала им, когда случались травмы. Эту модель поведения можно изменить, если разорвать цикл детских травм. Если кто-то словесно атаковал папу, он вел себя так: сначала молчал, а потом мстил обидчику. Иногда перепадало и невиновному свидетелю.

Ребенок, который прятался внутри папы, пытался вырваться наружу, чтобы исцелиться. Однако это не было приоритетом отца. Возможно, он даже не понимал, что с ним происходило.

В пабе я сделала еще одно неприятное открытие, которое меня очень разочаровало. Папа любил злословить о нас с мамой. Я случайно услышала как он сказал, что мама глупая игнорирует его, что она относится к нему, как к мусору. Я была поражена, услышав это, ведь все было с точностью наоборот.

Судя по всему, он забыл, как мама всегда готовила для него еду, стирала его одежду и даже заправляла за ним кровать по утрам. Папа был слишком ленив даже для этого.

Я оспорила сказанное, припомнила все, что он с нами сделал. Он сжал бокал так сильно, что пальцы его побелели. Я поняла, что сейчас лучше уйти. Мне было очень больно от того, что отец говорил такие вещи о нас – людях, которые всегда его поддерживали.

Он забыл, сколько раз он унижал нас перед друзьями. За закрытыми дверями он был искусным манипулятором. Особенно хорошо ему удавалось пустить слезу в нужный момент. Я же, в свою очередь, знала, что он представлял из себя на самом деле. Я слишком хорошо понимала его цели. Когда его трюк со слезами не срабатывал, он в долю секунды опять превращался в сурового человека. Слезы исчезали. Этот трюк он применял, когда ему нужны были деньги на алкоголь, помощь или когда он пытался манипулировать кем-нибудь.

После месяцев обещаний исправиться, мама и папа снова сошлись вместе. Он переехал к нам, однако, по-прежнему спал в отдельной комнате. Его обещание измениться и исправиться было уловкой. Он хотел вернуться в нашу жизнь. Отец знал, как манипулировать мамой, она никогда не спорила с ним, с ней он чувствовал себя сильным и властным. Переезд к нам означал бесплатное питание и жилье. Проще говоря, на все готовое. Мама боялась отца, поэтому ему сходило с рук его аморальное поведение.

В поисках собственного голоса

Однажды он пригласил друзей, чтобы поесть шашлыка и посмотреть регби. Как только прибыли друзья, он стал высокомерным и надменным. Он начал давать указания маме и мне и кричать на нас, если мы моментально не выполняли его требований. Друзья отца, в ответ на его поведения, подняли бокалы сказали: «Мы поддерживаем то, что женщины должны повиноваться мужчинам». Подобный тип контроля особенно характерен для жестоких людей. Они добиваются своего унижением других, чтобы обозначить свою роль.

К тому времени он уже начал заводить романы и изменять маме. Папа никогда не был хорошим мужем, никогда не поддерживал нас, забывал, как мы поддерживали его в тяжелые времена и верили, что однажды станет все станет хорошо. Папа прошел через три реабилитационных центра, но все безрезультатно. Единственное, чего он там добился был роман с какой-то наркоманкой.

После этого с ним случилось два приступа панической атаки, оба раза в пабе. Второй приступ случился через два месяца после первого. Отец был госпитализирован, но выписался через три часа. И куда он пошел? Вернулся в паб. В то время он уже принимал лекарства, поддерживающие работу почек и печени, при этом пил пиво, выкуривал шестьдесят сигарет в день и почти ничего не ел.

В конце концов папа нашел стабильную работу в Кимберли, где проработал десять лет.

Я знала, что приняв отца обратно, мы совершили ошибку. Его появление принесло только печаль, оскорбление, унижение, гнев, чувство одиночества и отверженности. Все это сопровождало меня постоянно.

Когда папа оставил нас, я ощутила, что скучаю по этим эмоциям! Вся моя жизнь заключалась в них. Кто я без них? Когда папа снова съехался с нами, ко мне вернулось знакомое чувство, с которым я росла. Хотя эти эмоциональные ассоциации и ощущения были знакомы, они все еще пугали меня и вызывали сильную тревогу. Это был единственный знакомый мне способ выживания в разрушительной среде.

На какое-то время все вернулось в привычное русло. Папа прошел лечение в реабилитационном центре, и ему стало лучше. Он раскаивался в том, как относился к нам в прошлом. При этом он хорошо умел дать почувствовать, что я виновата во всех бедах в его жизни. Были времена, когда я поддавалась на это и жалела его. Особенно убедительно он играл роль жертвы. И он по-прежнему улыбался мне той же холодной улыбкой, забыть которую невозможно. Прошло несколько недель, он вернулся к своему образу жизни и выпивке. Он отдалился от людей и вымещал гнев на первом встречном. К счастью, его почти никогда не было дома, так что он почти не беспокоил нас.

Он, как и раньше, возвращался из паба домой под самое утро. Папа был нашим сожителем, и не больше. Судя по всему, что-то никогда не меняется.

Он продолжал винить меня во всех своих проблемах. Ему надоело манипулировать с помощью Библии, так что теперь он начал откровенно выливать на меня свои обиды, разочарования и ненависть.

Отец был одним из тех алкоголиков, которые, выпив, громко читают Библию и проповедуют другим, насколько плоха их жизнь и как Бог накажет нас всех за грехи. Я же превратилась в оправдание всего плохого, что когда-либо случилось с ним в жизни.

Однажды он слишком сильно увлекся обвинениями. В тот день у нас в доме был репетитор. Это была мамина коллега. Она показывала мне много интересного и учила работать на компьютере. В тот день отец вернулся с работы вовремя, что было нетипично. Он начал ругаться с мамой. Мне было очень неудобно, ведь мамина подруга была здесь и слышала брань отца. Я просила не придавать этому значения, у папы был плохой день. Через несколько минут раздался звук бьющегося стекла, и голос папы произнес: «Именно по этой причине наш брак такой, какой он есть, и почему мои дела так плохи».

Я сразу поняла, что случилось. Отец швырнул на пол фоторамку, которую я подарила ему на День отца. Рамка была из серебра. Внутри рамки стояло наше с мамой фото, где мне всего несколько часов от роду. Я была глубоко опечалена тем, что родной отец так сильно меня ненавидел. Он хлопнул входной дверью и ушел. Я извинилась, вышла из комнаты, чтобы поднять разбитую рамку и убрать стекло. Затем я вернулась к репетитору, чтобы продолжить занятие. Она смотрела на меня с ужасом. В тот день она нашла причину, чтобы уйти раньше обычного. Я проводила ее до входной двери, попрощалась и помахала рукой. Мне все еще было стыдно и неловко за поведение папы. Самым неприятным было то, что он знал о постороннем в доме.

Отец вернулся домой немного позже и сделал вид, будто ничего не случилось. Он был твердо уверен, что ему не за что извиняться, потому что он жертва, а я обидчик. Через несколько дней я сообщила отцу, что постараюсь найти жилье и съехаться с подругой. Я поняла, что больше не могу так жить. Он посмотрел на меня и сказал: «Можешь остаться здесь. У тебя все равно ничего не получится. Будешь подавать людям пиво в баре и убирать блевотину». Я ответила: «Да, возможно, и буду, ведь деньги, отложенные на мое обучение в университете, ты истратил на алкоголь и распутную жизнь». Он знал, как тяжело мне будет получить залог на обучение в Южной Африке, и особенно с его банковской историей.

Его ответ? «Ты шлюха! Ты ничего из себя не представляешь и никогда ничего не добьешься».

Он был очень аккуратен в своих поступках и всегда совершал их тогда, когда мамы не было рядом. Брань и оскорбления были частью моей жизни и давно стали нормой.

Прошло несколько месяцев. Я привыкала к старшей школе, справляясь со стрессами. В одно субботнее утро я вернулась домой после спортивных занятий. Как всегда перед походом в паб, отец лежал на диване с пивом.

Когда я проходила мимо дивана, бормоча ужасные ругательства, он накричал на меня. В тот момент что-то щелкнуло во мне. Меня охватило огромное чувство ярости. Я обернулась и закричала в ответ: «Хватит! Достаточно!» Я кричала со всей силой, стуча кулаками по дивану. Я сказала все, что чувствовала и думала тогда. До сих пор прокручиваю этот момент в голове. Даже соседям был слышен мой крик. Затем я глубоко вздохнула и неожиданно почувствовала себя намного лучше.

Отец онемел. Он не сказал ни слова. После этого он две недели не разговаривал со мной. Честно говоря, это было облегчением!

Он перестал оскорблять меня и начал прилагать усилия к тому, чтобы быть любезным со мной. Он понял, что я повзрослела. В тот день я перестала бояться его нападок. Теперь я чувствовала уверенность и способность постоять за себя. Я решила, что больше не собираюсь быть подушкой для словесного битья.

Шли месяцы. Меня преследовало ощущение постоянной тревоги, начали развиваться странные фобии. Я могла не пойти в торговый центр потому, что там было много людей, которые, якобы, глазели на меня. Я стала есть только определенные продукты. Мне казалось, что если я съем что-нибудь другое, то со мной случится что-то плохое. Каждый день я делала одни и те же вещи, боясь что-то пропустить. Отчасти я понимала, что находила и привлекала то, чего боялась. К счастью, это была временная фаза, которая не стала серьезной проблемой по жизни.

Чем сильнее вы сопротивляетесь чему-либо, тем больше вероятность, что вы привлечете это к себе. У меня появилась зависимость от снотворного и антидепрессантов. Это было бегством от жизни и нехватки свободы. Я страдала от учащенного сердцебиения, которое успокаивалось только по утрам, когда я просыпалась. Но оно возвращалось сразу же после того, как от страха и боли начинало резать в груди. Ощущение было такое, будто сильная волна била меня в солнечное сплетение. Избавиться от боли мне помогали только таблетки.

В школе дела тоже не шли лучшим образом. Я думала, что переход из средней школы в старшую станет новым началом для меня. Было интересно находиться в новом окружении: новые люди, новые здания, новые учителя. Здесь же я встретила несколько знакомых из средней школы.

Студенты в старшей школе, казалось, были сами по себе. Постоянно были слышны крики учителей в соседних аудиториях. Однако студенты не придавали обучению большого значения. Я же ходила на занятия за знаниями и не заводила там друзей. Тем не менее, спустя год и у меня появились друзья. Они были хорошими ребятами, но курили и баловались алкоголем.

Я старалась держаться в стороне от этого, чтобы не попадать в неприятности, но в то же время хотела быть членом компании. Одна девушка, Кэйт, недолюбливала меня и откровенно это демонстрировала. В классе, когда она проходила мимо, то всегда пинала мою сумку и делала ехидные замечания. Она даже подговорила одноклассников, чтобы они сбросили мой портфель с балкона нашего кабинета на втором этаже.

С нами в группе был парень, которому я нравилась. Но он очень нравился Кэйт, и она безумно ревновала его ко мне. Не могу сказать, что была самой красивой девушкой в школе, в то время я, как раз, носила брэкеты, а лицо время от времени покрывалось прыщиками. Однажды Кэйт посмотрела на меня и сказала: «О, Боже! Эветта, и что ребята в тебе находят? Ты такая страшная. Не понимаю!»

Мне казалось, что лучшим ответом будет молчание. В некотором смысле было лестно знать, что самая популярная девушка в классе заметила, что на меня больше обращают внимание. До этого я даже не замечала интереса мальчиков ко мне.

Это оскорбление стало неким пробуждением. Я тщательнее стала следить за собой и стала держаться достойно. Начало проявляться мое женское начало, и мне это безумно нравилось! Я осветлила волосы, начала делать легкий макияж и пользоваться духами. Изменения были небольшие, но они сильно повлияли на мою самооценку. Я стала принимать меньше антидепрессантов и снотворного, чувствовала себя увереннее.

Я уже прочно обосновалась на этой новой фазе в жизни, когда кто-то в школе сделал замечание по поводу моего веса. Это дало толчок моей следующей фазе развития - самоотвращения. Я самоотверженно сидела на диетах, будто от этого зависела моя жизнь. Подсознательно я пыталась взять контроль над своей жизнью. Потеря веса была единственной вещью, которую я могла контролировать. Я начала пить таблетки для похудения и съедала только по одному банану в день. Иногда я могла побаловать себя чашкой чая. Еще я начала ходить в тренажерный зал, где занималась по четыре часа в день после школы и в выходные.

Занятия спортом очень успокаивали и расслабляли. После каждой тренировки я так уставала, что у меня не оставалось энергии на переживания или стресс. Так начала появляться зависимость от эйфории, которую ощущаешь после физической нагрузки. Я перестала принимать антидепрессанты, хотя все еще нуждалась в том, чтобы подавлять царящее внутри беспокойство. Тревожность и депрессия проявлялись теперь по-другому, ведь с самого начала я не решала проблемы, которые их провоцировали, а принимала антидепрессанты. Однако отказавшись от одних вредных привычек, я обзавелась другими, поскольку глубинная проблема так и не была разрешена. От интенсивных упражнений и неполноценного питания начались проблемы с желудком. Мне удалось незаметно от мамы купить диетические продукты и спрятать их в шкафу.

Кишечник начал опухать и воспаляться. После нескольких наблюдений выяснилось, что из-за диеты и неправильного образа жизни у меня появилась желудочная инфекция. Я не собиралась ничего менять и продолжила жить, как будто ничего не случилось. Моей целью было оставаться стройной, и никакая инфекция не могла этому помешать.

Я также обнаружила, что часть моей тревожности была связана с отцовской привычкой курить. Каждый раз, когда он закуривал сигарету, мне становилось спокойнее, и я расслаблялась. Очевидно, что я была зависима от сигарет, хотя никогда не курила! Этот эффект был вызван тем, что папа постоянно курил около меня.

Так я начала курить, надеясь, что буду чувствовать то же спокойствие, которое ощущаю, когда курит отец. Я воровала у него сигареты. Когда я просыпалась и уходила в школу, он еще спал. В то время, пока он громко храпел, я пробиралась в его комнату и стаскивала несколько сигарет. В течение почти трех лет мне это сходило с рук! Давление сверстников вынудило меня попробовать алкоголь, и моя жизни покатилась по наклонной. На тот момент мне должно было исполниться шестнадцать.

Однажды в пятницу мы решили пойти на день рождения нашего друга Прета. Вечеринка проходила у него дома. Мы ходили вместе в школу в Ораньемунде. Как и мой отец, его родители были переведены компанией, на которую они работали, в Кимберли. Здесь же моего отца восстановили в должности. Мама спокойно подбросила меня и друга до дома его родителей, рассчитывая, что знает семью.

Мы собирались прекрасно провести вечер. Я присела рядом с одной из школьных подруг, и мы разговаривали о ее разрыве с молодым человеком. Я пила колу, которую мне принес лучший друг Прета Стив. Он взял ее из домашнего бара. Стив предложил мне попробовать бренди с колой. Я подумала: «Конечно! Почему нет?», сделала глоток, затем второй и почувствовала тошноту. Помню, как подумала про себя: «Я еще маленькая, и мне не следует пить». В то же время, было здорово делать все эти неразрешенные вещи.

Стив, который готовил напитки, был другом моей подруги. Я не думала, что он добавлял туда алкоголь. Через несколько секунд чувство тошноты перешло в сонливость. Я взглянула на Стива, и все вокруг помутнело. Стало ясно - он что-то подмешал мне в стакан. Помню, как читала брошюру, в которой говорилось об опасности наркотиков, используемых при изнасиловании, и возможных последствий от них. Я посмотрела на наручные часы. Мне запомнилось, что тогда было девять часов вечера. Я попыталась подняться со стула. Дальше помню, как я натолкнулась на кирпичную стену, когда обернулась, и на этом все.

Пустота.

Я открыла глаза и почувствовала, что голова раскалывается от боли. На заднем фоне кричал телевизор. Я начала медленно открывать глаза, и меня ослепили яркие огни. Посмотрела по сторонам и увидела, как один из друзей, Брэд, склонился надо мной. Он был крайне озабочен. «Какого черта! Эветта, ты в порядке? Ты меня слышишь?»

Казалось, что моя голова раскололась на две части. Я помню, как смотрела на часы, и они показывали девять часов вечера. А теперь часов на руке не было. Брэд сказал, что сейчас половина пятого утра! Он и его мама подумали, что я сильно напилась, и решили оставить меня здесь отсыпаться до утра. Они не хотели, чтобы у меня были неприятности с родителями. Вряд ли они знали, что в мой напиток было что-то подмешано.

Они отвезли меня домой и убедились, что я в порядке. Родители спали и не знали, во сколько я вернулась домой. Когда я проснулась в тот день во второй раз и глянула в зеркало, то увидела кровь на волосах. Нос был сломан, губы были разбиты до крови. Одежда испачкана кровью и блевотиной. Нижнее белье было засунуто в карман пиджака, который мне не принадлежал.

Я начала смутно припоминать дерущихся и кричащих людей, но больше ничего не помнила. Казалось, кто-то выбил из меня жизнь, тело было покрыто синяками. У меня не было никаких доказательств, все, что я говорила, никто не воспринимал всерьез. Меня в буквальном смысле игнорировали.

Все это время меня поддерживала мама. Отец находился в блаженном неведении. Он был слишком пьян, чтобы замечать что-либо. Парень из той компании, попросил меня встретиться с ним, чтобы рассказать о случившемся той ночью. Это была шалость, которая плохо закончилась.

На следующий день этот инцидент попал на полосы местной газеты. Правда вышла наружу. Я прочитала, что случилось со мной. Я позвонила Брэду и спросила, знал ли он что-нибудь об этом, и он рассказал мне остаток истории.

Он сказал, что кто-то забрал меня из дома Прета в клуб. Брэд в это время был в том же клубе. Он видел, как я ходила в майке, босиком, без бюстгальтера. Половина пуговиц на моих брюках была расстегнута. Лицо и одежда были вымазаны в крови. Брэд сразу подумал, что меня кто-то изнасиловал. Он настоял, чтобы они покинули это место. Брэд и, как минимум, двадцать ребят поехали домой. Меня посадили на заднее сидение машины. Когда мы подъехали к дому, он спросил о моих вещах, включая нижнее белье. Они были у Стива, который готовил для меня напитки.

Брэд, заподозрив неладное, спросил Стива, откуда у него были мои вещи и особенно нижнее белье. Тот не смог ответить, и Брэд догадался сам. Он предположил, что я была изнасилована. Он ударил Стива, повалив его на землю. Друзья Стива присоединились к драке.

Я была в шоке от случившегося, но больше всего мне было стыдно за себя. Через неделю мама Стива подала в суд на Брэда. Я решила пойти в суд с ним. Меня упомянули в качестве свидетеля. Я разговаривала с прокурором, и когда он услышал мою часть истории, то отложил слушание.

Прокурор неуклонно настаивал, чтобы я подала иск против Стива. Но я не была уверена во всех деталях того вечера. Тело болело, но я ни в чем не могла быть уверена. Мама Стива сказала, что если я откажусь от обвинения в изнасиловании, то они откажутся от обвинения в избиении против Брэда. Я знала, что Брэд хотел поехать за границу в следующем году и не смог бы этого сделать, имея судимость. В итоге я отказалась от обвинений в сторону Стива, и Брэда оставили в покое.

Позже я узнала, что произошло на той вечеринке. Компания, с которой я тусовалась к школе, раздела меня, и каждый по очереди избивал. Потом они бросили меня в ледяную ванну. Из меня сделали посмешище, считая все это одной большой шуткой. Одному Богу известно, как люди могут совмещать насилие и юмор! Я до сих пор не понимаю, что спровоцировало такое варварское поведение.

Я умоляла маму забрать меня из школы. К тому времени у нас уже были трудности с оплатой школьных счетов, да и домашнее образование обходилось бы намного дешевле. Мама согласилась. После тех выходных я так и не вернулась в школу. Десятый класс я закончила в маленькой частной школе. По иронии судьбы, мама Прета была владелицей частной школы. Она чувствовала себя виноватой из-за случившегося в ее доме и предложила мне помочь с учебой до конца года. В частную школу нужно было ходить только раз в неделю, чтобы писать тесты и показывать свои проекты. В отличие от старой школы, здесь не было стресса, и я успешно сдала экзамены.

За то, что случилось со Стивом, я получала смертельные угрозы из школы. Но несмотря на это, я чувствовала, что сделала большой шаг в жизни. Очевидно, всем промыли мозги для того, чтобы в этой истории они были на стороне Стива. Хотя вряд ли мои бывшие одноклассники знали, что случилось на самом деле.

Я ушла из плохой компании. Чувство свободы возвращалось ко мне. Я снова могла принимать собственные решения. Мои оценки были хорошими, что позволило мне перескочить через одиннадцатый класс в двенадцатый. Уходя из частной школы, мне удалось закончить двенадцатый класс дистанционно. Я училась и подрабатывала на двух работах, что помогло мне накопить деньги на колледж. Я мечтала об университете, но отец промотал все деньги, потратив их на алкоголь и выплату долгов компании. Я хотела стать адвокатом или следователем, моей мечтой была справедливость в мире. Это было словно моим долгом. В действительности же я искала справедливости для себя самой.

В это время я встречалась с парнем по имени Дэйвид, у нас были прекрасные отношения. Он стал заниматься бодибилдингом. Чтобы добиться нужных форм, Дэйвид употреблял специальные коктейли. Как ни странно, эта диета изменила его характер в худшую сторону.

Дэйвид начал бить меня и угрожать. Он срывался без всякой причины, стал очень непредсказуемым. Когда начались занятия в колледже, мы стали видеться реже. Но расстаться с ним я не могла. Последний раз, когда я пыталась разорвать наши отношения, он приставил нож к моему лицу и сказал: «Я убью любого ублюдка, который к тебе приблизится!» Никогда прежде не видела его таким и не собиралась провоцировать подобное поведение снова.

Было ясно, чтобы расстаться, мне придется уехать из города, а значит нужно найти работу и накопить денег. Так я нашла временную работу секретаря по проектам на новой стройке за пределами Кимберли. Компания фильтровала отбросы в старых шахтах, пытаясь найти больше алмазов. Я была одной из четырех женщин на изолированном строительном объекте с 2000 рабочих мужчин.

Поначалу было трудно. Я ни на минуту не теряла бдительности и научилась требовать уважения со стороны рабочих. Мне это удалось настолько хорошо, что они снимали свои каски и ждали за дверью офиса до тех пор, пока я их не приму. Только тогда им разрешалось разговаривать со мной. Можно сказать, я ощущала себя защищенной.

Самым тяжелым временем была зима. Обычно я начинала работу в 6 утра, удостоверившись, что работники ночной смены закончили свою бумажную работу. От парковки приходилось идти пешком около 700 метров, проходить через три поста охраны, затем мимо конвейерных лент и шумных машин. Чтобы я не надевала, холодный ветер продувал одежду насквозь. Иногда поверх одежды я набрасывала одеяло и прижимала бутылку с горячей водой, но и это не особенно помогало. Контракт закончился, и я решила покинуть Кимберли. Мне безумно хотелось начать новую жизнь и построить карьеру. Я была готова оставить Дэйвида. Нужно было все начать с чистого листа, подальше ото всех.

Прошло несколько дней, и один из моих друзей рассказал о нашем коллеге по имени Том. Том приехал на семинар из Йоханнесбурга. Ему был нужен кто-нибудь с таким опытом работы, как у меня. Мой коллега сразу же соединил меня с Томом. Мы встретились, и меня пригласили на интервью. Он предложил мне работу в головном офисе в Йоханнесбурге. Я сразу же приняла предложение. Самым приятным было то, что моя новая зарплата была в четыре раза выше прежней!

Покидая Кимберли, я чувствовала себя абсолютно свободной. Я знала, что наконец-то уезжаю из этого хаоса. Я перестала добиваться отцовской любви и внимания, сосредоточилась исключительно на себе и своей жизни. Это был один из самых решительных поступков, которые я когда-либо совершала.

В поисках собственного голоса

В то время я много курила. Папа в пятый раз вернулся в реабилитационный центр. Он постоянно давал маме ложные обещания, говоря, что бросит и пить, и курить. Он ложился в клинику на несколько недель, выходил и снова начинал пить. За последние пять лет он побывал в пяти разных лечебницах, но новые запои были намного серьезнее простой алкогольной зависимости. В случае с отцом видела, как он подавлен воспоминаниями из своего детства, где с ним плохо обращались. Алкоголь давал ему ощущение, что он живет нормальной жизнью, и в сознании появлялось спокойствие. Эта «нормальность», была неприемлема для обычного человека. Не будучи алкоголиком, мне было трудно понять причины заболевания алкоголизмом. Я почти пошла по тому же пути, но, к счастью, вовремя заметила, как мои привычки начали повторять безрассудную жизнь отца. Я решила изменить свое поведение и подход к решению проблем. Алкоголики борются с симптомами, но не с внутренними эмоциональными проблемами. Травма провоцирует проявление эмоциональных симптомов. Если мы не понимаем или не знаем, как с ней справиться, то в конечном итоге боремся с симптомами.

Папа страдал от постоянной тревоги и приступов паники, алкоголь помогал облегчать эти симптомы. Тем не менее, это не решало проблемы, из-за которой он пил. Всегда проще взять бутылку виски, напиться и не думать о прошлом, чем пойти к врачу и попросить прописать антидепрессанты, чтобы помочь восстановиться печени и почкам после долгого загула.

Когда ты отказываешься от прошлого, тебе не приходится мириться с тем, что произошло с тобой в детстве. Оно становится одним мутным и туманным воспоминанием. Как в истории с большим слоном в комнате: большой неуклюжий зверь, которого никто не замечает. Людям свойственно прятаться за оправданием: «Я плохо помню свое детство». Одни действительно не помнят, как их воспитывали, другие подавляют эти воспоминания. Некоторые даже идут на крайние меры: придумывают свое детство.

Это может быть опасным, так как, будучи ребенком, человек не полностью осознает свою травму. Отрицание может вызвать сильные эмоциональную и физическую боли. Когда отец испытывал тревогу и переживания, он брался за крепкий алкоголь. Когда он был счастлив, он открывал банку пива. Вне зависимости от того, какую эмоцию он переживал, это погружало его в переживания. Никакая эмоция не давала ему ощущение безопасности. Даже счастье не приносило спокойствия.

В детстве демонстрировать эмоции для него было небезопасно. Он не мог выразить себя перед родителями.

Помню, как однажды я подбежала к маме и без всякого повода обняла ее на глазах бабушки (матери отца). Бабушка наклонилась к маме и произнесла: «Вы растите дьявольского ребенка». Было очевидно, что папа в детстве не испытывал никакой привязанности. Он научился только тому, как чувствовать себя в безопасности во враждебной среде. Он научился ощущать себя в безопасности вне зависимости от жизненной ситуации. Этому научилась и я. Он думал, что с помощью насилия родители демонстрировали ему свою привязанность, так как это была единственная форма внимания, которое он получал. Любовь демонстрировалась грубым отношением.

Я очень сожалею о том, что из-за алкоголизма так и не смогла по-настоящему узнать отца. Я ни разу не разговаривала с ним, когда он был трезв. Я понятия не имею, что ему нравилось, а что нет. Не знаю, что могло бы его рассмешить, не представляю, о чем он мечтал в детстве. Самое грустное, что в разговоре я всегда старалась быть зрелым человеком, и, чувствуя себя пристыженным и загнанным в угол, он скрывался за агрессией.

Я до сих пор очень хочу пообщаться с трезвым папой. В то же время я подозреваю, что мне может не понравиться человек, которым является мой отец в трезвом состоянии. У меня столько вопросов к нему. Загвоздка состоит в том, даст ли он правдивые ответы. Он всегда лгал мне. Да и после его образа жизни, я не уверена, что он хорошо себя знает.

Он никогда не возьмет на себя ответственность за свои поступки и образ жизни. Этот факт моей жизни я вынуждена принять и жить с ним. Мне нужно было смириться с попытками заполнить пробелы в наших отношениях дочери и отца. Я сконцентрировалась на другой цели: новая карьера и новая жизнь. Все остальное кануло в лету.

Я старалась бывать в более официальной среде и на деле смотреть, как были организованы большие строительные площадки.

Мне только исполнилось 19. Я загрузила вещи в мамину маленькую Мазду и уехала в Йоханнесбург. Я порвала с Дэйвидом и начала новую жизнь в Йоханнесбурге.

Мама всегда была и остается большой поддержкой для меня. Я всегда могоу на нее положиться. Она одолжила мне свою машину на несколько месяцев, пока я не смогу купить собственную. Я жила в маленькой бабушкиной квартире на площади и чувствовала себя почти свободно и безопасно. У хозяев этого места было два больших Ротвейлера и электрический металлический забор высотой в три метра. Ворота были на пульте управления. Мне всегда было страшно вылезать из машины, чтобы открыть ворота. В Южной Африке людей часто расстреливают прямо у дома.

По началу мне было трудно привыкнуть. Например, я никогда не видела трассу с движением в четыре полосы! Я не знала, что правая полоса была скоростной! Я съехала на полосу слева и видела, как меня обгоняли. Мне пришлось увеличить скорость. Совсем не хотелось перебегать дорожку недовольным водителям Йоханнесбурга! Я разогналась до 120 километров в час, что было максимально допустимой скоростью на трассе, но меня по-прежнему обгоняли! Я чувствовала, что не могу контролировать машину на такой скорости, от страха попасть в аварию я начала плакать.

Через несколько недель, когда я устроилась на новом месте, жизнь потекла в своем ритме. Жизнь в Йоханнесбурге оказалась не столь безоблачной, как мне представлялось. Здесь свободы стало еще меньше! Каждый день я выезжала на работу в шесть утра, пока на трассе было спокойно. Тем не менее я научилась ездить со скоростью 120-140 километров в час. Было удивительно, насколько быстро я вошла в этот быстрый и беспокойный ритм жизни.

Я заканчивала работать в четыре часа дня и шла в тренажерный зал. Затем заезжала в супермаркет, чтобы купить все необходимое и до заката возвращалась домой.

Так я прожила несколько месяцев. Находиться на улице до восхода и после заката было слишком опасно. Я планировала дела так, чтобы все успевать в светлое время суток.

Однажды моя коллега в офисе стала упаковывать офисные вещи и принадлежности одного из сотрудников компании. Оказалось, что он был застрелен грабителем на подъезде к собственному дому. Его жена была с ним, и преступление произошло у нее на глазах. Я была в ужасе! Такая жизнь отвратительна, особенно если знаешь, что живешь там только ради денег. Моей целью было обеспечить себе достойную жизнь.

Однажды коллеги пригласили меня в клуб, чтобы потанцевать и расслабиться. Я подумала, что сделать что-то новое – совсем не плохая идея. Когда я приехала к клубу, они ждали меня на улице. Мы подошли ко входу, где нас встретил охранник спортивного телосложения с двумя пушками на каждом боку. Всех проверяли на наличие оружия. Парень передо мной вытащил из брюк пистолет, к которому на резинке был привязан паспорт. Он отдал его женщине за стойкой, которая в свою очередь заперла оружие в шкафчике. От мысли, что все сдают оружие, мне стало спокойнее. Однако сам факт, что люди вооружены, очень беспокоил.

В поисках собственного голоса

Мы вошли в клуб, и я выпила, чтобы снять напряжение. Мы отлично провели время, и в час ночи я готова была ехать домой. Один из моих коллег предложил проводить меня до машины, чтобы знать, что я покинула клуб в целости и сохранности. Помню, как я ехала домой и молилась, чтобы безопасно добраться до квартиры.

Все шло хорошо, пока я не свернула с трассы на последнем повороте к дому. Парень с ножом в руках выскочил перед машиной из кустов и стал махать мне руками. Я поняла, что он машет мне остановиться, чтобы угнать мою машину. Когда он полез в карман в поисках пистолета, я за долю секунды осознала, что мое время еще не настало, и я не остановлюсь. Вместо этого я нажала на газ и поехала прямо на него.

Я проехала на расстоянии двух сантиметров от него и проскочила на два красных сигнала светофора, что было нормально в Южной Африке. Я въехала в ворота дома и быстро забежала в квартиру. В ту ночь уснуть так и не удалось. Я не могла поверить в то, что произошло. Всегда казалось, что такие вещи случаются только с другими. Я всегда была очень осторожна. Та ночь была первой и последней в Йоханнесбурге, когда я ездила ночью за рулем одна.

Спустя несколько недель, компания решила перевести меня на строительный объект в Сасолбург. Я с радостью была готова покинуть Йоханнесбург и сразу приняла предложение. Зарплата увеличилась, так как теперь в нее была включена дополнительная оплата за опасность работы. Новая работа была на объекте, где уголь перерабатывался в бензин. У меня была прекрасная квартира на берегу реки с видом на воду и мост. В здании было много различных удобств: теннисный корт, бассейн и бар на территории комплекса.

На выходные я ездила домой в Йоханнесбург. Дорога занимала всего полтора часа езды на машине. Мне было только девятнадцать, но жила я уже по-королевски! Работа мне очень нравилась, и работать приходилось с замечательными людьми. В любой момент я могла пойти в магазин и купить одежду, которая мне нравилась. Через несколько месяцев я накопила достаточно денег, чтобы купить машину своей мечты: BMW. Я вернула маме ее машину и заказала себе новую. В ней было все, что необходимо для жизни в опасном месте. Я предпочла BMW, потому что кресла в ней были низкими. Через окно было видно только голову. Она была небольшой по размеру, так что с парковкой проблем не возникало. Более того, BMW - роскошная машина.

Бандиты обычно залегали в кустах около трасс, выпрыгивали перед машиной и стреляли в лицо, грудь или шины. В моей машине шины были безвоздушными, в качестве наполнителя использовалась пена. Стрельба по шинам никак не повлияла бы на езду. Стекла были противоударными на случай ограблений через разбитое окно, которые обычно случались на светофорах. Люди продают разные вещи вдоль дорог и около светофоров. Так они отвлекают водителей, пока другой врывается в машину.

После оформления машины, я выехала из официального дилерского центра BMW. Одометр показывал пробег в девять километров. Я ехала домой со скоростью 180 километров час и чувствовала себя на вершине мира!

Я набралась наглости и позвонила отцу: «Помнишь, как ты говорил мне, что я ничего не добьюсь? Знаешь что? Я только что купила новую BMW! И знаешь что еще? Я получаю в четыре раза больше, чем ты».

Он ничего не ответил и повесил трубку.

Улыбка не сходила у меня с лица. Благодаря моим собственным усилиям, целеустремленности и упорной работе, все, наконец-то, стало складываться в лучшую сторону. На тот период я работала около 85 часов в неделю, но работа того стоила.

Мне казалось, что я уже изучила большую часть трюков для безопасной жизни в этой стране. Вечером смотрела новости, где ведущий часто предупреждал о возможной опасности для водителей, ездящих от Сасолбурга до Йоханнесбурга. Рекомендовалось избегать дорогу Грасмери Тол.

Позже объявили, что десять человек были ограблены, изнасилованы и убиты. Это случилось на той же трассе, по которой я обычно ездила домой в Йоханнесбург. Грабители блокировали дороги большими камнями, что вынуждало водителей остановиться. Большинство людей, как и я, ездили по свободной дороге со скоростью 140-160 километров в час. Как ни странно, на большой скорости я чувствовала себя безопасней, чем на маленькой. Помню, когда я приезжала из Сасолбурга домой в Йоханнесбург, ладони кровоточили, поскольку ногти впивались в них всю дорогу. Я держала руль настолько крепко, насколько это было возможно. На большой скорости руки контролировали положение руля. Я больше предпочла бы погибнуть в автокатастрофе, чем от рук грабителя. Хотелось надеяться, что из-за большой скорости, на которой я ездила, они подумают, что я непростая мишень.

К счастью, на меня никто не напал!

Новое начало, но со старыми шаблонами

Эту часть моей жизни я описываю по следующей причине: показать, как нерешенные детские проблемы сказывались на моей взрослой жизни. По-моему, вполне естественно, что если человек живет по привычным шаблонам, то оскорбительные отношения в детстве приводят к оскорбительным отношениям во взрослой жизни.

В 19 лет я начала встречаться с парнем с работы по имени Алан, который (глубоко внутри) был абсолютно таким же, как мой отец. На протяжении двух месяцев отношения были очень хорошими, но потом начались проблемы. Теперь я могу видеть скрытые предупреждающие знаки, однако в то время насилие казалось нормальным и привычным. В том возрасте я не представляла отношений без ссор и унижений.

В поисках собственного голоса

Прошло более двух лет, и наши отношения начали все сильнее походить на отношения, которые я наблюдала между мамой и папой. Ложь, алкоголизм, измены и физическое насилие. Почему я мирилась с этим? От части потому, что с Аланом я чувствовала себя в безопасности: мы работали в месте, где доминировали мужчины. В то время я ничего не знала.

Наши жизни зависели от случая. Однажды мы опубликовали наши резюме в Интернете, и одна австралийская компания заинтересовалась ими. Наша квалификация соответствовала их требованиям. Нам пришло приглашение на работу, и мы сразу же согласились. Мне безумно хотелось покинуть Южную Африку и пожить в другой стране. Я продала все имущество, включая мою ненаглядную BMW. Хотелось верить, что наши отношения с Аланом наладятся в Австралии: мы начнем сначала, а старые беды останутся в прошлом (Оглядываясь назад, я теперь понимаю, что именно так думала мама, когда мы переезжали из Намибии в Южную Африку. Удивительно, как повторяются семейные истории).

Я была готова оставить Южную Африку в прошлом. Я была так увеличена попыткой закончить все в моей старой жизни, что у меня даже не было времени отпраздновать свой 21-й день рождения. Все сконцентрировалось на Австралии. Волнение по поводу грядущего приключения притупило остроту проблем в личной жизни. После того, как я все продала, мне принадлежало всего два чемодана.

Я переехала в Австралию и начала новую карьеру. Здесь мне встретились новые люди и новая жизнь. Это было таким новым, что я могла ходить по торговому центру с сумкой на плече. Просто ходить было приятным, потому что дома для безопасности мне приходилось ездить на машине.

Новое окружение было потрясающим. Однако отношения с Аланом не изменились. Насилие, алкоголизм, измены и ложь. Алан много пил, был жестоким, агрессивным и очень несдержанным. Часть меня говорила, что так оно в жизни и должно быть. Казалось, что мне суждено идти тем же путем, каким мама шла с моим отцом.

У Алана и меня было разрешение на работу в Австралии, но мое имя было записано на его место проживания (как его девушки). Я не знаю, спланировал ли это Алан или так было дешевле для компании спонсировать нас.

Алан быстро воспользовался властью, которую получил надо мной. Если я не потакала каждому его желанию или осмеливалась пожаловаться на измены и насилие, он мог поднять телефонную трубку, и после одного звонка в Иммиграционный центр меня депортировали бы обратно в Южную Африку. Я понимала, что сделай он это, и я попаду в большую беду.

В Южной Африке я продала все, что у меня было. У меня осталось только два чемодана. Больше не было ни работы, ни дома, куда я могла бы вернуться. Оставалось выбирать: остаться и терпеть неизбежные надругательства или отступить и переехать обратно в Южную Африку. Я решила остаться, тем более, что насилие стало нормой для меня.

Мы подали документы на постоянное проживание в Австралии, и дела между нами наладились, но только на какое-то время. Каждый раз, когда мы ругались, издевательства становились более опасными и жестокими. Его поведение становилось настолько бесконтрольным, что дело доходило даже до рукоприкладства на публике.

Я угрожала, что уйду от него, на что Алан быстро отвечал, что если я хоть попробую, то он депортирует меня обратно в Южную Африку. Я чувствовала себя в ловушке.

Для получения разрешения на постоянное проживание в Австралии требуется четыре года работы в стране. Я понимала, что мне, прежде чем я смогу безопасно покинуть Алана, предстоят четыре года насилия. Трудно описать, насколько разрушающим для души было это чувство. Передо мной встал выбор: неизбежные надругательства на протяжении четырех лет в Австралии (и затем надежда) или возвращение домой без денег, работы, и жизнь в чрезвычайно враждебной среде, где риск быть изнасилованной или убитой очень высок. Приходилось делать выбор между молотом и наковальней!

Выбора не оставалось. Я использовала все возможное, чтобы получить визу на самостоятельное временное проживание. Пришлось даже позвонить в лагерь беженцев в Австралии и умолять их забрать меня. Я не хотела возвращаться в Южную Африку. Мною овладело отчаяние. Они были моей последней надеждой и, к сожалению, отвергли мою просьбу. Оглядываясь назад, могу сказать, что тогда жизнь сложилась лучше, чем она была бы в лагере для беженцев. Хотя на тот момент, я не могла этого знать. Мне так отчаянно хотелось сбежать от Алана.

Власть и контроль, сделали его более жестоким, чем он был до переезда в Австралию. Он чувствовал себя увереннее и был смелее в своих поступках, потому что знал, что я в ловушке. Он также понимал, что я не хотела ехать обратно в Южную Африку, и пользовался ситуацией.

Я видела, как мои отношения разворачивались по сценарию, от которого, я считала, что убежала, когда переехала из Кимберли в Йоханнесбург, спасаясь от предыдущих насильственных отношений. Однако переезд в другое место не решит твоих проблем, особенно если берешь обидчика с собой.

Урок простой: нерешенные проблемы повторяются. И не только наши собственные проблемы, но и проблемы наших родителей. (Мы все так делаем, но большинство из нас не осознает этого. Существует большое количество терапий, посвященных данному вопросу). В своей взрослой жизни я воссоздала мамины ошибки и опыт, полученный в детстве. Я уверена, что те, кто пережил насилие в детстве, в конечном итоге воссоздают эти шаблоны поведения в своей взрослой жизни.

Хорошая новость в том, что вы можете разрушить эти шаблоны. Первый шаг состоит в том, чтобы распознать их. Простое понимание того, что я воссоздавала свои шаблоны поведения из детства, позволило мне лучше контролировать их. Вторым шагом стало освобождение от травмы. Неразрешенная травма провоцирует повторение шаблонов поведения. Необходимо обратиться к травме из детства и семейной истории. Я вернусь к процессу исцеления в следующих главах.

Счастливый конец существует

Не имея другого достойного выбора, я осталась в Австралии. Начались самые долгие четыре года моей жизни. Тем не менее, и они прошли. Я получила разрешение на постоянное проживание, и наконец-то могла расстаться с Аланом!

Я решила, что собираюсь кардинально изменить свою жизнь. Это было мое намерение, и я никогда не была так уверена в своем решении, как сейчас.

Чтобы дать толчок новой фазе и путешествию в жизни, я решила принять участие в семинаре по личностному росту. Это было так волнительно!

Я приехала в город пораньше, до того, как очередь растянется на километры, чтобы зарегистрироваться на семинар первого уровня

Я стояла, теребя в руках сумку, бумаги и бутылку с водой. Вдруг мне показалось, что кто-то пристально смотрит на меня. Это было странным и пугающим. Я взглянула налево и встретилась глазами с красивым высоким темноволосым мужчиной. Он посмотрел на меня и одарил вежливой и робкой улыбкой. Я не могла перестать смотреть на него. То был волшебный момент узнавания.

Мы посмотрели друг на друга, и через мгновение я уже знала, что смотрю на своего будущего мужа. В нем было что-то такое близкое и родное. Казалось, что мы знакомы многие годы. Я понимаю, что это звучит безумно, но в тот момент мой ум не мог понять и перевести то, что чувствовало сердце.

Смотреть на того парня было волнительно, и наш контакт заставил меня замереть на месте. Однако моя застенчивость была сильнее, и я смешалась с толпой, которая образовалась после регистрации.

Начался урок. Я села за первую парту, чтобы слышать и запоминать все, что возможно.

Когда все сели на свои места, я увидела того же привлекательного темноволосого парня. Я поняла, что он был преподавателем семинара. Он представился Саймоном.

На протяжении семинара Саймон не смотрел в мою сторону. По какой-то причине он избегал зрительного контакта. Мне это показалось странным, но я решила не беспокоиться. Целью моего прихода было исцелиться и измениться.

Во время семинара я стала замечать, что Саймон начал заметно нервничать и все еще отказывался смотреть на меня. Я сидела в левой части класса, а он смотрел только в правую.

В последний день семинара он наконец-то набрался храбрости и заговорил со мной. Через пять минут разговора мы поняли, что с момента первой встречи оба чувствуем то же по отношению друг к другу. Мы словно совпали.

В то время я жила в Брисбене, а Саймон в Мельбурне. Он прилетал в Брисбен на выходные, чтобы провести семинар, а в понедельник возвращался домой.

На протяжении двух недель мы ежедневно по три часа разговаривали по телефону. Затем он снова приехал в Брисбен, чтобы проводить семинар второго уровня.

Накануне семинара, в пятницу, он прилетел в Брисбен. Мы вместе пообедали вечером, и я вернулась в отель. Саймон же встречался со старыми друзьями. В субботу начался семинар, и мы были очень рады видеть друг друга. Однако из-за принятых границ между преподавателем и студентами, мы решили сохранить наши отношения на профессиональном уровне до окончания семинара. После семинара мы прекрасно пообедали. Саймон держал мою руку и пристально смотрел в мои глаза. Он хотел сказать что-то важное. Я не знала, как реагировать на выражение его лица: тревожиться или нет.

Он крепко сжал мою руку, замолчал на несколько секунд, затем наклонился ближе ко мне и сказал: «Эветта, я люблю тебя. Я полюбил тебя с первого момента нашей встречи. Ты выйдешь за меня замуж?» Я даже не была поражена этим вопросом. Мне не нужно было времени на раздумья. Все казалось настолько правильным. Прежде чем я поняла, что случилось, мои губы, заикаясь, произнесли «да». Саймон предложил мне стать его женой даже до того, как мы в первый раз поцеловались!

После сделанного предложения мы поцеловались. Я оставила его в ресторане с улыбкой на лице. Все в тот вечер казалось правильным.

На следующий день я уволилась с работы и отправила все свои вещи в Мельбурн. Спустя три недели мы с Саймоном жили вместе, словно старая пара. Нам было весело, интересно, жизнь была наполнена приключениями. Через восемь месяцев мы поженились.

Я до сегодняшнего дня уверена, что мое желание - изменить свою жизнь, расстаться с прошлым и двинуться дальше - было настолько кристально чистым, что я смогла привлечь и создать в своей жизни условия, которые помогли мне исцелиться.

Мой путь исцеления был все еще труден, из-за собственного саботажа были взлеты и падения, но я прошла все до конца.

Кто сказал, что счастливый конец бывает только в сказках?

Глава 2 В поисках развязки

В 2008 году мы с Саймоном полетели в Южную Африку, чтобы в первый раз за четыре года увидеться с отцом. Моей целью было впервые выяснить все о сексуальных издевательствах, которые имели место в моем детстве. Мне хотелось правды и ответа на вопрос, почему он был так холоден со мной. Мне хотелось услышать признание от него. К этому моменту я достигла того состояния, что готова была сесть с ним и выложить карты на стол. В душе я надеялась, что услышу извинения. Представлялось, как он вдруг расчувствуется и примет меня такой, какая я есть. Казалось, что он больше не будет обижаться за то, что я украла у него разгульный образ жизни. Главным намерением было добиться настоящей беседы между отцом и дочерью, а может быть даже честных и искренних отношений.

Оглядываясь назад, я понимала, что большая часть меня не хотела ничего другого, как быть признанным ребенком. Я сидела в самолете и смотрела в окно. Внизу были видны ряды зданий, и неожиданно открытые зеленые пространства с густой травой. Мои беспокойство и возбуждение накатывались, словно волны. Я точно знала, что хотела сказать отцу. Единственной проблемой было застать его трезвым.

Когда я почувствовала, что самолет приземлился в Йоханнесбурге, сердце начало биться сильнее. На мгновение я утратила уверенность, и захотелось сесть на другой самолет и вернуться обратно в Австралию. Я подумала, что больше предпочитаю жить с этими разочарованиями в нем, чем конфликтовать с отцом. Что я буду делать, если он станет все отрицать? Что, если он опять начнет говорить, какой ошибкой я была? Что если он собирается обесценить мои чувства и мою правду? Неуверенность и страх начали играть со мной.

Стало очевидно, что я саботировала саму себя и искала причины не видеться с папой. Конфликты с ним никогда не приводили ни к чему хорошему. Всегда, когда он разговаривал со мной, он выражался очень резко.

Перед посадкой на самолет до Кимберли, я позвонила маме, чтобы уточнить время прибытия. Я спросила, где папа. Конечно, она ответила, что он был в пабе. Я позвонила в паб. Да! Телефон этого заведения до сих пор был у меня в мобильном, ведь в прошлом, если я звонила отцу по какому-то поводу, то звонила в паб.

Я жестко поговорила с ним, сказав, что если он будет пьян, когда приедет встречать нас в аэропорт, то это будет хаос. Затем я повесила трубку и надеялась на лучшее. Меньше всего мне хотелось снова краснеть за него.

Кимберли находится в часе полета от Йоханнесбурга. Перелет был гораздо короче, чем хотелось бы. Пути назад не было.

К удивлению, когда мы вышли из аэропорта, отец был трезв. Я заметила, что его осанка изменилась. Меня наполнило чувство счастья, несмотря на то, что я все еще могла видеть гнев и отчаяние на его лице. Я поздоровалась с мамой, и тогда папа тоже нерешительно меня обнял. Было заметно, что он хотел побыстрее отнести сумки в машину и отвезти нас в отель. Ему нужно было вернуться в паб.

Я отказалась останавливаться в доме родителей, поскольку папа выкуривает, как минимум, 60 сигарет в день, не считая злоупотребление алкоголем. В доме всегда висит сигаретный смок, а от сильного запаха дыма начинаешь задыхаться.

Мы сели в машину, и повисла мертвая тишина. Я знала, что отец был не особенно счастлив видеть меня. Он подозревал, что что-то назревает. Папа жаловался на плохое самочувствие и боли в желудке, чтобы избегать семейных обязательств, обедов и пикников. Такое поведение было нормальным для него, особенно если семейные дела нарушали его расписание питья. Вместо этого он предпочитал улизнуть в бар. Он даже набрался наглости сказать, как сильно он меня любит и скучает; однако он не мог найти время в своем расписании, чтобы провести его с нами в те четыре дня, на которые мы приехали.

Пока я была там, он проводил дни в постели, а вечера в пабе. Он выходил по вечерам, чтобы выпить пива, потом возвращался домой и спал целый день.

Мне было интересно, подозревал ли он что-нибудь? Это было ненормально для меня неожиданно прилететь в Кимберли на несколько дней. Отец знал, что моя поездка не была для того, чтобы провести время с ним. Кроме того, он ни разу не позвонил мне в течение последних четырех лет, когда я жила в Австралии. Я только получала обидные смс-сообщения посреди ночи.

Он думал, что оставаясь в постели, вызовет у меня чувство жалости, и я признаю его положение жертвы. Он не утратил свои манипуляции. Для меня было удивительно и забавно наблюдать, как он пытается дергать за ниточки. Это особенно легко, когда знаешь на что смотреть в знакомом человеке.

Я не собиралась играть в его игры. Я слишком хорошо знала отца и видела его насквозь. Он испробовал все возможные тактики, но я твердо стояла на своем. Беседа, которую я планировала, должна была состояться. Я собиралась поговорить с отцом вне зависимости от того, хочет он этого или нет.

Прошло три дня, но папа продолжал избегать меня. Когда он узнавал, что я собираюсь прийти домой, он вдруг выздоравливал, выбирался из постели и скрывался в одном из пабов.

На третий день утром я решила позвонить папе и попросить его остаться дома, так как нам давно пора обстоятельно поговорить. Когда я говорила с ним, его голос звучал подавленным, как будто его прижали к стенке. Я решила игнорировать его маленькие драмы и просто делать то, что запланировала. Тем более после того, как я так упорно работала над собой, чтобы обзавестись способностью наконец-то сделать это. Пути назад не было.

Я договорилась с мамой о том, чтобы она задержалась на работе в этот день, тогда дома будем только мы с папой. Мама знала, что при необходимости я смогу постоять за себя и поставить отца на место.

Моей целью в тот день было достичь согласия и никого ни в чем не винить. Мне хотелось прийти к развязке и услышать папину версию нашей истории. Понимание его стороны помогло бы пролить больше света на всю картину произошедшего. Тогда я смогла бы сложить кусочки мозаики вместе.

Рано утром я приехала в дом к родителям. Папа сидел на своем привычном месте на диване, затягиваясь сигаретой. Волосы были взлохмачены, а из одежды на нем было только нижнее белье. Он наклонился вперед, и его локти лежали на коленях, а подбородок он положил на ладони. Дым от сигареты поднимался вдоль его щек, волос и затем в виде смога повисал в воздухе над его головой. Он не мог смотреть мне в глаза, поэтому уставился в ковер, на котором зияли прожженные сигаретами дыры. Было очевидно, что у папы нет не то, что чувства вины, но даже любопытства, почему я хотела увидеться с ним один на один.

Он воспринимал сегодняшнюю встречу как неудобство; она создала дисбаланс в его ежедневной рутине. Наша встреча стала преградой между ним и пабом.

В его глазах не было эмоций.

Я знала, что не следует ожидать от него никакой особенной реакции. Иначе я снова бы разочаровалась. Пришлось игнорировать мое желание быть признанной; я понимала, что здесь и сейчас не стоит ждать многого от него. Если бы я понадеялась, то это было бы так, словно я дала ему патроны, которыми он сразу бы выстрелил меня, как только почувствовал себя под ударом или в ловушке. Я даже не спросила, как были его дела. Я стала расспрашивать про его детство, про то, что он думал, когда оставлял меня со своими родителями наедине, зная, какими монстрами они были.

Он взглянул на меня с лицом, не выражающим никаких эмоций, и сказал: «О чем ты говоришь?»

Я знала, что вошла в этот дом подготовленная; тем не менее: я не ожидала такой откровенной лжи от него. Папа видел синяки на моем лице в тот день, когда его отец ударил меня кулаком в лицо. Он также знал про тот день, когда бабушка схватила меня за мочку уха и оторвала половину от него. Он был тем самым, кто вошел в мою комнату и застал свою мать, растлевающую меня, но ничего не сделал.

Я глубоко вздохнула и решила оставить все, как есть. Он бы никогда не признал этого. Прикидываться немым – это самый дешевый способ избежать ответственности. Он был слишком слаб, чтобы когда-нибудь принять на себя родительскую ответственность, не обращая внимания на оскорбления, которые наносил и позволял делать это другим.

Однажды я услышала, как папа рассказывал маме, что его отец когда-то бил его мать. Он говорил, что разочарования его родителей выливались на него, когда он был ребенком. Мне было совершенно очевидно, что он знал о случившемся со мной. В детстве он отказывался принимать правду о происходящем в его жизни, и с этим отрицанием он жил по сей день.

Вот когда совесть начинает играть главную роль. Если нет совести, тогда зачем беспокоиться? Как можно постичь, что чувствует другой человек или мог бы почувствовать? Мой отец никогда не волновался ни о последствиях за его поступки, ни о тех, кому он мог навредить этими поступками. Ему было легче ничего не замечать. Нормальный человек остановился бы и задумался о возможных последствиях, взвесил то, скольким людям он навредит и как его поведение скажется на его собственной жизни. Только после этого здоровый сознательный человек принял бы решение.

Мой же отец подавил эту способность. Мне хочется верить, что он родился с совестью и способностью к жалости, что когда-то он беспокоился о других.

Все эти мысли проходили в моей голове. Однако я снова сосредоточилась на нашей беседе. У меня было столько вопросов к нему, но как только я собралась задать следующий вопрос, вдруг возникала пауза. Я присела и уставилась на папу. В абсолютной тишине он смотрел вниз на свои ступни и демонстрировал мне свое раздражение. Он шевелил ступнями, вкручивая пятки в ковер. Отец стиснул зубы и пытался выглядеть настолько холодно и спокойно, насколько это было возможно. Я посмотрела на него и готова была разразиться гневным криком. Во мне кипела ярость.

Но как только я открыла рот, чтобы начать спорить с ним, мое настроение за долю секунды изменилось. Вместо того, чтобы срываться на него, я неожиданно произнесла: *«Пап, я могу понять, что в твоей жизни были события, о которых ты не хочешь говорить. И это не страшно. Я приняла тот факт, что ты никогда не будешь любить меня так, как мне хотелось бы. Я также принимаю то, что ты никогда не возьмешь на себя ответственность за свои поступки и резкие слова. Я всегда видела в тебе человека, который мало поддается эмоциям, и понимаю, что в какой-то момент твоя боль стала основой жизни. Ты не знаешь, как отпустить ее. Мне ясно, что единственным понятным для тебя способом проживать жизнь является саморазрушение. Я принимаю то, что ты предпочел не осознавать осложнений и потрясений, которые были вызваны в моей жизни твоим поведением. Теперь я освобождаю тебя от дальнейшей необходимости или потребности вредить мне своими словами или поступками. Я принимаю тебя таким, какой ты есть. Однако это не означает, что ты должен продолжать оскорбительно ко мне относиться. У тебя нет права унижать меня. Если ты продолжишь это делать, то я стану отстраняться от тебя все дальше и дальше, пока совсем не выброшу из своей жизни. Я больше не могу ничем тебе помочь; я устала и я истощена твоими поступками. Теперь я помогаю себе и забочусь о себе. Присматривать за тобой становится твоей обязанностью. И перестань винить меня в том беспорядке, который творится в твоей жизни!»*

Он взглянул на меня и затем опять уставился на свои ноги, сохраняя абсолютную тишину. Я замолкла на несколько секунд. Я все еще пыталась осознать то, что только что сказала! Было такое ощущение, что я была третьим лицом в этой беседе. Я поднялась с дивана и вышла через переднюю дверь. Это был конец нашей беседы. Я вышла на улицу, закрыла дверь и направилась к машине. Вдруг послышалось папино «Эветта!»

«Наконец-то!» - Я подумала, что он был готов поговорить. С легким энтузиазмом я открыла дверь и произнесла: «Да?»

Отец ответил: «У меня закончились сигареты. Можешь купить сигарет?» Я закрыла дверь с мыслью: «Да уж! Это мой отец, и он никогда не изменится».

Моя реакция? Я села в машину и уехала. Я не купила ему сигарет. Я решила перестать потакать его разрушительному образу жизни и сконцентрироваться на моем собственном путешествии.

Когда я ехала обратно в отель, то осознала, что Божественное вмешательство, в тот момент, помогло мне разглядеть, в кого или во что превратился мой отец . Я наконец-то смирилась с той ролью, которую он играл в моей жизни. Я погрязла в игре в «виноватую» и упустила из виду много других вещей. И я была разочарована и расстроена, что упустила что-то хорошее, что могло бы случиться в моей жизни.

В прошлом, я зациклилась на том, что винила отца, вместо того, чтобы делать лучше свою жизнь, предпринимая важные шаги на пути к этому. Я забыла признать все, что я совершила, несмотря на его поведение и ядовитые слова.

Мой отец никогда не сможет понять, что произошло в тот день и почему я сказала то, что сказала. Его не волнует, простила я его или нет. Его прошлое не будет преследовать его так, как преследовало бы человека с совестью. Его жизнь будет такой же, какой она была в тот день и за день до этого.

Наш разговор был не более, чем неудобством и пустой тратой времени для него. Наконец-то я пришла к тому, чтобы принять это.

Мы не можем заставить кого-то измениться. Вы можете говорить от всего сердца, но не ожидайте, что к обидчику придет прозрение. Мы можем вырваться из порочного круга унижений; однако это не значит, что обидчик готов измениться. Мы не можем рассчитывать, что он однажды просто очнется от своего разрушительного сна. Если вы считаете, что можете научить других, как обрести свой божественный путь, то бьетесь головой о кирпичную стену.

Обидчики хотят жить той жизнью, которую они создали для себя, потому что уверены, что это единственный путь. Более того, вероятно, обидчику представляется, что его друзья, супруг или супруга, дети пребывают в блаженном неведении. Самым грустным является то, что люди как мой отец, даже не знают, что их поведение ненормально. Ему кажется, что все кругом сумасшедшие, а он - нормальный.

Обидчики думают, что все чувствуют и думают также, как они. Обидчики не принимают во внимание чувства, слабости и жизни других. Когда мне было примерно четыре, я сказала маме, что папа сломан. Он не такой, как другие люди. До сегодняшнего дня я остаюсь при своем мнении.

Когда я взялась за написание этой книги, то прямо сказала отцу, о чем я пишу и в чем моя цель. Он не проявил особого интереса и сказал, что его не волнуют мои дела. Я попросила его написать что-нибудь об алкоголизме и о том, как он сказывается на человеке. Мне потребовалось очень много времени, чтобы объяснить, насколько важно для других семей понять, что творится в голове у алкоголика.

К большому удивлению, он сказал, что поможет мне с этой частью. На этом мы простились, и я провела почти шесть месяцев в ожидании письма. Я былв достаточно глупой, надеясь, что отец сделает что-то ради меня и напишет эту главу. Тем не менее он отправил мне по электронной почте документ размером в две страницы, где он во всем обвинял алкоголь.

Очевидно, он был сильно пьян, когда печатал письмо. В тексте письма было бесчисленное количество опечаток, а еще он пытался мне сказать, что Христос спас его. Я же в его глазах была потерянной душой, которая шла по ложному пути.

Он хотел выставить меня в невыгодном свете и сделать из меня антихриста, несмотря на то, что у меня своя компания личностного роста, которая является дружественной и опирается на религию. Моя цель – помогать другим, а не проецировать на них мои убеждения. Он же этого не понимает.

Я была разочарована, но совсем недолго.

Я удалила его письмо и начала размышлять над тем, как закончить эту главу. Так в качестве решения появился план Б.

Через несколько месяцев мы разговаривали с одним из наших друзей по имени Ричард. Он посещал один из наших семинаров. В прошлом Ричард был алкоголиком. По возрасту он был такой же, как и мой отец.

Я расспрашивала Ричарда о его прошлом, о том, как он сумел из алкоголика превратиться в очень успешного решительного бизнесмена.

Его история была очень трогательной. Он начал отвечать на все мои вопросы. Я спрашивала об алкоголизме то, о чем никогда не спросила бы у отца. Медленно, но верно, Ричард раскрыл тайны алкоголизма. Я сидела там в полном изумлении, осознавая, что только что произошло. Мне дали ответы на мои вопросы. Вот, что должно войти в недостающую главу книги, которую я не могла закончить сама. Я чувствовала, как волнение поднималось от живота к горлу. Избавление от вопросов, никогда не получавших ответа, стало для меня огромным освобождением от подавленной грусти. В горле что-то сжалось.

Он положил руку мне на плечо и сказал: «Мне очень жаль, что тебе пришлось пройти через такие трудности в отношениях с отцом. Как алкоголик и отец двух дочерей, я понимаю, какими могут быть последствия. Я по-настоящему понимаю».

Здесь и сейчас я наконец-то услышала то, что мне нужно было услышать от отца.

Я почувствовала, как эмоции давили в груди, и, в конце концов, брызнули слезы. Я закрыло лицо руками и начала плакать. Чувствовала, как выходило напряжение из живота и каждого мускула в теле. Самое важное заключалось в том, что я позволила себе плакать. Я позволила себе отдаться эмоциям, и это чувство освобождения и облегчения просочилось в мое сердце.

Это был тот разговор, который я никогда не смогла бы иметь со своим отцом. И этот разговор случился с кем-то другим, кто дал мне почувствовать себя спокойно. Когда Ричард сказал, что сожалеет о моих трудностях с отцом, он был искренен. Ричард и я сидели вместе и плакали. Это был очень глубокий и важный момент в моей жизни.

Ричард действительно понимал, что я чувствовала, и ясно осознавал последствия, которые оказывает на жизнь семьи алкоголик. Через двадцать минут я чувствовала себя так, словно гора свалилась с плеч. Я взглянула на него, обняла и поблагодарила за то, что он стал частью такой важной фазы в моей жизни. Мы вытерли слезы и начали говорить о письме, которое я просила отца написать мне. В нем я просила объяснить явление алкоголизма и то, как он повлиял на него.

В поисках собственного голоса

Я спросила Ричарда, не хочет ли он ответить еще на несколько моих вопросов. У нас оставалось время поговорить, и мне показалось, что это замечательная возможность для нас. Ричард согласился ответить на дополнительные вопросы, затем сделал паузу и открыл свой ноутбук.

Он пошарил в компьютере в поисках папки, развернул ноутбук экраном ко мне и сказал: «Вот, прочитай! Я написал это письмо одному важному для меня человеку. В то время я был алкоголиком и в письме пытался объяснить, как алкоголизм сказался на моей жизни». Он настоял, чтобы я прочитала письмо.

«Твой отец так и не написал тебе хорошего письма. Поэтому мне кажется, что ты заслуживаешь достойного завершения этой истории».

Читая личное письмо, которое было адресовано не мне, я чувствовала дискомфорт. Но мое любопытство узнать, о чем он там рассказал, взяло верх. Отличается ли это письмо от того, которое мне прислал бы отец? Будет ли это завершением? Я начала читать письмо, и оно оказалось таким, каким я представляла себе письмо отца.

Здесь были ответы на все мои вопросы. Ответы были даны с абсолютной честностью и искренним желанием помочь мне в моем путешествии.

Поскольку мы сидели вместе, то Ричард тоже присоединился ко мне.

«Алкоголизм начинается с того, что человек ищет короткий путь к расслаблению и возможности уйти от проблем и необходимости их решения. Это похоже на ситуацию, когда мужчина снимает проститутку, пытаясь получить секс без необходимости заводить отношения. Напиваться или принимать наркотики – это как занимать деньги у кредитора. Ты чувствуешь временное облегчение, но в конце концов выплачиваешь потом огромное состояние. Иногда заплатить приходится даже жизнью. Чем больше ты занимаешь,

тем дольше занимает времени выбраться из долгов. Ломка от алкоголя напоминает грипп, ни больше, ни меньше. Это психологическая ловушка под названием «Я сдаюсь». Однако вместо этого, человек не сдается на некоторое время, он попадает в тюрьму. Человеку свойственна стратегия выживания, что если мы попадем в тюрьму, то привыкаем к ней через пару дней, а иначе сойдем с ума от постоянного стука по решетке камеры. Если ты ударишь по большому пальцу молотком, то очень быстро приноровишься не пользоваться этим пальцем. Если ты сломаешь ногу, то быстро привыкнешь обходиться без нее.

Как и многие другие системы в организме, тело не распознает, плохо это для нас или хорошо, оно просто становится таким, каким мы его делаем. Из-за того, что жизнь без алкоголя становится невыносимой, через некоторое время прошлая жизнь исчезает. Таким же образом сдвигаются границы: если вы попадаете в тюрьму на время, то она становится вашим миром, в котором приходится выживать. Алкоголизм – это как в кинотеатр IMAX, где фильм на экране захватывает все поле зрения. В отличие от маленького экрана, вокруг которого все еще можно видеть остальной мир, большой экран поглощает вас и вашу точку зрения и становится всем. Вы не можете поднять угол алкогольного экрана и заглянуть под него и за него, чтобы увидеть весь мир. Алкоголики видят людей, идущих по улице, но они не воспринимают их как часть своей реальности.

Для алкоголика ключом к успеху в избавлении от зависимости является принцип: «наркотик мне не друг; это – мой тюремщик, насильник и мучитель». Когда у тебя действительно возникает такое отношение к алкоголю, начинаешь разрабатывать планы побега. Но только признав, что ты в тюрьме, ты можешь выйти из плена.

Вместо того, чтобы бежать как тюремный заключенный, ты поднимаешь революцию в собственной тюрьме, ты начинаешь революцию в своей жизни. Затем ты можешь проходить мимо любого пива столько раз, сколько тебе захочется. Алкоголь – это просто дерьмо на дрожжах».

Не думаю, что могла бы сказать об этом лучше, чем он. Отложим в сторону то, что Ричард и мой отец имели абсолютно разный жизненный опыт. Тем не менее у Ричарда так удачно получилось пролить свет на этот предмет, что этого было достаточно для меня, чтобы это легко воспринять. Я была потрясена, насколько глубоко и ясно он понял себя, понял, что он делал и почему.

После того, как мы поговорили еще немного, он пообещал, что отправит мне по электронной почте это письмо. «Теперь у тебя наконец-то появится письмо, которое ты можешь опубликовать в своей книге. Я благословляю тебя на это, пожалуйста, используй его», - сказал Ричард.

Я была так счастлива. Я даже не знала, что делать в этой ситуации. Это было невероятно! Мне казалось, что этот момент с Ричардом является проявлением моей отчаянной необходимости закончить эту главу в книге и жизни. Мне пришлось убрать из письма несколько абзацев, в которых содержалась глубоко личная информация, и использовать только те части, где он рассказывает об алкоголизме.

Письмо Ричарда (продолжение)

Алкоголь - это не обезболивающее. Вы не увидите трезвых людей, которые плачут, кричат или дерутся поздней ночью. Все, что делает алкоголь, это помогает обойти психические и эмоциональные блоки, которые появляются у людей при попытке понять себя и свои чувства. Это напоминает ребенка, который тянет за крышку коробку конфет, и они рассыпаются по всему полу. В итоге, он получает лакомство, но очень неуклюжим способом, и портит при этом остальные сладости.

Если однажды ты научился принимать свои настоящие чувства, то тебе больше не нужно бить по бутылке молотком, чтобы открыть ее. Люди пьют алкоголь, чтобы добавить драм и приключений в свою жизнь. Это происходит от того, что они прозябают в жизни без цели и смысла.

Люди, одетые в дизайнерскую одежду, танцующие и пьющие коктейли в ночных клубах, являются дорогой версией людей, потерявших цель в жизни и сидящих в пабе на придорожной станции в среду после обеда. Там они рассказывают себе и другим, какие они замечательные. Люди в клубах, как и алкоголики в пабах, пытаются скрыться от своей жизни, которая им кажется бесполезной.

Пока эти цыплята пьют коктейли, чтобы сбежать от собственной реальности, строят ненадежные кратковременные отношения и заводят любовные интрижки, настоящие люди создают экологические курорты в Воро Воро, принимают участие в ритуальных пениях с аборигенами, наблюдают закат над Гималаями и используют знания и силы, чтобы помочь девушкам из тайских и индонезийских деревень избежать бедности.

Такие люди набираются опыта, силы и воли, о которых домашним птичкам приходится только мечтать или смотреть про это в кино. Мы говорим, что «корабль в гавани – в полной безопасности, однако он был построен не для этого».

Тем не менее, для того, чтобы уплыть прочь от земли, ожить и стать счастливым, нужны правильное отношение и подготовка. Долго полагаться на удачу нельзя. Один незамеченный камень, и корабль потонет; даже 9999 пропущенных камней будут не в счет.

Задай себе вопрос: «Чего мне на самом деле хочется?»

Разные части тебя, возможно, захотят разного. Также спроси себя: «А что такое успех?»

Я где-то читала, что успех – это, скорее, непрекращающийся процесс, нежели пункт назначения. По-моему - это верное утверждение. В книге говорилось: «Успех – это последовательное достижение целей, которые важны и ценны для вас и других людей».

Мы много говорим о том, как люди теряются в своих проблемах, и о том, как их спасти. Мы говорим о процессе, во время которого люди привыкают к отрицательному состоянию бытия и мышления, и затем забывают, как было раньше. Такой подход может быть хорошим механизмом выживания для людей в тюрьмах, для людей с травмой, для тех, кто ранен или стал инвалидом. Данный механизм помогает не сойти с ума. В то же время он становится ловушкой для всех обычных людей, которые оказались на этом месте. Однажды они обнаруживают, что застряли не на той работе, в плохих отношениях, страдают зависимости и неуверенности в себе.

Проблема заключается в том, что когда проживаешь свой опыт и эмоции несколько раз, привыкаешь к своему положению. Тогда все становится автоматическим: «Как я реагирую в этой ситуации?» Положительная сторона повторения заключается в подтверждении достоверности своих эмоций, которые помогут выбраться из плохой ситуации. Отрицательный эффект проявляется в том, что мы не обращаем внимания на вещи, которым позволяем повторяться и которые постепенно превращаются в зависимость, а мы непроизвольно поддаемся грубому обращению.

Наркоман или мазохист не может ничего видеть вокруг киноэкрана, расположенного перед его глазами. Он не может смотреть над ним или заглянуть под него. Такие люди оказываются в ловушке экрана IMAX; они видят изображение на нем и верят, что это весь мир. Когда же выходишь на улицу, то видишь, что их жизнь сосредоточена внутри одного здания, внутри одного города одной страны. Изменить это положение зависимому человеку не под силу. Как правило, наркоману трудно вспомнить время, когда он еще не был зависим или не подвергался грубому обращению. Он теряет ориентир, на который можно пойти, чтобы вернуться к истокам зависимости и начать все сначала.

Я не подозревала, что получу такую возможность исцелиться и прийти к подобному завершению своей истории.

Это завершение не было той развязкой для меня, которое подразумевало бы разрешение проблемы. Ведь проблема с моим отцом так и не разрешилась. Тем не менее, я чувствовала, что с моей стороны все проблемы были близки к своему завершению. Я могу сделать все от меня зависящее, и, в конце концов, приду к тому, что не буду в состоянии ничего исправить или изменить.

Несмотря на то, что я сделала все возможное в ситуации с моим отцом и все равно не увидела желаемых результатов, мне казалось, что мои усилия стоили того. Я засыпала с мыслью о том, что еще можно было бы сделать.

Развязка наступает тогда, когда начинаешь жить своей жизнью и в полной мере получаешь удовлетворение всех своих потребностей. Таковым был мой личный процесс на пути к развяке. Ты находишь умиротворение с человеком, унижавшим тебя, или без него.

Я никому не желаю пройти мой путь, но в этом путешествии я многому научилась. С возрастом я поняла, насколько важно для моего сознания и нормального состояния работать над своим прошлым и и двигаться дальше по жизни. Я забила голову негативными мыслями, различными зависимостями, чтобы заполнить пустоту внутри себя.

Возможно, вы спросите, какие отношения у нас с отцом сейчас?

До сих пор отец продолжает свое оскорбительное поведение. Главной темой его разговоров со мной является то, как тяжела стала его жизнь. Он все еще обвиняет меня во том, как сложилась его жизнь. В настоящее время его цель – при поддержке церкви за короткое время бросить пить. Его намерение правильно. Бог на его стороне. Однако это позволило ему перейти со злоупотребления алкоголем на злоупотребление другими, хотя теперь во имя Бога. Отец верит, что обрел Бога, и значит, что может избежать ответственности за свое прошлое. Он считает, что теперь «прощен» за свои грехи. И придерживаясь такой позиции, он присылает мне по электронной почте оскорбительные письма.

Конечно, это не может продолжаться вечно. Однажды он перестанет их посылать и снова отправится в паб. И тогда все начнется сначала.

Он не знает, как защитить себя, поэтому в разговорах обращается к религии. Он поворачивает беседу так, что вина и внимание ложатся на другого человека. Всегда проще доверять религиозному человеку; ведь большинство людей не захотят верить, что набожный человек может совершать такие страшные вещи. Как бы он осмелился? Теперь он – сын Бога. Однако, по-моему, это – прекрасная маскировка!

Когда не знаешь чего-то или боишься происходящего, то, как правило, становишься агрессивным. Таким был и остается подход отца к жизни. Он до сих пор верит, что я ведьма и ребенок Сатаны. Если бы он сказал мне это 15 лет назад, то «да», это было бы правдой, потому что я жила под одной крышей с ним. Когда мама ушла от папы, он дошел до того, что угрожал ей смертью, и даже полиция была вынуждена вмешаться.

К сожалению, жить с такими людьми очень непросто. Подстраивать под них свою жизнь еще труднее, особенно если ты исчерпал все возможности построить стабильные и психически здоровые отношения.

Я поняла, что лучшим для нас обоих будет сократить до минимума наше общение. Как бы вежлива я с ним не была, он все равно набрасывался на меня. Время от времени он связывался со мной; однако контакт всегда скрывал какую-то потайную цель.

Я решила, что заслуживаю уважения, заслуживаю того, чтобы меня любили такой, какая я есть. Я заслуживаю того, чтобы ко мне относились достойно и с добротой. Отец не следует тем принципам, которые я установила в своей жизни. Одно я прочно усвоила: никто, даже ваши родители, ни в какой форме не имеют права унижать вас и плохо обращаться с вами.

Я простила отца, но это не значит, что я позволю ему и дальше злоупотреблять мной, унижать и оскорблять меня.

Я никогда не выкину папу из своей жизни, но я решила сократить наше общение до минимума, когда он начинает оскорбления. У него хватает наглости заявлять, что я должна уважать его, как своего отца, а затем, на том же выдохе, добавляет, какая ужасная я дочь. Я озадачена этим. Ни при каких условиях, Вы не обязаны уважать обидчика!

Несмотря на то, что общение с отцом сократилось до минимума, оно все равно превратилось в одну из форм унижения для меня. Это меньше сказывается на моей жизни, потому что я обрела контроль над ней и выбрала быть достойной любви и добрых слов.

Жизнь теперь стала местом успокоения, где меня окружают люди, которые уважают меня, а я уважаю их. Должна признаться, что поведение отца научило меня многому в жизни, отношениях и в том, что я ожидаю от других и себя.

Не существует простого или прямого ответа на то, какими в результате стали наши отношения с отцом. С этого момента и в будущем я могу контролировать только свое поведение. Я выбросила из головы его поступки и реакции, так как это больше не моя ответственность или вина. Это не ваша и не моя задача освобождать или спасать того, кто этого не хочет.

В поисках собственного голоса

Для вас и для обидчика важно, что вы даете им право выбора, поэтому они могут самостоятельно решить изменить свою жизнь.

Глава 3 Поведение мастера
манипуляции

В данной главе я описываю тактики и поведение моего отца, мастера манипуляции. Я не говорю, что он уникален, хуже или лучше других обидчиков. Скорее, наоборот, я думаю, что он типичен в этой роли и является прекрасным примером для изучения. Моя цель – поделиться тем, что я познала.

Его манера общения

Злоупотребление неуловимо; оно не обязательно подразумевает насилие или повышение голоса. Оно может проявляться по-разному, и иногда настолько изощренно, что поначалу его трудно распознать и определить. Такое злоупотребление не менее вредно для жертвы, но обладает бо*льшими* преимуществами для обидчика, в частности, его намного проще отрицать.

Чаще всего встречается словесное насилие. Мой отец обращался к вербальному насилию, чтобы спровоцировать страх в других, чтобы никто не осмеливался задавать вопросы или ослушаться его приказов. Это также было попыткой доминировать или манипулировать другими, чтобы навязать свой авторитет, всегда добиваться своего. Он не принимал во внимание то, как его поведение сказывалось на других.

Когда отец потерял контроль над своим характером, разговаривать с ним стало невозможно. Мои слова не вызывали никакого отклика. Попытки общаться с ним в уважительной манере только провоцировали больше оскорблений. Единственным способом сказать ему «Хватит!» были угрозы позвонить в Центр по защите детей. Это действовало несколько дней. Но отец не боялся потерять меня. Он боялся общественности и тюрьмы.

Его истерики напоминали истерики ребенка, которые раз от раза становятся более жестокими и агрессивными. Такой шаблон поведения очень характерен для обидчиков. Они не простые люди, чтобы проводить с ними зрелые разговоры. Все, сказанное в адрес обидчика, оборачивается затем в его пользу. Это всегда оставляет второго собеседника с ощущением растерянности, с чувством, что им манипулируют и его предают.

Мой отец не мог выразить словами свои смешанные эмоции и потребности. Мне кажется, что скандалы были его последним спасением от тотальной неудовлетворенности. Причиной словесных атак были его боль, злость и чувство уязвимости.

Пустые обещания

Мой папа всегда с трудом выполнял обещания. Все за пределами семьи всегда было важнее для него. Я перестала считать, сколько раз я ждала его у входной двери, чтобы он забрал меня, и мы пошли гулять. Он всегда был плох в организации мероприятий, особенно если это подразумевало участие членов семьи. Он никогда не брал на себя ответственность отца и мужа. Мне кажется, что это был тот шаблон поведения, с которым отец столкнулся в детстве в отношениях с родителями. Сделанные им обещания никогда не сдерживались. Он не придавал им никакого значения.

Саботаж достижений людей

Подготовка к экзаменам была испытанием для меня. Мой папа включал телевизор и смотрел его на полной громкости. Ему нельзя было сказать нет или попросить помочь.

Он говорил, что из меня ничего не получится, что я буду отмывать блевотину с полов в пабах. Все, чего я достигала в жизни, было растоптано отцовской грубостью и преднамеренными попытками унизить мои таланты и меня.

Когда я игнорировала его оскорбительные тирады, он быстро менял свое поведение и становился даже еще злее, пытаясь показать свою роль в доме. Бывало во время экзаменов, он мог позвать меня в свою спальню в два часа ночи и сказать: «Эветта, сделай мне кофе».

Я ему отвечала, что время два часа ночи, и я не собираюсь вставать. Тогда он начинал кричать еще громче: «Сделай мне еб…й кофе, сейчас!» Его голос был таким громким и неумолимым, что в доме раздавалось эхо, и по спине бежали мурашки. Я готовила кофе, но он никогда его не пил. Все это делалось для того, чтобы показать свой авторитет и доминирующее положение. Ему было необходимо убедиться, что он все еще главный.

Теперь я вижу, что отец унижал меня тем же самым образом, каким его унижали в детстве. Обидчики не замечают, что проецируют и повторяют шаблоны поведения, которые видели в детстве. Разница лишь в том, как и при каких условиях они применяют эти шаблоны.

Обидчик дистанцируется от реальности

Я видела, как отец отвернулся от мира и дистанцировался от своих чувств. Именно эта разобщенность со своими чувствами и чувствами других позволяет обидчику подавлять людей.

Что становится причиной такой разобщенности? Стремление к выживанию. Когда ребенок подвергается насилию или страдает от отсутствия внимания, это причиняет ему боль. Если боль становится невыносимой, то ребенок начинает отстраняться и черстветь внутри. Когда такое происходит, боль исчезает, и у малыша быстро возникает ассоциация, что внутренняя черствость дает ощущение безопасности.

Если ребенок делает это открытие, он словно замораживает свои чувства, что помогает ему выживать в травмирующих обстоятельствах. С этого момента малыш предпочитает оставаться бесчувственным внутри. Даже несмотря на то, что такое состояние может быть непривычным и нездоровым для него, оно помогло ему однажды и, возможно, поможет в будущем. Без специальной терапии очень трудно отказаться от того, что однажды подарило тебе ощущение безопасности.

Такие «крючки» стремления выжить, оставшиеся с детства, становятся причинами серьезных психических заболеваний у взрослых. В случае с моим отцом это многое объясняет, включая все его зависимости. Когда увеличивается боль от его собственной травмы и от того, что он делал с другими, ее все труднее подавить. Ему нужно больше и больше алкоголя, чтобы выжить (ведь в его сознании бесчувственность = выживание). Таким образом, подобная стратегия поведения, оставшаяся с детства, следует за ним по жизни и делает его мало сопереживающим обидчиком и алкоголиком.[1] [Идея о том, что люди застряли в своем стремлении к выживанию, стала основой нашей техники исцеления, БТЛ. Мы учим людей, как познать и дать свободу этим инстинктам. Техника работает только в том случае, когда человек действительно хочет измениться. Мой папа относится к исцелению как к работе дьявола, так что помочь ему данная техника не может.]

Любовь = Унижение

Я много раз пыталась узнать моего отца получше. Начинала разговоры и обычно старалась разговорить его, однако сталкивалась только с тем, что он снова и снова лгал мне. Его ложь была совершенно очевидной. Он

---

[1] Чтобы подробнее разобраться в том, как люди утратили способность давать свободу своим инстинктам выживания, рекомендую прочитать вступительную главу к книге Страх (2001).

[2] Например, DSM-IV® Sourcebook, Книга 3, сс. 772-773.

предпочитал спорить или скандалить вместо того, чтобы спокойно поговорить.

Папа не мог видеть тепло и любовь, которые окружали его. У него не было рецепторов для «сигналов» любви. Эти сигналы просто проходили мимо него, поскольку не соответствовали разрушительным сигналам, которые он привык получать. Он не понимал добрых и нежных жестов от людей. Любовь делала его слабым. Она ассоциировалась у него с унижением. В ответ на его потребности в любви, безопасности и комфорте он получал унижение и одиночество. Любовь не была позитивной эмоцией для него. Она становилась причиной боли и травмы.

Он всегда был начеку, чтобы сохранить себя в безопасности, и отталкивал людей, любящих его. Быть любимым для него было слишком рискованно.

Прячась у всех на виду

Скорее всего, вы знаете много людей-обидчиков, но вы даже не можете себе представить, чем они занимаются дома, за закрытыми дверями. Вы никогда не подвергаете сомнению слова и поведение обидчика. Однако они очень хитрые, потому что дорожат своим положением в обществе или в семейном кругу. Почему кто-нибудь вдруг станет подвергать сомнению действия доктора, директора школы, психолога или высокопоставленного чиновника из департамента правительства? У вас не хватает мудрости, чтобы понять, что для вас подходит, а что является угрозой для вашего мирного существования.

В детстве вас учили никогда не сомневаться в родителях или авторитетных фигурах. Детям не позволяли говорить взрослым «нет», потому что они являлись начальниками и, якобы, знали, что делали. В результате этого мы перестали подвергать сомнению мнение авторитетных людей. Сюда относятся те, социальная роль которых позволяет принимать решения от имени близких и любящих, таких как отец и мать, священник и учитель и тому подобных.

Страшно представить, что мой папа ежедневно находился среди других людей. Никто и никогда не подозревал о его лживой натуре, безрассудном образе жизни и скелетах в шкафу.

Тактики обидчиков всегда работают превосходно, и они знают, как использовать их в свою пользу. Они как хамелеоны. Они могут имитировать практически кого угодно. Я наблюдала, как папа разговаривал с людьми на темы, в которых ничего не понимал. Однако он казался достаточно эрудированным.

Обидчики пользуются честностью и прямотой наивных людей. Они знают как сказать нужное слово в нужный момент нужному человеку.

Обидчик притворяется жертвой

Мой папа всегда делал вид, что он был жертвой, и мы унижали его, что было далеко от истины.

Он сплетничал у нас за спинами, рассказывая всем, какими невыносимыми мы были. Только он забывал упомянуть, что, когда возвращался домой абсолютно пьяный, его ждали приготовленная еда, одежда и кровать.

Порой его истории были настолько нелепыми, что многие догадывались, когда он говорил неправду. Тем не менее, люди оставались на его стороне. Они были очарованы его харизмой и тем, что он заваливал их деньгами, стараясь завоевать расположение. Его друзья были счастливы проигнорировать тот факт, что отец мог быть неправ.

В конце концов он стал совсем небрежным в своем обращении с друзьями. Дружеское общение проходило по одному и тому же сценарию: неприятие, реализация и отвержение. Каждый раз отец отвергался друзьями, находил способ манипуляции с помощью историй, которые делали его жертвой в глазах других.

Цель обидчика – ваши слабости

Обидчики стремятся найти ваши слабости и использовать их против вас. Чем сильнее они ранят вас, тем слабее вы становитесь. Вы оказываетесь в положении, когда начинаете требовать от обидчика подтверждения чувства вашего собственного достоинства. В результате вы вовлечены в манипулятивную игру, в которой стремитесь быть полноценным, любимым и признанным. Чем больше вас отвергают, тем настойчивее вы ищете любви и признания. Я не могла поверить, что это был мой отец, тот самый обидчик, которого я вижу дома. Это был тот же самый человек, который манипулировал обстоятельствами только для того, чтобы наказать меня и найти этому оправдание.

Крокодиловы слезы

Другая тактика, к которой прибегают обидчики, это - слезы. Они являются прекрасным средством в попытке убедить человека, что ваши эмоции искренни. Но только не слезы моего отца. Я слишком хорошо могла видеть наигранность его слез. Такой трюк часто встречается среди обидчиков.

Его слезы могли заставить людей думать, что он очень мягкосердечный человек, у которого трудные времена. Его тактика спасла отца во многих сложных и опасных ситуациях. Он использовал ее, когда чувствовал себя загнанным в угол или ощущал опасность, ведь видеть плачущего мужчину всегда душераздирающе.

У отца в ситуации опасности было два варианта поведения. Он либо становился словесно агрессивным, угрожая и унижая, или начинал плакать. Он знал, что его драматическое поведение выручит из опасного положения.

Игра в обвинение

Алкоголики и обидчики прекрасно умеют заставить поверить, что вы проблема. Они умеют убедить, что если вы останетесь и будете работать над собой, то отношения станут лучше. Сначала они винят вас. Затем они обещают, что изменят свое поведение, если вы измените́сь. Обидчик сделает так, что измениться и перестать их провоцировать станет вашей обязанностью. Они не будут брать никакой ответственности за свою вспыльчивость. Ответственность за перемены лежит на вас. Это просто другой вид тактики, в которой обидчик избегает ответственности за свое поведение и ошибки. Вы же при этом остаетесь с чувством смятения, обиды и вины за что-то, в чем вы не виноваты.

Когда вы чувствуете себя запуганным и неуважаемым, то, как правило, ощущаете себя уязвимым. Если же чувствуешь себя уязвимым, то вряд ли станешь определять личные границы и уважать собственные эмоциональные потребности. Обидчики постараются поставить вас в положение уязвимого, потому что таким образом вас легче контролировать и вами легче манипулировать.

Доминировать над детьми, манипулировать ими и контролировать их с помощью эмоциональных игр легче. Дети, как правило, слушают все, что говорят родители.

Отношения с отцом продолжали выходить из-под контроля. Он предложил мне записаться на прием к его психологу! Неожиданно я, а не он, стала тем, кому отчаянно нужна помощь специалиста. Мне было очень трудно мириться с его эксцентричным и оскорбительным поведением. Тем более, что я никогда не видела себя источником проблемы. Мои чувства были результатом его поведения. Мое психическое и эмоциональное состояние ухудшалось из-за его непоследовательного поведения. У меня не было эмоций, отсутствовала чувствительность, и не хотелось никого слушать.

Мне казалось, что взрослые были безответственными, некомпетентными и неспособными заботиться о себе и растить ребенка.

Я согласилась сходить к психологу. Мне стало интересно, что он скажет. Если этот психолог не мог помочь моему отцу, как он собирается помочь мне?

Я вошла в его офис, который был частью дома. Он появился из-за угла с улыбкой. Его пивной живот был даже больше, чем у отца. Улыбка психолога не излучала теплоту и искренность. Он представился Полом.

Я рассказала Полу, что сыта по горло своей жизнью и поведением папы. Чем больше я говорила об отце, тем раздражительнее врач становился. Вместо того, чтобы объяснить мне поведение отца, Пол начал защищать и оправдывать его.

То ли у Пола была такая же история, как у отца, то ли мой отец успешно манипулирует Полом, и тот верит в его наивность.

Я вернулась домой с ощущением, что растаяла последняя надежда. Я все рассказала маме, и мы решили пойти к Полу вместе. Тогда я не знала, что на этом приеме будет и папа.

Мы втроем сидели напротив Пола. Сессия началась, и Пол стал объяснять, что мой отец является жертвой алкоголизма и очень от этого страдает. «Он страдает? Только он один страдает?» - вертелось у меня в голове.

Затем он сказал, что я видела только его движущиеся губы, но не издающие звука. Я была в шоке. Мне было непонятно, как воспринимать слова, произнесенные Полом.

Я подумала, что, возможно, Пол защищает отца, потому что каким-то образом резонирует с ним. Я посмотрела на маму, которая сидела напротив меня с приоткрытым от недоумения ртом.

Что-то внутри меня сказало мне проявить терпение: «Подожди, все встанет на свои места, и правда раскроется».

Через несколько лет секрет личной жизни Пола стал известен всему городу. У него был роман. Затем он женился во второй раз. Не удивительно, что Пол и мой отец были на одной стороне. Оба были алкоголиками, которые изменяли своим женам и доверяли только друг другу. Две раненые души тесно связанные между собой из-за их эмоциональных шрамов в жизни. Как психолог, Пол полностью обходил стороной свои обязанности. Он узнал часть себя в моем отце, который так и не исцелился. Вместо того, чтобы лечить папу как пациента, они стали друзьями.

У алкоголиков основные ценности отличаются от ценностей не алкоголиков. Вы можете делиться своими ценностями, жизненными уроками и советами с алкоголиком, а он вас просто проигнорирует. Он даже не будет делать вид, что слушает. Он думает, что его боль настолько уникальна, что не может быть понята. Согласно алкоголикам, никто никогда не переживал такой сильно боли, как они.

После происшествия с Полом я по-прежнему была в смятении и в противоречивых чувствах. Я подумала, что, может, проблема все-таки во мне? Может быть, это была моя вина, что отец пил?

Однако что-то внутри меня говорило, что я не сделала ничего плохого. Я подозревала, что это была эмоциональная ловушка.

«Ты – пустое место, бесполезна и ничего из тебя не выйдет. Ненавижу тебя», - слова отца застряли в голове на много лет. Я реконструировала все: мои планы, мое будущее, мою уверенность в себе и мои таланты.

Его приоритетом была и остается потребность выпить и стать центром внимания. Он спускал все деньги и отдавал нам остатки сдачи. На эти остатки мама могла купить еды и оплатить половину счетов за дом. Он даже вел себя так, словно делал нам одолжение, отдавая остатки от потраченных денег. Более того, папа злился и расстраивался, если мы не выглядели счастливыми и благодарными за его не потраченные остатки денег.

Удержание денег (для оплаты счетов и покупки еды) от ребенка или человека, который финансово зависит от обидчика, называется финансовым злоупотреблением. Такой вид злоупотребления может быть таким же разрушительным, как и любой другой.

Игра во власть

Обидчик знает, чем он удерживает и какой властью обладает над своими друзьями, партнером или супругом(-ой). Обидчик знает, что именно его друзья, партнеры или супруг(-а) хотят слышать, и в результате он знает, как легче манипулировать ими.

Я видела, что папа знал маму как достойную, добросердечную, искреннюю женщину, которой легко манипулировать. Забавно то, что, когда они познакомились, ей не было по-настоящему интересно ходить с отцом на свидания. Однако его очарование, в конце концов, изменило мамино мнение. Он был настойчив и мог создавать ситуации, которые выглядели романтичными. У него всегда была одна цель: контролировать и манипулировать.

Обидчики будут играть в игры с людьми до тех пор, пока не найдется тот безропотный человек, над которым можно доминировать. Они нацеливаются не только на свои семьи, но и на друзей, проверяя, как далеко они могут зайти. Обидчик постарается подтолкнуть людей к тому, чтобы они для него делали почти все.

Вы погружаетесь в бездонный колодец, когда позволяете обидчику последовательно контролировать вас и манипулировать вами. Как только вы допускаете подобное поведение, изменить ситуацию в будущем, как показывает практика, будет очень трудно. Как только обидчик захватил контроль, то начинает искать рычаги манипулирования, - он становится опасен, а люди начинают страдать.

Обидчик нуждается во власти. Он выучился тому, что может добиться желаемого эмоционально ломая людей.

Если он чувствует, что теряет контроль над ситуацией или человеком, то делает все, чтобы вернуть его.

У моего отца было такое же желание, однако алкогольная зависимость снизила его мотивацию и стремление преуспеть в этом. Психический и эмоциональный вред, который ему нанес алкоголь, превратил его в апатичного человека.

Поведение жестоких и самовлюбленных людей, социопатов и алкоголиков настолько чуждо нормальному человеку, что вы, в конечном итоге, отказываетесь видеть насколько ужасно их поведение на самом деле.

Вместо этого вы сомневаетесь в собственной системе ценностей и моральных устоях, даже до того, как засомневаться в человеке.

Проблема находится внутри вас или внутри обидчика?

Не замечать симптомов унижения

Время от времени поведение обидчика может быть настолько отталкивающим, что вы больше предпочитаете не замечать его, чем бороться с ним. Когда кто-нибудь подвергается оскорбительному обращению, он не в силах осмыслить, как человек может так себя вести и ранить других. В моей жизни был единственный способ мириться с насилием – быть слепой к нему. Таким образом эмоции, вызванные насилием легче подавлялись.

Мы всегда пытаемся найти правдоподобные причины для поступков и слов обидчиков, вместо того, чтобы видеть злоупотребление таким, какое оно есть на самом деле. Это обычно сводится к мысли, типа: «Наверное, здесь произошло какое-то недопонимание. Скорее всего, я неверно интерпретирую ситуацию».

Вы отрицаете то, что кто-то может быть подлым, агрессивным и отвратительным. В большинстве случаев, такие люди способны нанести вред другому вербально или физически и не чувствовать никаких угрызений совести. В нормальной ситуации они станут молить о прощении тогда, когда им что-нибудь от вас нужно: внимание, секс, поддержка, ваше время или деньги. У обидчика часто есть цель в голове. Контроль – это инструмент для добывания денег, секса или другой возможной энергии от вас.

Возможно, обидчик изменит свое поведение с подлого на милое, когда осознает, что так можно получить желаемое. Он контролирует ваше поведение, потому что вы изменились ради того, чтобы свести к минимуму злоупотребление (делая вещи, которые пугают обидчика) и свести к максимуму благодарности (делая то, что обидчик хочет). Вы начинаете игнорировать его контролирующие и манипулятивные тактики с целью добиться желаемого: любви, признания и внимания.

Миротворец или пособник?

Вполне естественно стараться свести к минимуму или уничтожить совсем противоречия в своей среде. Однако пока вы пытаетесь сохранять мирные отношения, обидчику сходит с рук его недостойное поведение. Вы стараетесь не вмешиваться на случай, если в конечном итоге то, что вы видели и слышали окажется приемлемым. Что, если вы были неправы? Может быть, вы просто неверно понимали то, что происходило.

Вам кажется, что вы храните мир, однако обидчик рассматривает ваше поведение как капитуляцию. Когда он находит ваши слабые места, ему становится очевидным, что его поведение снова может сойти с рук. Только теперь он еще знает, какой реакции от вас ожидать в следующий раз. Когда такое произойдет, он скажет, что вы затеяли спор или что во всем ваша вина, а затем могут последовать оскорбления. Вас убедят в том, что вы во всем виноваты и являетесь источником проблемы.

Вы изначально запрограммированы подчиняться авторитету и даже не смеете подвергать сомнению его действия и требования. Такая же ситуация складывается в семейных и дружеских отношениях. Мой отец мог бы остановить все это. Сексуальные издевательства надо мной в детстве могли бы быть предотвращены. Для этого нужно было, чтобы только один человек набрался мужества и сказал «нет». Мой отец допускал сексуальные домогательства со стороны своих родителей. Он игнорировал эту проблему, особенно когда вошел в мою комнату и стал свидетелем происходящего. Мама, в свою очередь, более тридцати лет допускала поведение отца, потому что принимала его таким, какой он есть. Принимать - было безопасней, чем бросать ему вызов.

Важно понимать - бороться с насилием опасно, однако не бороться с ним может быть еще опаснее. Играя пассивную роль или пытаясь подавить проблему, вы позволяете обидчику совершать насилие в еще худших формах.

Хорошим примером миротворчества/подавления/допущения насилия являются закрытые религиозные организации. Когда среди его членов обнаруживаются больные педофилией, то организации проще скрыть доказательства и даже встать на защиту насильника, нежели перенести позор, связанный с поведением своих членов.

Мы с моим мужем Саймоном недавно узнали о разрушительных событиях, которые происходили в еврейской школе. Саймон ходил в эту школу, когда был ребенком, а теперь о ней пишут во всех австралийских газетах. Общественность узнала о том, что один из учителей систематически подвергал сексуальным домогательствам мальчиков. Прежде, чем сообщить общественности, они дали учителю 24 часа, чтобы тот покинул страну. Насильник уехал в США, где изнасиловал еще несколько мальчиков прежде, чем был арестован. Мы считаем, что за насилие, произошедшее в Америке, является ответственным не только сам насильник, но и администрация австралийской школы.

Иногда допущение насилия становится более опасным, чем сам насильник.

Мне кажется, что прекрасной иллюстрацией допущения насилия, о котором было сказано выше, является личный пример моего мужа Саймона. Делюсь его опытом с вами.

С бабушкой было очень трудно, если она не получала то, чего ей хотелось. При этом никто никогда не противоречил ей, потому что она была ветераном холокоста. Она устраивала драму, и тогда моя мама и ее братья и сестры бросали все и выполняли требования родителя. Казалось, что я был единственным, кто протестовал против происходящего. (Мои мотивы были исключительно эгоистичными: это оказывало влияние на мою социализацию. В то время, пока мама пресмыкалась перед бабушкой, она не могла отвозить меня на вечеринки). Мама понимала, что таким поведением бабушка унижала ее, но обычно говорила: «Ты не можешь научить старую собаку новым трюкам».

Незаметно пролетело 20 лет, и не удивительно, что моя мама превратилась в свою мать. У нее была способность по-своему искажать реальность, согласно которой она становилась жертвой собственных драм. Если кто-либо осмеливался усомниться в правдивости бабушкиной искаженной реальности, то он отвергался.

Только Эветте, новому человеку в семье, хватило смелости назвать лопату лопатой (обидчика обидчиком). Детский опыт Эветты помог мне разглядеть обидчика в нашей семье. Когда маме был брошен вызов, она отказалась признавать свое жестокое поведение, обругала нас и, с помощью манипуляций, убедила всю семью, что является жертвой ситуации! Было больно смотреть на то, как все пресмыкались перед ней тем же образом, каким она пресмыкалась перед своей матерью.

Я делюсь с вами историей моей семьи, потому что она ярко иллюстрирует идею Эветты о допущении злоупотребления. Моя мать несчастливая и нездоровая женщина, никто никогда не поддержит ее, так же как никто никогда не вставал на сторону моей бабушки. Я хотел бы показать моей семье эту иронию – смерть из-за допущения.

Будучи тренером на курсах по исцелению, я иногда чувствую смущение от того, что злоупотребления происходят и в моей семье. Я пытался бороться с этим. Однако я понял, что невозможно исцелить того, кому позволяют злоупотреблять (поэтому всегда легче исцелить жертву, нежели обидчика). Для этого существует несколько причин.

Во-первых, обидчик своим поведением получает огромную выгоду или достигает вторичной цели. Во-вторых, у обидчика нет причин брать на себя ответственность за содеянное. Однако самое главное заключается в том, что он не может признать, что у него есть проблема. Несмотря на то, что я простил мою маму, я по-прежнему разочарован в допущениях, которые существуют в моей семье. Пытаясь сохранить мирные отношения и избегая конфликтов, мы создали обидчика во втором поколении.

История Саймона демонстрирует, как сохранение мирных отношений защищает обидчика. Он знает, что ему ничего не грозит, поэтому его поведение становится более безрассудным и болезненным (он не боится укоренить свое поведение). Будучи миротворцем, вы теряете свою власть, что делает обидчика сильнее. Пытаясь сохранить мир, вы жертвуете своей эмоциональной свободой и правом на уважение. Благое намерение быстро превращается в допущение плохого.

Глава 4 Избавление: проще сказать, чем сделать

Легко спросить: «Почему ты ничего не делала для того, чтобы изменить свои условия жизни? Почему вы с мамой просто не ушли?» Иногда ответ может быть простым. Если злоупотребление становится нормой, то вы перестаете замечать, насколько сильным или опасным оно является. Тогда напрашивается другой вопрос: «От чего уходить?»

Обидчики – мастера манипуляции. Они умеют очаровывать и убеждать. Вы думаете, что собираетесь уйти, и в следующую минуту обидчик уговорит вас остаться. И вы остаетесь, тихо спрашивая себя: «Что только что произошло, почему я не порвал(а) отношения?»

Обидчик убедит вас в том, что вы ответственны за его действия. В результате в вас остается огромное чувство вины и самобичевание. Неприемлемое поведение обидчика против других только заставляет вас думать и строить предположения: «Это не может происходить на самом деле, должно быть, это какое-то недоразумение!» В конечном итоге вы чувствуете уязвимость и неуверенность в том, что особенного вы находите в этих отношениях и как вы относитесь к подобному поведению. Поступки обидчика могут быть настолько отвратительными и недостойными, что вы закрываете глаза на тяжесть вашей жизненной ситуации.

Если вы ощущаете себя уязвимым, то, как прямой результат, ваша бдительность резко снижается, ваши личные границы слабеют. Непрочные личные границы и страх конфронтации позволяют обидчику безнаказанно демонстрировать свое неприемлемое поведение. Когда вы решите порвать отношения, обидчик может вдруг стать жестоким и подозрительным. Разногласия могут перерасти в споры и даже акты насилия. В этом случае начинает работать инстинкт замораживания: вы доходите до состояния, когда миритесь со всеми условиями, даже несмотря на то, что находиться в них небезопасно и нездорово. Состояние заморозки приводит ко многим решениям самосаботажа. Столкнувшись с выбором «Уйти или остаться?», состояние заморозки постоянно будет держать вас в статусе-кво.

Люди, подвергающиеся насилию, всегда надеются, что все наладится, что случиться чудо. Однако это – самая большая их ошибка. Они саботируют собственный личностный рост и свое будущее, держась за идею, что однажды обидчик изменится.

Человек обманывает себя, считая, что однажды обидчика посетит духовное пробуждение. Люди считают, что обидчик почувствует себя виноватым за все ужасные вещи, которые сотворил в прошлом. Возможно, обидчик покажет, что испытывает чувство вины, тем не менее, насколько искренним он будет в этот момент остается под большим вопросом до тех пор, пока он опять не нанесет удар.

Понимание людей, которые застряли в отношениях

Люди, которые застревают в отношениях с жестоким обращением, чаще всего сами переживают насилие. Оно становится нормой, известным шаблоном поведения и знакомым чувством. Напротив те, кто никогда не сталкивался с насилием, скорее всего, заметят, что что-то не так и почувствуют сильную необходимость сбежать. (Это – метафора, конечно.)

К этому моменту вы научились жить, справляться и разбираться со злоупотреблениями. Вы знаете, что ваша жизнь станет лучше, если вы отдалитесь от насилия. Все же, когда вы решаете уйти, вас тянет обратно к насилию. Почему так происходит? Насилие – это все, что вы знаете; все остальное незнакомо, чуждо и даже небезопасно. Вы не знаете других путей в жизни. Некоторые люди мне даже говорили, что не представляют своей жизни и существования без борьбы и нападений.

Вы можете уйти от отношений со злоупотреблением. Однако, если вы не решите внутренние проблемы, которые, в первую очередь, делают вас уязвимым человеком, то попадете в новые отношения с насилием. Вы склонны оказаться в новых отношениях, с новыми проблемами, но с аналогичным результатом.

Я попросила свою маму написать несколько абзацев о своем опыте и вкратце объяснить, почему она не порвала с отцом, когда была возможность.

Приведу краткий обзор событий из жизни мамы и опыта, через который ей пришлось пройти.

История Сьюзан

Я выросла на африканской ферме в Намибии.

С семи лет и до самого выпускного я находилась в интернате. Мой отец, фермер, был алкоголиком, а моя мама - домохозяйкой. Я получила стипендию на продолжение образования. Папа оказал мне финансовую поддержку, однако он скончался, когда я была на первом курсе колледжа. После его смерти я больше не могла позволить себе учиться.

Найти работу было нелегко. Мне пришлось переехать в Очиваронго, где я съехалась с мамой и искала работу, чтобы оплачивать счета. Здесь я встретила отца Эветты, Барри. В то время он работал в Очиваронго. Я не знала, куда еще обратиться и что делать со своей жизнью. Все, ради чего я работала, неожиданно куда-то исчезло.

Он уже прилично выпивал, когда мы начали встречаться. Тем не менее, будучи молодой и отважной, я не думала, что это серьезно. Мне казалось, что это некая фаза, которую он перерастет. Я была убеждена, что он успокоится, как только мы устроимся и заведем детей.

Прошел год, я решила переехать в Преторию в Южной Африке и съехаться там с моей сестрой. В то время Барри тоже был в Претории. Он был экстравертом, а я интровертом. Моя жизнь в городе оказалась не такой, как мне представлялось. Переезд в большой город стал культурным шоком, так как выросла я в маленьком городке.

Городская жизнь изменила Барри в худшую сторону. Он стал пить сильнее и начал изменять. По воскресеньям Барри ходил в церковь, где молил об отпущении грехов. А в понедельник он снова изменял и напивался.

Я продолжала надеяться, что все это лишь фаза, через которую он пройдет. На тот момент я жила в полном отрицании и не хотела признавать правды о Барри. Мои неуверенность, недоверие и чувство собственного достоинства тоже не помогали мне в этой ситуации. Зная, что мои родители жили в неполноценном браке, я считала, что все отношения должны быть такими.

В маленьком городке, где я выросла, насилие и неверность в отношениях являлись нормой. Считалось, что у мужа есть право оскорбительно обращаться с женой, потому что Бог предписал ей служить мужу. В те времена в нашей общине религию трактовали в самом позорном виде. Я не понимала, что поведение Барри было вызвано его эмоциональной неустойчивостью. Я знала, что у него было тяжелое детство, что родители постоянно отвергали и оставляли его. Под алкоголем он не особенно скрывал, что подвергался насилию в детстве.

Когда мне исполнилось 23, несмотря на предостережения матери, я вышла замуж за Барри. Мама говорила мне, что он никогда не изменится. Однако я по-прежнему придерживалась мысли, что он однажды повзрослеет и станет другим. Барри продолжал пить. Через год после свадьбы он снова подался в церковь, где молил об отпущении грехов.

В 1970-х все вынуждены были ходить в церковь, а иначе вас бы раскритиковали. Церковь продержала мужа в форме какое-то время, вскоре же он снова начал пить и изменять. У него появилось хобби – рыболовство. Барри, бывало, уходил на рыбалку с друзьями на целые выходные. Я никогда не хотела ходить с ними, поскольку они только и делали, что упивались алкоголем. Такой образ жизни мне совершенно не подходил. Я никогда не пила и не курила, и никогда не начала бы.

Барри наслаждался своим образом жизни: целый день с удочкой на берегу реки. Затем он решил, что нам следует расстаться. Мы разошлись, но через три месяца решили переехать в новый город в Западно-Капской провинции и начать все сначала. Он стал ходить в новую церковь и старался вести христианский образ жизни, согласно Библии. Барри становился очень критичным в отношении к другим. Он злословил и осуждал тех, кто не жил такой же религиозной жизнью, как он.

Все были неправы, а он был прав. На протяжении девяти лет отношения в браке были относительно хорошими. Мы пытались завести детей, но, к сожалению, доктор сказал, что мы никогда не сможем зачать ребенка. Я смирилась с фактом, что у меня никогда не будет семьи, о которой я так мечтала, и продолжила жить своей жизнью.

В один прекрасный день я узнала, что беременна. Я была вне себя от счастья; весть о беременности была самой лучшей новостью, которую получала за долгое-долгое время!

К сожалению, Барри был другого мнения. Он не мог принять перемен и обязанностей, которые подразумевало наличие ребенка. Он не мог быть хорошим отцом.

Когда появляется ребенок, ваша свобода больше не является вашей, ваши будни совершенно меняются.

Барри не хотел принимать участие в переменах, которые происходили в моей жизни. Когда Эветте исполнилось два года, нас перевели обратно в Намибию. Там Барри встретил друга, у которого были такие же привычки. Они вместе пили и играли в гольф. Он некоторое время еще продолжал ходить в церковь, но потом снова бросил из-за своего безрассудного образа жизни. Алкоголь стал его приоритетом. Уделять внимание Эветте было слишком тяжелым занятием для него. Его пьяные кутежи начали выходить из-под контроля, и он начал все сильнее задерживаться по ночам.

Его будни изменились до того, что он совсем перестал видеться с Эветтой. Барри возвращался домой, когда она уже спала, а уходил на работу, когда она была в детском саду. Бессмысленность отношений между Эветтой и Барри становилась все заметней. Он всегда винил меня за то, что у него плохие отношения с дочерью, но никогда не брал на себя ответственности за свое отсутствие в ее жизни. В то же время, он всегда обвинял Эветту в наших супружеских проблемах. Но я не помню, чтобы хоть раз сказала ему пойти в паб и исчезнуть из нашей жизни.

Он даже доходил до того, что обвинял меня в своей алкогольной зависимости! Он по-прежнему хотел быть подростком и не брать на себя обязанности мужа и отца. Обвиняя меня, он находил легкий путь избегать свои ошибки, что давало ему иллюзию постоянной правоты во всем. Его, бывало, приглашали на турниры по гольфу и вечеринки. Однако он нехотя брал нас с собой. В свое свободное время Барри всегда находил повод для того, чтобы заниматься другими делами.

Сад всегда был заброшен, за машиной никто не следил, и он никогда не выполнял мужских обязанностей по дому. Барри начал сводить наши отношения к тому, что считал нормальным говорить: «Сделай то, сделай это», «Ты сделаешь это!».

В поисках собственного голоса

Эветте было около девяти лет, когда она все высказала отцу относительно его безрассудного образа жизни и того, что он никогда не проводит с ней время. Барри напрямую ответил ей: «Потому что я хочу оставаться молодым».

Через несколько месяцев его работодатель отправил его в реабилитационный центр. Он не пил некоторое время, но вскоре снова начал ходить по клубам и барам. Мысль о том, чтобы бросить его, проскальзывала в моей голове так много раз. Однако оставлять мужа без видимой причины является грехом. Алкоголизм не казался веским поводом.

Я разрывалась между моей религией, жизнью и желанием лучшего будущего для дочери. Мы расходились с Барри несколько раз, но потом решали попробовать все сначала. Я боялась, что Бог накажет меня за нежелание трудиться над своим браком. И когда я решила, что ничего хуже уже быть не может, Барри уволили с работы.

За шесть месяцев он спустил сбережения всей нашей жизни, из которых я не увидела и цента! Он даже не помогал мне выплачивать ипотеку, покупать еду и заправлять машину. Барри был словно паразит в моей жизни, и он продолжал «брать» на новом уровне.

Ему предлагали прекрасные вакансии, у него было бесконечное число возможностей после увольнения. Однако его поведение было настолько смехотворным, что люди просто не воспринимали его всерьез. Он хотел личную гувернантку, которая убиралась бы и готовила бы для него. Что он хотел на самом деле, так это другую «жену», которой можно было бы руководить и унижать, когда он чувствовал себя расстроенным. Барри открыто говорил своим потенциальным работодателям, что он не стирает свои вещи и не готовит.

Он был без работы, но все еще пытался командовать. Еще он всегда настаивал на машине (у него была одна, но он хотел другую, получше!) с оплаченным бензином и неограниченным километражем. Если бы не я, он бы оказался на улице!

Однако он был слишком эгоистичен, чтобы замечать это. Он был единственной личностью, которая существовала в его мире, и единственной личностью, у которой есть потребности – все остальные не имели значения. Он никогда не ценил мою помощь и никогда не сказал даже «Спасибо!». Барри все еще винил меня во всем, что происходило неправильно в его жизни, вплоть до своего безрассудного поведения. Он ни разу и пальцем не пошевелил, чтобы сделать мою жизнь легче: помочь мне по дому и снять бремя моих финансовых обязательств. Иногда наступали его церковные будни, но потом он возвращался обратно в паб. Он становился манипулятором, особенно когда ходил в церковь. Он использовал слово Господа, чтобы добиться своего, и люди каждый раз поддавались на это.

Он хорошо умел читать людей и знал, как именно стоит разговаривать с ними. Они словно становились глиной в его руках, и никто не видел настоящего Барри. Исключением были Эветта и я.

Для меня было очень тяжело осознавать, что он представляет из себя, и не иметь возможности громко заявить об этом миру. Я сдалась обидчику. Моя система верований говорила, что мне не позволено разводиться с мужем. Я чувствовала себя зажатой между тем, чему меня учили, и тем, что я действительно хотела. Я хотела свободы. Мне нужна была свобода. Я знала, что мне никто бы не поверил, никто не смог бы разглядеть жестокого мужа, каким он был. Его обаяние было очень убедительным, он казался искренним человеком.

Наш брак состоял из разочарования и неуверенности. Стоит мне уйти или помочь ему стать лучше? Что Бог сделает со мной, если я оставлю мужа? Исцелится ли он когда-нибудь от этого? Будет ли он когда-нибудь по-настоящему любить меня? Есть ли надежда, что он изменится и станет хорошим отцом для Эветты?

В поисках собственного голоса

Моей самой большой ошибкой была преданность религии и моя верность нашим пастырям и совету, который они мне дали, когда мы жили в Намибии. Они всегда повторяли мне снова и снова, что я должна остаться с Барри и помочь ему встать на верный путь. В моей голове вертелся только один вопрос: «Как можно помочь тому, кто этого не хочет?» Сколько себя мне нужно отдать, чтобы кто-то другой мог перестать так беззарссудно себя вести.

К сожалению, я слишком поздно поняла, что имею полное право уйти от Барри. У меня было право построить для себя жизнь лучше. Вместо этого я калечила себя религией и каждый раз наивно верила словам Барри о том, что он бросит пить, курить и ходить по пабам. Определяя его в реабилитационный центр в пятый раз, я поняла, что все мои предыдущие усилия были напрасны. Они ничего не дали, кроме страданий, боли и пагубной жизни для меня и дочери.

Он никогда не изменится, потому что он не хочет. Он не видел, как его поступки и поведение причиняли боль людям вокруг. Его детство без любви напрямую сказалось на наших отношениях. Его жестокое детство - не оправдание тому, как он обращается с Эветтой и со мной.

Я отдала все силы и веру, мирилась с тем, что не было на моей ответственности и совести. Хотя недостаточная активность в жизни все же на моей совести. После 34 лет страданий, обвинений и эмоционального насилия с меня было достаточно.

Я изменила точку зрения на религию, решила взять ответственность за свою жизнь, взять под контроль свое будущее с или без наказания Бога за уход от мужа. К сожалению, мне пришлось покупать свою свободу, так как Барри не оставил ни цента на мое имя. Я была вынуждена заключить финансовое соглашение с ним, что оставило во мне ощущение горечи, ведь часть денег, заработанных тяжелым трудом, пришлось отдать алкоголику. У меня не хватало денег, чтобы судиться с

Барри в суде, и он это знал. Мне нужен был элементарный выход из этого брака, чтобы умыть руки от него и прошлого.

Барри в конце концов получил временную работу у одного из своих друзей. Работа была типа «нет работы, нет оплаты». Ему платили в конце рабочего дня, так что он зарабатывал ровно столько, чтобы остаться довольным. Барри отправлялся на работу тогда, когда ему были необходимо деньги на выпивку, а людям в пабе надоедало платить за него. Иногда он просыпался утром и находил десять оправданий не ходить на работу. Он буквально ныл и охал, как ребенок, нежелающий идти в школу.

У него даже стал заболевать, чтобы не ходить на работу. После пяти часов вечера он всегда чудным образом выздоравливал и в отличном состоянии отправлялся в паб. Он не стыдился своего поведения даже перед своим работодателем! Один раз в пабе у него случился инсульт. Барри отвезли в больницу, откуда он сам выписался в тот же день и вернулся обратно в паб.

Иногда я жалею, что в молодости не знала того, что знаю теперь. Тогда я принимала бы более мудрые решения и была бы сильнее, чтобы самой контролировать свою жизнь.

Главная мысль, которую вам стоит почерпнуть из данной книги, прозвучит так: «Будьте сильным настолько, чтобы принимать собственные решения в жизни и не прятаться в чей-то тени. Любите себя достаточно для того, чтобы сказать «нет», если кто-то забирает слишком много вашего времени и сил.

Уважайте себя достаточно для того, чтобы установить свои личные границы для других и иметь четкое представление о собственных границах и о том, как далеко вы можете зайти в жизни ради нужд других людей.

Делайте различие между тем, что такое истина, что такое ваша истина и истина других, между системами верований.

Только вы контролируете ваши религиозные убеждения. Если вы позволяете себе страдать из-за религиозной группы, значит, это определенно неправильный путь и неверное направление для вас. Никакая религия не должна быть причиной человеческого страдания!

Я надеюсь, что история Эветты и мой рассказ помогут вам в жизни. Быть любимым, уважаемым, быть чей-то гордостью и кем-то взлелеянным, жить без боли – это право дано нам при рождении.

С любовью, Сьюзан

Когда мама мне все объяснила, я поняла сказанное. Чем больше вы разрешаете и принимаете плохое отношение других, тем больше вы калечите себя и теряете силы.

Правда заключается в том, что она, невзирая на здоровье, отдала себя религии и церкви, и ее смирение перед жестоким партнером стало путем к катастрофе.

Это хороший пример того, как человек может отдать все силы и не суметь по достоинству оценить себя: свои эмоциональные, психические и духовные потребности. К тому времени, когда к человеку приходит осознание, уже слишком поздно, им уже воспользовались. Важную роль играет осведомленность.

Глава 5 Почему это произошло именно со мной?

Как взрослый человек, переживший физическое, эмоциональное и сексуальное насилие, я хочу поделиться своими наблюдениями и мыслями.

Вы не жертва

Первое и самое главное заключается в том, что я не считаю себя жертвой и всегда стараюсь делать все возможное, чтобы не употреблять это слово. Жертва – это человек, которому был нанесен вред в результате какого-либо происшествия и действия. Без сомнения, много людей, переживших насилие над собой, определили бы себя жертвами. Здесь и лежит проблема. Жертвенность, по определению, является самоощущением, которое появляется после нанесенного вам вреда. Почему это убеждение так разрушительно? Потому что вы неосознанно стремитесь бороться с этим, чтобы защитить свою личность и чувство собственного достоинства. Если человек видит себя жертвой, то он не замечает силы и энергии, заложенной внутри него. Такой человек также упускает тот факт, что от прошлого можно исцелиться. С моей точки зрения, жертва – это тот, кто не смог оправиться и исцелиться после нанесенной травмы.

У меня были пациенты, которые не заканчивали свое исцеление. Их вдруг осеняло, что исцеление от насильственной травмы предполагает изменение личности: вы больше не можете вести себя как жертва. За этим может последовать смена друзей и даже карьеры. Многие же не желают принимать подобных перемен в жизни. Когда вы исцеляетесь, ваша личность начинает влиять и доминировать над прошлыми травмами.

Для того, чтобы избежать самосаботажа, важно научиться не идентифицировать себя с жертвой. Вы – не жертва. Вы – источник любви, который существовал внутри вас задолго до того, как появилось насилие. Задача терапии - превратить идентификацию с жертвой в идентификацию с этим внутренним источником, с вашей истинной сутью.

Я также с неохотой использую слово «выживший», хотя иногда без него не обойтись. Выжившие – это люди, уцелевшие в трагическом происшествии. Определение к слову выжить звучит так: «остаться в живых, продолжить существовать». Согласно этому определению, мы все - выжившие, хотя бы благодаря факту рождения. По-моему, здесь опасность заключается в том, что идентифицируя себя с выживающими в агрессивной среде или насилии, вы идентифицируете себя с этим. Естественно, идентифицировать себя с выживающим значительно лучше, чем с жертвой. Тем не менее, вы все равно связываете насилие со своей личностью. Вы - не насилие. Вы - не выживающий. Вы - свет, который существовал изначально и теперь загорается снова.

Называться выжившим или жертвой для эмоционального восприятия является некомфортным, потому, что произошедшее с вами не положило конец вашему счастью и качеству жизни. Это может стать основой для новых перспектив, отношений и вновь обретенного ощущения собственных сил и самодостаточности. Если вы этого по-настоящему хотите, то должны разрушить все препятствия в вашей жизни.

Центральным компонентом программы БТЛ (Rapid Personal Transformation) является прохождение терапии, механизмы которой помогают переосмыслению своей личности. Мой муж и я учим БТЛ, в результате которой, от насилия не остается и следа. В книге я упоминаю только некоторые аспекты данной терапии. Однако сама терапия не может проводиться через книгу, так как представляет собой практическую работу. Если вы хотите узнать подробнее о нашей работе, то можете связаться с нашими специалистами, через мой веб-сайт.

Насилие может случиться с любым, но не случается

Данный заголовок намеренно прозвучал немного провокационно. Насилие могло случиться над кем угодно. Но оно произошло каким-то образом именно над вами: шли по улице поздно ночью, или еще ребенком вас оставили в детском саду, где оказались не такие порядочные воспитатели, как думали ваши родители. Тем не менее, чисто теоретически, это *могло* случиться с любым.

В то же время, насилие не случилось со всеми. Оно случилось со мной, и, вероятно, с вами, поскольку вы читаете эту книгу. Почему с вами? В данной главе я постараюсь пролить свет на этот трудный вопрос. Я поделюсь с вами личным мнением и наблюдениями.

Это - правда, что иногда плохое просто случается. Существует такое явление, когда невезучий оказывается в ненужном месте в ненужное время. Я считаю, что «невезучий» - это скорее исключение, а не правило. Есть и другие факторы, шаблоны и общие явления, которые могут многое объяснить.

Истории и привычки, которые делают вас тем, кто вы есть

Важнейшим фактором является история семьи. У большинства моих пациентов, которые прошли через детское насилие и/или домашнее жестокое обращение, родители или бабушки и дедушки проходили через тот же опыт. Насилие существует внутри семей так же, как физические черты и характеристики. В данном случае я говорю непосредственно о детском насилии, хотя насилие над взрослыми (особенно со стороны партнера) тоже является семейным шаблоном поведения.

Рассмотрим несколько отдельных вопросов:
- доказательство того, что насилие существует внутри семей;
- механизм того, как это может проявляться;
- как это отражается на ваших чувствах и реакциях.

Наблюдения и доказательства

Мое доказательство, в основном, построено на личном опыте и наблюдениях за сотнями, если не тысячами, пациентов и студентов. Практически в каждом случае с детским сексуальным насилием связана семейная история насилия, обычно включающая мать или бабушку, хотя во многих случаях и отца. Существуют и исключения, но трудно знать наверняка личную историю бабушки, а уж тем более прабабушки.

Наследственное насилие может принимать различные формы. Например, модель восприятия эмоционального или физического насилия в матери может быть связана с восприятием сексуального насилия в ее ребенке.

Те же наблюдения относятся к домашней жестокости между взрослыми. Практически у каждой пациентки, которая подвергалась насилию со стороны мужа, мать или бабушка также прошли через это. В голову не приходит ни одного случая-исключения.

В психологии было доказано явление преемственности насилия между поколениями. [2] Реальные показатели значительно выше, чем представлено в данных исследованиях, поскольку они учитывали только факт насилия над родителями (игнорируя историю бабушек и дедушек), а также из-за недостатка доказательств (они полагались на признания родителей о насилии в опросах). В действительности же, наследственная модель восприятия насилия может пропустить поколение, и это не то, о чем люди захотели

---

[2] Например, DSM-IV® Sourcebook, Книга 3, сс. 772-773.

бы писать в опросниках. Так что ученые, возможно, никогда не узнают реальных масштабов родовой травмы.

«Но почему?» Механизм родовых травм

Нет простого объяснения тому, почему насилие появляется в семьях. Я считаю, что этому есть множество причин, и каждая содержит в себе некоторую часть истории. Приведу несколько возможных вариантов.

(а) Повышенная уязвимость

Существует большая вероятность того, что дети женщины, пережившей детское насилие, попадут в «группу риска». Например, если член семьи жестоко с ней обращался, то существует риск, что этот же человек будет жестоко обращаться с ее детьми. Женщина – не остров, ее необходимо представлять в контексте среды, в которой стало возможным насилие над ней. Если женщина не предприняла решительных шагов к изменению своей жизни и семейных моделей поведения, то ее дети вероятнее всего попадут под тот же риск.

Те же факторы применимы к случаям с домашним жестоким обращением со взрослыми. Женщина, выросшая в семье, культуре или среде (этническая принадлежность или религия), где было принято не замечать домашнего насилия, скорее всего, выйдет замуж в той же насильственной культуре. Вспомните мою маму («История Сьюзан») из предыдущей главы. Ее не поддерживала среда, потому что религия диктовала ей, что она – собственность отца.

Мне пришлось потратить много времени, чтобы сломать этот шаблон, ведь я постоянно привлекала к себе мужчин, у которых была та же религия, ценности и отношение к женщинам, как и у моего отца. Только открытие личностного развития и работа над исцелением позволили мне изменить мою модель межпоколенного насилия. В моем случае пришлось удалиться (в прямом смысле) из своего окружения. Я проехала полмира, чтобы поселиться в новой стране с другими ценностями и доступом к исцеляющим ресурсам. Если бы я осталась в Южной Африке, сомневаюсь, что смогла бы избежать порочного круга насилия, в котором моя мама пребывала более тридцати лет. Я допускаю, что крупные перемены могут произойти и в той же самой среде (хотя это маловероятно, если вы остаетесь с обидчиком).

То, как вы реагируете на свою среду, может сделать вас сильнее или сломать. Важно исцелять то, из-за чего вы чувствуете себя слабыми и бессильными. Поиск эмоциональных триггеров (раздражителей) является жизненно важным.

(б) Представления о «нормальности»

Будучи ребенком я не знала, что бывает иначе. Отец бил меня, его родители жестоко со мной обращались. Все родители делали так? Самой большой опасностью взросления в насильственной среде является то, что вы не знаете, как может быть по-другому. Ваша единственная психическая ассоциация или отсылка на любовь – это насилие. Вы никогда не знали и не переживали любви без насилия, поэтому как вы можете знать, что бывает иначе, настаивать на том, чтобы с вами или вашим ребенком обращались по-другому?

Я была одной из таких. У меня получилось вырваться из среды, потому что я стала изучать вопрос о том, на что имею право. Помню, как в 7 лет была в гостях в доме у друзей, и мне были непонятны любовь и нежность, которые отец дарил своей жене и ребенку. Это был чуждый мне эмоциональный опыт. В конце концов я поняла, что такая любовь нормальна, а проблема заключается в моем личном опыте.

Часто говорят, что женщина выходит замуж за подобие своего отца. Я знаю, что сделала все возможное, чтобы не совершить этой ошибки. Правду говорят, что мы привлекаем к себе тех партнеров, которые помогут нам разобраться в наших нерешенных детских проблемах. В то же время, на подсознательном уровне нас привлекает то, что дает чувство безопасности. В данном случае стоит говорить, что нас привлекает то, что кажется нормальным. Подвергаться насилию кажется нормальным. Таким образом модели насильственного поведения живут поколениями: переходят от отцов к дочерям и затем (через нового мужа) от отца к ее дочери.

(в) Эпигенетика или унаследованные модели поведения

Новая наука Эпигенетика навсегда изменила наше представление о родовой травме . Эпигенетика означает «над генетикой», то что передается от матери и отца ребенку вне ДНК. Это целый слой жизненного опыта.

Такая травма, как сексуальное насилие, не меняет ДНК (нет гена, отвечающего за насилие). Однако любая другая значительная травма может оставить эпигенетический маркер. Эти маркеры передаются между поколениями и решают, какой ген включить или исключить.

Фактором эпигенетики определяются многие медицинские проблемы: от депрессии до диабета и рака. Все это значит, что нерешенные проблемы от насильственного опыта, пережитого вашей бабушкой, могут проявиться в эмоциональных и физических изменениях в вашем теле.

Данные факты уже изучены и поняты эпигенетиками. Однако пока не ясно, способствует ли эпигенетическая структура повторению травмы в следующих поколениях. Например, если ваша бабушка подвергалась сексуальному насилию, значит ли это, что вы унаследуете структуру, которая делает вас уязвимым перед насилием? Я считаю, что ответ - «да».

Очевидно, что насилие само по себе не наследуется. Наследуется химический состав, который оказывает эффект на ваше эмоциональное состояние. Таким образом вещество в вашем мозге может создать симптомы депрессии, а в другом мозге оно создает силу и уверенность в себе. Задайтесь вопросом, какой ребенок больше склонен к тому, чтобы подвергнуться насилию: слабый и подверженный депрессии или сильный и уверенный в себе? Обидчики, как и все хищники, охотятся на слабых и уязвимых. Таким образом, травма предков (необязательно насильственная, но любая травма) может сделать вас более уязвимым перед обидчиками.

Полученное утверждение важно в контексте исцеления. Опытный методист знает, что вы не просто исцеляетесь от насилия, но и предотвращаете повторение цикла жестокого обращения в будущих поколениях. Это означает, что в первую очередь, выявляются и решаются эмоциональные проблемы, делающие пациента объектом насилия.

(г) Семейные системы (объяснение с точки зрения энергии)

Семейная система – это информационная ячейка семьи. Она представляет собой мудрость и опыт многих поколений.

Значимость системы по отношению к насилию состоит в том, что она создает особую энергетическую тягу в целях урегулирования травмы внутри себя. Таким образом, опыт, через который прошли ваши предки, может сам по себе проявиться в вашей жизни. Мы называем это «системными проблемами». Когда нет других объяснений проблемам пациента - повышенной уязвимости или нормализации, - нет каких-либо четких эпигенетических компонентов, тогда недомогание определяется системными проблемами. Остается лишь желание (внутри семьи, необязательно только у пациента) решить старые болезненные проблемы и восстановить поток любви между поколениями – от бабушки или дедушки к родителю, от родителя к ребенку.

В большинстве случаев межпоколенные злоупотребления могут быть поняты сами по себе, без необходимости упоминания семейных систем. Тем не менее, эти системы важны, и они признаются в нашей работе, поскольку позволяют решать системные проблемы без необходимости тратить на это слишком много времени. [3]

Почему это случилось со мной?

Я возвращаюсь к вопросу, который был поднят ранее в данной главе: почему насилие случилось со мной?

Если бы вы задали этот вопрос мне, я бы попыталась выяснить, происходило ли что-то подобное с вашими родителями или бабушкой-дедушкой. Возможно вам это неизвестно, но всегда стоит спросить у членов семьи.

Второй вопрос, который я могу задать, будет о нормализации. Возможно, вы даже не представляете, сколько насилия над собой пережили в детстве (особенно если это было не сексуальное, а эмоциональное насилие). Относились ли ваши родители друг к другу с любовью, сопереживанием и уважением? Относились ли они к вам с добротой?

И наконец, самый важный вопрос, который я задам, будет о личных границах: вас когда-нибудь учили определять свои личные границы? Что случилось с вами в детском возрасте, когда вы в первый раз осмелились сказать «нет» взрослому? Вас наказали или похвалили? Взрослые вас когда-нибудь учили, что у вас есть право говорить «нет»? Они учили вас, что тело является неприкосновенным и никто не имеет права к нему прикасаться без разрешения? (Даже если ваши родители говорили вам это, подтверждали ли они это своими поступками или они сами себе противоречили, физически наказывая вас?)

Из моего опыта могу сказать, что попытки ответить на данные вопросы помогают почти всем моим пациентам и

---

[3] Для получения дополнительной информации о происхождении и лечении семейных систем вы можете ознакомиться с Hellinger's Family Systems Therapy (or Family Constellations).

студентам увидеть шаблоны в их жизни и жизни их семьи. Они начинают замечать, где насилие превратилось в норму, где слабые личные границы допустили насилие родителей. Они могут видеть, как соединение всех этих факторов создает среду повышенной уязвимости, в которой и происходит насилие над ними. Исходя из моего опыта, всегда есть объяснение: оно таится либо в детстве пациента, либо в семейной системе его предков.

Глава 6 Мое решение исцелиться

Идея исцелиться от моей травмы казалась прекрасной идеей! Я думала, что готова к этому путешествию, и оно будет быстрым, безболезненным и легким. Я ошибалась. В данной главе я расскажу о моем пути к исцелению, а в следующей главе поясню, что я познала во время этого путешествия.

Все начинается с простого решения

Прежде чем я приняла решение исцелиться, я должна была дойти до критической точки.

Несмотря на то, как старательно я пыталась убежать от своих проблем, они продолжали преследовать меня. Это выражалось в том, с какими людьми я сталкивалась и какие условия создавала вокруг себя. У меня не осталось сил и воли на то, чтобы показывать всем счастливое лицо и делать вид, что все хорошо.

Однажды я проснулась в очень плохом эмоциональном состоянии. Сначала, как обычно, я пыталась подавить чувства. Однако в этот раз я поняла, что так больше не может продолжаться. Я позвонила в офис и сказала, что не выйду на работу сегодня. Затем вернулась в постель, свернулась калачиком и заплакала. Я разрешила себе вылить подавленные эмоции. Впервые плакать было безопасно и нормально. Это было освобождение.

Когда я в конце концов выбралась из кровати, то почувствовала себя менее зажатой и напряженной. Я чувствовала облегчение, что-то словно сдвинулось во мне. Я выглянула из окна и поняла, что смотрю на мир по-другому. Наконец-то пришло осознание того, что пора двигаться дальше и переосмыслить мое прошлое. Дни, когда я куда-то бежала, пытаясь избежать прошлого, подошли к концу.

Я приняла решение исцелиться.

Первые шаги

В Гугле я начала искать все, что известно об исцелении. Нашла духовные учения и различные издания по самосовершенствованию. Сначала меня привлекли книги в жанре ангельского исцеления. Мне была близка идея, что в нужный момент я могу поговорить с кем-то. Все это создавало для меня комфортное существование, в котором я так нуждалась в то время. Шаг за шагом я начала переосмысливать дилеммы, оставшиеся из детства.

Оглядываясь назад, могу сказать, что практически все книги по исцелению и самосовершенствованию являются источником комфорта и силы. Однако не путайте их с самим исцелением. Настоящее исцеление подразумевает разрешение глубинных проблем.

Я старалась исцелить свою травму с помощью позитивных установок. Это мне помогло, но только до определенной степени.

Попытки самостоятельно исцелиться без специальной тренировки и поддержки таят в себе опасность того, что вы можете спровоцировать или активизировать ваши другие травмы. Без полного набора инструментов решить их практически невозможно. В таком случае обычно происходит так называемое кризисное исцеление – феномен, при котором человек после попытки исцелиться чувствует себя даже хуже, чем до нее.

В результате я осознала, что исцеление начинается с принятия решения, но оно требует наличие чего-то еще: правильной помощи.

Начинаем с причины травмы, а не с поисков ее симптомов

Я работала с несколькими специалистами, которые помогали мне разобраться с травмой, оставшейся после насилия. Сначала было трудно найти нужного человека, чтобы поговорить. Путем проб и ошибок я прошла через несколько специалистов, которые оказали мне нужную поддержку, дали полезные советы и рекомендации. Мне пришлось работать над жестокостью, нарушением прав и физической травмой, которые пережила в детстве. Поскольку травма отражалась на всех сторонах моей жизни, ее разрешение было моей приоритетной целью; затем и все остальные проблемы постепенно урегулировались.

Установление новых личных границ

Когда я начала работать над травмой насилия, ощущение личных границ также изменилось. Я осознала, что теперь должна определить и установить, какими будут мои новые личные границы, так как травма, в конечном итоге, сместилась. Мои старые границы были основаны на том, как ко мне относились в прошлом. Когда начался процесс исцеления, я почувствовала, что мои старые границы больше мне не подходят. Я стала задаваться вопросами: «Как я хочу, чтобы ко мне относились мой избранник, друзья и семья? Могу ли я относиться к себе также, как и раньше? Могу ли я поделиться своими целями, желаниями и нуждами с любимыми?» Нужно было определиться, как я хочу, чтобы ко мне относились другие, и что я буду делать, если люди не будут меня уважать? Пришлось учиться показывать свои личные границы непреклонным, но изящным образом, не чувствуя себя при этом виноватой или пристыженной. Я также была вынуждена разобраться с виной, возникающей при использовании слова «нет», и с приоритетностью своих нужд. Вы можете сделать это только тогда, когда вновь чувствуете себя достойными.

Снова почувствуй себя достойным

Я должна была определиться, что значит любовь для меня. Что она заставляет меня почувствовать? Как я хочу, чтобы мой избранник любил меня и как ко мне относился? Чувствую ли я себя достойной быть любимой моим избранником? Когда я посмотрела на список моих целей, то поняла, что не ощущала себя достойной того, чтобы переживать эти эмоции. Я саботировала свое счастье. Нужно было опуститься на дно проблемы.

Почему я саботировала свое счастье? Это вытекало из детских потребностей, когда счастье постоянно откладывалось на потом. Взрослые, будучи жестокими со мной, так удовлетворяли мои потребности в любви и комфорте.

Став взрослой, я по-прежнему сохранила шаблон поведения, при котором удовлетворение моих потребностей откладывались на потом, а мои желания казались недостойными и неприоритетными на фоне желаний других. Этот шаблон необходимо было в корне изменить.

Учимся общаться

У меня был страх разговаривать о моих потребностях. Как я собиралась просить об удовлетворении моих потребностей? Как я собиралась показывать свои личные границы, если не умею говорить о них? Для начала было необходимо разрешить травму, связанную с моими потребностями и мной лично. Каждый раз, когда я заговаривала о своих потребностях, меня наказывали. Я должна была переосмыслить и разрешить травму, с которой у меня ассоциировались разговоры обо мне.

Доверяй, но проверяй!

Мне пришлось осознать, что не все собираются использовать меня. Если вы отталкиваете людей в своей жизни – это ведет к полной изолиляции. Но даже несмотря на то, что я была счастлива в одиночестве, я была я была в нем, по неправильным причинам. Я отталкивала людей потому, что так я чувствовала себя в безопаснсти, а не потому, что я предпочитала быть одна. Впервые мне пришлось учиться доверять самой себе. Пришло осознание того, что если не могу доверять самой себе, то как я собираюсь доверять другим? Пришлось излечить травму, из-за которой я избегала других и не доверяла им.

Поиск баланса между моими потребностями и потребностями других

Вместо того, чтобы всегда стараться удовлетворить потребности других, мне пришлось учиться, как чувствовать себя достойной того, чтобы ставить свои потребности на первое место. Я училась находить компромисс. Мне казалось, что мной пользуются, потому что я не могла выразить свои потребности, лимиты и границы.

Жизнь заключается в том, чтобы не только давать, но и брать. Я поняла, что поддерживаю только других, так как чувствую, что моя значимость и важность зависят от того, насколько я отдаю себя им.

Когда я начала перенастраивать свою заниженную самооценку, то у меня появилось больше времени для себя. Мне больше не нужно было тратить все время на удовлетворение чужих потребностей из-за бессознательного стремления поучить в награду любовь, привязанность и признательность. Я начала поддерживать людей из любви: я не чувствовала себя никому ничем обязанной и не чувствовала, что мною манипулируют.

Когда исцеляешься, начинаешь чувствовать себя сильнее физически и эмоционально

Я убедилась в правдивости данного утверждения, когда совершала свое личное путешествие к исцелению. Начинаешь возрождать свою силу. Открываешь заново аспекты своей личности, которые были забыты, потому что вся энергия уходила на сопротивление и борьбу с эмоциями.

Вы не будете задаваться вопросом, что думают другие, потому что вы всегда будете знать ответ на этот вопрос. Вы не будете чувствовать себя одиноко, так как начнете наслаждаться своей компанией. Отвращение к себе и брезгливость рассеются. Принимать решения и делать выбор по своему усмотрению становится легче и комфортней, потому что вы начинаете доверять своему суждению и интуиции.

Вы начинаете уважать себя, и автоматически другие проявляют к вам больше уважения. Начните любить себя и другие полюбят вас даже еще сильнее. Ваша скрытая красота становится видна внешнему миру, и каждый хочет получить частичку вашей внутренней силы!

Этого можно достигнуть только совершая простой выбор, без страха и давления извне.

Пока вы будете на пути к исцелению, ваше физическое тело вас тоже не подведет. Оно всегда помогает исцелиться.

Если вы подавляете свою травму, ваше сознание и тело найдут способ проявить эту травму через злость, стресс и депрессию.

Способ, которым ваше тело пытается вас поддержать, может быть не самым приятным и даже вылиться в эмоциональные и физические проблемы. Может быть, вам трудно разглядеть связь между неразрешенной травмой и последовавшей за ней болезнью. Однако очевиден факт, что исцеление от прошлой травмы приводит к резкому улучшению всех физических и эмоциональных симптомов. Тело старается говорить с вами, привлекая ваше внимание и пытаясь максимально эффективно завершить неполный травматический цикл.

Как только вы исцелитесь эмоционально, то найдете новое ощущение комфорта внутри себя и перестанете постоянно искать безопасное место в незнакомой или некомфортной ситуации. Вам не нужно разыгрывать вину или снова чувствовать себя пристыженным, потому что вам нечего стыдиться. Вы начинаете принимать решения, которые не мотивированы и не обусловлены травмой.

Различные фазы исцеления

На пути к исцелению я проходила через различные фазы. Приведу вам список моих фаз. Однако не забывайте, что у других он может выглядеть иначе.

- Я чувствовала отвращение, грязь, жестокость и пребывала в состоянии шока.
- Пока я была в поиске собственной невинности, я начала во всем винить всех.
- Я была злой, разъяренной, жаждущей мести; я выбрасывала людей из своей жизни.
- Я чувствовала, что неспособна простить людей, которые причинили мне боль.
- Я боялась избавляться от травмы, не зная, кто я есть без травмы и насилия.
- Я осознала, что люди, жестоко обращавшиеся со мной, разыгрывали насилие и шаблоны поведения из их собственного детства. Обидчик, как правило, тоже был жертвой.
- Возвращение силы и невинности. Я узнала, что мои невинность и силу никто никогда не забирал, они были подавлены травмой.

Вы рождены с даром исцеления. Этому нельзя научиться. Вы и есть этот дар. Единственная вещь, которой можно научиться — это как открыть то, что уже есть внутри вас.

Глава 7 Препятствия и уроки,

полученные на пути к исцелению

С того самого дня, когда я решила исцелиться, до момента, когда я почувствовала, что освободилась от травмы, на моем пути было множество препятствий. В данной главе я хочу поделиться несколькими полезными уроками, полученными во время преодоления препятствий в путешествии.

Я не обращалась за поддержкой, когда она была мне необходима

Было большой ошибкой считать, что я могу пройти этот путь одна. Я через многое прошла и достигла многих целей самостоятельно. Я предполагала, что самоисцеление тоже будет легким.

Обратиться за поддержкой, с моей точки зрения, значило проявить слабость. В прошлом проявление слабости только навлекло бы насилие и наказания.

Моим вторым страхом было потерять контроль. Просьба о помощи значила приглашение кого-то еще в мой процесс исцеления, и, соответственно, потерю контроля над ожидаемым результатом. После всех злоупотреблений, через которые мне пришлось пройти (вызывающие потерю контроля и вызванные им), я ни за что не попросила бы о помощи! Попросила, может быть, только при условии, что травма довела меня до состояния, когда теряешь контроль над своей жизнью. Прежде чем я начала бы искать поддержки, все все должно было стать совсем плохо. Если бы я сразу обратилась за помощью, то избежала бы кризисного исцеления.

Поиск метода, который подходт именно мне

Через несколько месяцев безуспешных попыток самоисцелиться, я поняла, что нуждаюсь в помощи. Кризисное исцеление и отчаяние переломили страх и гордыню.

Я отправилась к тренеру и целителю, который попытался мне помочь. К сожалению, этот опыт только активизировал все старые травмы, которые я так старательно подавляла. Она не занималась глубоко залегающими травмами просто потому, что у нее для этого не хватало инструментов и методов.

Эти сессии оставили меня в эмоциональном потрясении. Вместо того, чтобы исцелять травму, тренер занималась только ее симптомами. Более того, мне не становилось лучше, я чувствовала, что мне становится хуже. Недаром говорят, что страхи сбываются, а в данном случае, действительно, просьба о помощи привела к потере контроля.

Так я прошла по пути просьбы о помощи, потери контроля, поиска веры в исцеление и полного отказа от нее. В результате я достигла того критического момента, когда перед человеком встает выбор: покончить с собой или просить о помощи.

Поиски специалистов продолжились, я работала с новыми и новыми тренерами, но это не приносило никаких результатов.

Я по-настоящему начала чувствовать большие изменения в жизни только тогда, когда мы с мужем создали нашу технику личностного роста под названием БТЛ. Я поняла, что все предыдущие тренеры по личностному росту работали с симптомами насилия и травмы. Большинство из них не смогли найти и исцелить сущность моих травм. С ними я лишь продолжала решать старые проблемы, которые, как мне казалось, уже были решены и отложены в сторону.

Злость делает вас сильнее и слабее

Я была мученицей. С раннего возраста гнев стал моим лучшим средством защиты. Все, что я достигала в жизни, и все, чего я добивалась, сопровождалось и было обусловлено моим гневом. Мой гнев стал для меня мотивацией и силой. Благодаря ему я стала успешной и независимой. Я черпала свою энергию из злости, что позволило мне установить личные границы и подарило ложное чувство безопасности и защищенности. Но тут была и обратная сторона. Я была очень одинока.

Проблема, как я вижу ее сейчас, заключалась в порочнсти этого круга. Из-за травмы во мне появилось чувство беспомощности, беспомощность превратилась в гнев. Вслед за гневом появилась некоторая независимость, успех и иллюзия безопасности. Невозможно исцелиться от травмы, не преодолев страха потерять или изменить все, что вам так близко. Я боялась потерять свою силу и независимость, а ведь это все, что у меня тогда было.[4]

Черпая свою силу из гнева и обиды, вы только ощущаете ярость и, в конечном итоге, одиночество. В то же время эта иллюзия дает вам почувствовать себя в безопасности, она саботирует все хорошее и положительное, что есть в вашей жизни.

Мне же, в конечном итоге, было необходимо исцелиться от травмы, которая вызывала во мне чувство беспомощности, униженности и злости. Я училась мирно выражать свою личную власть без необходимости злиться. До этого я могла уверенно выражать свои чувства только будучи злой, что на самом деле демонстрировало, насколько неуверенной в себе я была. Моя уверенность в себе была ложной иллюзией, вытекающей из страха потерять контроль надо всем и быть использованной кем-нибудь.

---

[4] Я вернусь к этой сложной проблеме в главе о вторичной выгоде.

Если у вас нет четкой цели, вы не знаете, куда идете

Когда смотришь на мир глазами раненого и злого человека, то все и всё кажется вам угрозой. Вы живете в постоянном страхе. Ваши фильтры восприятия сконцентрированы на возможных угрозах, и вы не замечаете ничего положительного в жизни. Вы не можете видеть вокруг себя новые возможности, поскольку слишком зациклены на боли, которая внутри вас. Это тормозило мой поиск целей и построения чего-либо для своего будущего.

С первого момента путешествия к исцелению вам нужна цель. Какой результат вы хотите получить от проделываемой работы? Какие изменения в жизни вы хотите увидеть? Как хотите ощущать себя после исцеления от прошлых травм?

Я никогда не задавала себе таких вопросов. У меня не было четкой цели, что усугубило мой и без того тяжелый процесс исцеления. Я никогда не спрашивала себя, что хочу изменить и что хочу делать в жизни, в которой прошлое больше не будет меня преследовать.

Прогресс стал заметен только тогда, когда я определилась с целью. Она дала мне надежду, что в будущем наконец-то появилось что-то, ради чего стоит стараться. Это что-то мне было очень нужно для движения к новым достижениям.

Заниматься симптомами травмы и избегать ее причин

Я считала, что занимаюсь лечением травмы, однако я плавала на поверхности. Я подавила свою травму и занималась только одним из ее симптомов: злостью. Неизбежным результатом подавления проблем стало то, что они всплывали снова и снова.

Невозможно вылечить такие симптомы, как депрессия, тоска, злость, стресс и тому подобные, без выяснения глубинных причин их появления. Да, на короткое время вполне возможно получить облегчение, которое известно как «обход». Существует множество терапий, в результате которых вы идете «в обход» и чувствуете себя гораздо лучше на день или даже неделю (реже на год). Тем не менее, это не исцеление, а способ обойти симптомы. Подавив прошлое и пытаясь обойти симптомы травмы вам не получить желаемых результатов. Для начала вы переживете такое чувство, как злость, объяснить которое будет трудно. Вы будете привлекать в свою жизнь события, которые не будут иметь для вас никакого смысла (например, насилие). Это будет происходить до тех пор, пока вы не осознаете, что эти события привлекаются той частью вашего сознания, которую вы подавляете.

Самое важное - не плавать на поверхности и примириться со своим прошлым. Не имеет значения, помните ли вы, что там произошло, или нет, главное, чтобы вы поняли, как относитесь к этому.

Долгое время с помощью самолечения я занималась только симптомами. Я чрезмерно пила алкоголь и делала все для того, чтобы подавить свой гнев. Я много работала, убеждая себя, что в моей жизни все хорошо. Вместо того, чтобы разобраться, почему мне нужна злость, я использовала ее, когда устанавливала личные границы в отношениях с другими. Я оставалась в нездоровых отношениях и не пыталась разобраться, почему боюсь остаться одна.

Было проще бороться с симптомами травмы, чем лицом к лицу столкнуться с реальностью и принять то, что случилось со мной в детстве.

Даже если теперь у вас счастливая жизнь и идеальный избранник, плохие воспоминания и неразрешенная травма будут постоянно преследовать вас. Неразрешенное прошлое будет создавать проблемы для вас, вашего избранника и, значит, для ваших с ним (ней) отношений. Я извлекла свой урок: работа только над симптомами (неважно как, с помощью терапии, подавления или самолечения) – не эффективна. Конечно, вы можете почувствовать себя лучше на короткое время, но в действительности ничего не изменится. Отрицание не является решением; оно не поможет вам двинуться дальше по жизни.

Недоверие себе и людям вокруг

Я никому не доверяла. Это стало еще одной причиной, почему я не искала поддержки, не могла доверять. В случаях, когда женщина подвергается насилию со стороны мужчины, ей впоследствии легче доверять женщинам (и наоборот). Я же подвергалась насилию и со стороны мужчины, и со стороны женщины, в результате чего чувствовала себя небезопасно как в компании мужчины, так и в компании женщины. Недоверие переходит в злость, потому что вы постоянно задаетесь вопросами об истинных намерениях людей и о своих собственных решениях. Таким образом практически не остается времени на отдых вашему бессознательному и вашему сознанию.

Раненый целитель: попытки вылечиться, облегчая боль других

В какой-то момент я пыталась помочь себе, предлагая поддержку другим. Я неосознанно вступала в дружбу с людьми, которые также нуждались в комфорте, любви и поддержке. Я дарила людям то, в чем нуждалась сама. Так я пыталась избавиться от собственной злости, депрессии, одиночества и травмы.

Нет ничего плохого в том, чтобы дарить людям то, что самим очень хочется получать от других (особенно любовь). Однако это никогда не должно быть заменой решения собственных проблем.

Я отключилась от своей жизни и эмоций. Мне было проще выслушивать проблемы других. Если их проблемы были схожи с моими, то мне не приходилось озвучивать собственные. Я находила отклик в людях, которые страдали от тех же проблем, что и я. Это помогало мне чувствовать себя не такой одинокой и изолированной. Я убегала от прошлого, занимая свою жизнь проблемами других людей.

В итоге я сконцентрировалась на боли людей, но не на источнике происхождения собственных боли и травмы. Вместо того, чтобы строиться на общих увлечениях и интересах, большинство моих дружеских отношений были построены на боли. Нас связывали похожие проблемы, так как мы узнавали друг в друге жертв. С одной стороны, мне было очень комфортно, с другой стороны - это был саботаж. Меня окружали друзья, которые говорили только об их травмах. У них не было намерения исцелиться от них. Так я еще глубже погрязла в состоянии, где мне казалось, что я никогда не смогу исцелиться. Со временем стало ясно, что мне нужно окружать себя более позитивными людьми.

Осознаем происхождение вины и стыда

Иногда мы зацикливаемся на мыслях и чувствах, которые нам не принадлежат. В момент серьезной травмы мы реагируем на чувства других людей. Это происходит в ответ на угрозу, как попытка найти безопасное место.

Мои чувства вины и стыда были настолько сильными, что я никак не могла их поколебать. Все попытки разобраться в собственной травме и ее происхождении не увенчались успехом. Причина состояла в том, что они были не моими.

Я усвоила важный урок: необходимо учитывать проблемы, которые преобладали в жизни обидчика. Это особенно важно, если речь идет о родителе или другом члене вашей семьи. Помимо вашего личного исцеления, необходимо разрешить глубинную травму, залегающую в системе семейных отношений, ведь именно из-за этой травмы отношения внутри семьи превратились в насильственные. Мы иногда до такой степени концентрируемся на исцелении себя и избавлении от собственной боли, что пропускаем важные шаги в проблеме появления насилия в семье (например,

154

систематические злоупотребления со стороны близких или укоренившиеся ролевые шаблоны поведения в семье).

Одним из ключевых моментов моего исцеления стала способность освободиться от эмоций, которые переживали родители отца во время своих издевательств надо мной.

Когда я представляла себя на месте бабушки и дедушки, то меня переполняли такие эмоциии, как чувство вины, отвращение к себе и окружающим, ненависть и агрессия. Эти эмоции были мне очень знакомы, несмотря на то, что они были не моими. Я много работала над собой, чтобы освободиться от них, и, в результате, почувствовала себя намного лучше. Это стало огромным прорывом, поэтому я начала применять данную технологию со своими пациентами, и мы достигли великолепных результатов.

Ощущение комфорта в чувстве опасности

Если родитель или воспитатель жестоко обращается с ребенком, то малыш чувствует себя в постоянной опасности и будет искать безопасное место. Он будет искать комфорта среди близких, но, к сожалению, самым близким окажется обидчик, так как других рядом не окажется.

Наш мозг работает на ассоциациях. Мы начинаем ассоциировать наши стремления и эмоциональные состояния с поиском безопасности и комфорта. Из полученного опыта могу сказать, что повторяющиеся злоупотребления стали причиной глубинных проблем в ассоциациях, с которыми у меня были связаны понятия любви и безопасности. В поисках любви и безопасности я находила насилие. Любовь и безопасность (в их привычном нам понимании) на моем языке означали насилие. Я не могла разглядеть и осознать эту модель поведения, пока не начала свой путь к исцелению.

Это - одна из причин, почему люди остаются в отношениях, наполненных насилием, и не могут от них освободиться. Они чувствуют себя безопасно в таких отношениях, потому что насилие им очень знакомо. Они знают, как выживать в разрушительной среде и полном хаосе. Им известно, как жить и чувствовать себя комфортно в жестокой, несущей угрозу домашней обстановке. Такие люди борются с насилием только до того момента, пока им не покажется, что они не знают, как жить дальше без унижений.

Тот факт, что люди привыкают чувствовать себя в безопасности в таких условиях, усложняет процесс ухода от порочного круга унижений. Это чувство становится знакомым и комфортным. Им труднее распознать насилие. Оно становится частью их личности.

Почему я продолжала привлекать не тех партнеров и друзей?

Неосознанно мы ищем для себя в жизни то, что с детства казалось знакомо и (в действительности или нет) безопасно. Не понимая этого, я искала отношений с человеком, который обращался бы со мной так, как это делали отец и его родители.

Ваше сознание, возможно, и скажет вам, что что-то неправильно, что у вас нездоровые отношения, от которых лучше избавиться. Естественные инстинкты, как правило, буду напоминать вам об этом. Однако вы будете продолжать искать тех, кто заставит вас чувствовать себя пристыженным, виноватым и ничего не стоящим человеком. В конечном итоге вы подчинитесь новому обидчику, также как вы это делали в детстве. Разорвать этот порочный круг нельзя до тех пор, пока вы не разглядите его в своей жизни. Это можно сделать только после того, как вы осознаете то, что делаете. Вы поймете, что происходит в ваших отношениях, и решите это остановить. Осознание этого было очень трудным для меня. В тот момент, когда я осознала, почему привлекаю в свою жизнь определенных людей и завожу определенные отношения, стало легче строить и контролировать будущее. Когда я поняла почему, что и как, то почувствовала готовность двигаться дальше. Знание стало новым стимулом для внутренней силы.

Насилие и религия

Мама была в браке с отцом более тридцати лет. Все эти годы религия проповедовала ей, что развод с мужем – это грех. Ее учили повиноваться мужу и религии, иначе вечное наказание преследовало бы ее.

Она позволила подвергнуть себя унижениям. Быть женой и оставаться на стороне отца, поддерживать его в плохие и хорошие времена стало ее «долгом». У меня возникает вопрос: «Плохие времена включают в себя то время, когда он становился обидчиком и злоупотреблял нашей любовью?»

Религия может быть чудесной вещью. Однако не стоит полностью отдаваться религии — это может привести к опасным последствиям. Навредить не только вам, но и вашим детям, которые окажутся непроизвольными заложниками в неблагополучных условиях.

В разговоре о насилии также возникает другой вопрос: «В какие моменты мы принимаем религиозные догмы слишком близко?» Ни одна религия или общественная вера не должны вызывать ощущение, что у вас и ваших детей нет прав на безопасность в жизни.

Одного факта, что вас несправедливо лишают сокровенного важного ощущения эмоционально и физически счастливой жизни, должно быть достаточно, чтобы сигнализировать: что что-то неправильно. Какой системы верований и правил вы придерживаетесь?

Вы родились свободными и вступаете в этот физический мир по-прежнему свободными.

Мне трудно выразить, насколько важно, чтобы вы в первую очередь заботились о своей свободе и только затем принимали религиозные системы. Иначе все системы неизбежно приведут к опасности самосаботажа.

Отсутствие личных границ и их гиперкоррекция

Здоровые личные границы – это золотая середина: баланс между слабыми границами, с одной стороны, и слишком жесткими, чрезмерно корректируемыми, с другой. Существуют ловушки в обеих крайностях, и большинство людей пытаются исцелиться и мечутся между этими крайностями, потому что их не научили здоровому балансу.

Когда я была ребенком, мои личные границы никто не уважал. Поэтому я выросла с очень слабыми границами. Например, сказать «нет» было очень трудно, ведь в прошлом это всегда влекло за собой конфронтацию и отвержение.

С возрастом я излишне корректировала свои и без того слабые личные границы, что превратило меня в исключительно злого и ранимого человека. Я поняла, что это произошло в результате упущения важного этапа в жизни: любви к себе, которая дает способность говорить «нет». Я даже не представляла, какими должны быть мои личные границы. У меня не было примера для подражания.

Прежде чем полюбить себя и научиться говорить «нет», было необходимо разобраться в своей насильственной травме. Затем я начала устанавливать личные границы, ориентируясь на сложившуюся ситуацию и мои ощущения. Случалось так, что мои границы провоцировали конфликт, однако я вскоре осознала, что конфликт этот был результатом расстройства обидчика. Неожиданно обидчики стали неспособны манипулировать мной и контролировать меня, как раньше.

Вам не нужна гиперкоррекция своих личных границ. Если вы продолжаете это делать, значит, что вы все еще боитесь не быть услышанным или увидеть неуважение. Любая гиперкоррекция своих границ становится причиной еще больших проблем, потому что люди, с которыми вы устанавливаете эти границы, чувствуют, что вы слабый человек. Когда человек совершает решительные шаги, видно, уверенн он в себе или нет, силен ли внутренне или слаб, смел или напуган. Поэтому важно понимать, когда вы чувствуете уверенность, а когда страх.

Я не могла принять на себя ответственность за мое будущее и мое эмоциональное состояние

Другим важным шагом является принятие на себя ответственности за происходящее. Под словом «ответственность» я имею ввиду следующее: «Держать ответ или давать отчет за что-либо происходящее по воле кого-либо, под его контролем или руководством».

Сразу стоит уточнить, что я не имею ввиду ответственность за жестокое обращение с другими. В данном контексте ответственность подразумевает то, что я беру на себя ответственность за свой новый образ жизни, который буду вести после начала путешествия к исцелению. Я принимаю на себя ответственность за то, как собираюсь справляться со своим прошлым. В этом случае может возникнуть необходимость применить юридические действия, станет неизбежным столкновение с обидчиком и обращение за поддержкой к кому-либо.

Когда я надлежащим образом разобралась с ответственностью за свою жизнь и свое будущее, я осознанно вернула себе силы. Это срабатывает по эффекту домино. Когда вы берете на себя ответственность за свое будущее и свои чувства, то автоматически начинаете ощущать себя сильнее. Это также означает, что вы контролируете свою собственную жизнь и больше не руководствуетесь травмой из прошлого и страхом перед обидчиком.

Тем не менее, принятие ответственности на себя не означает, что вы должны простить обидчика. Важно, чтобы вы простили обстоятельства, в которых тогда оказались. Когда это происходит, вы прощаете себя и прекращаете самобичевание. Беря на себя личную ответственность, вы освобождаетесь от невидимого плена прошлого и власти обидчиков из этого прошлого. Все то время, пока я винила прошлое и людей, которые довели меня до такого эмоционального состояния и постоянной озлобленности, я продолжала подтверждать факт, что они одержали победу, полностью контролируют мои эмоции и влияют на мое будущее.

Я перестала быть жертвой обстоятельств.

Принятие ответственности было одним из этапов на моем пути к исцелению. Этот этап нельзя пропускать, так как главный источник вашей внутренней силы берет начало в способности взять на себя ответственность за свое будущее, карьеру и стремление быть как можно лучше.

Я также усвоила, что принятие ответственности на себя не значит, что прошлое будет забыто, а обидчику сойдут с рук все его поступки. Я осознанно навсегда вернула себе внутреннюю силу. Именно этого мне и хотелось. В момент, когда я наконец-то взяла на себя ответственность, стал самым решительным в моей жизни. Это был один из самых значительных шагов, которые я когда-либо совершала.

Страх одиночества

В прошлом мой страх одиночества был сильнее желания свободы и ощущения внутренней силы. Из-за этого страха я была готова терпеть сложности и жестокое обращение (особенно в отношениях). Мне было необходимо разрешить свой страх одиночества. Я держалась за людей и отношения с ними по неверным причинам.

Моя травма была моей личностью

Я не имела представления, кто я без своего прошлого и насилия в нем. Каждая цель, к которой я стремилась, была обусловлена страхом, болью и травмой. Я твердо шла по своему пути, где все неосознанно определялось и мотивировалось травмой. Когда я исцелилась от травмы, то поняла, что нашла новый способ жизни. Исцеление от насилия изменило фундамент, на котором было построено мое детство.

Я стала спрашивать себя: «Кто я без насилия? Перестану ли я существовать, если я избавлюсь от него? Если я окончательно исцелюсь от насилия, останется ли какой-нибудь смысл в моей жизни? Если я действительно изменюсь, что произойдет?» Я боялась, что если исцелюсь от травмы, то часть меня «умрет». Мне стало страшно, что без травмы, я забуду, насколько ужасными могут быть люди и их поведение, и тогда кто-нибудь мной воспользуется. Казалось, что травма охраняла меня от будущей боли и травмы.

В конце концов я осознала, что с травмой ничуть не безопаснее, чем без нее. Более того, цепляясь за травму вы навлекаете на себя еще больше травм, так как вы постоянно притягиваете эту энергию. Не зря говорят, что с людьми, которые чувствуют себя жертвой и ведут себя подобным образом, будут обращаться как с жертвами. К людям, которые чувствуют себя властными, относятся как к властным, и они таковыми остаются. То, что вы чувствуете и как себя ощущаете, определяет вашу ежедневную жизнь.

Приведу вам несколько непростых вопросов, на которые я отвечала сама и задавала некоторым моим пациентам:

- Вы знаете, кто вы на самом деле без насилия?
- Кто вы без своей боли?
- Кто вы без вашей злости и обиды, которыми вы защищались?
- Кто вы с тех пор, как перестали быть жертвой?
- Кем вы станете, когда начнете впускать в свою жизнь людей и не будете стремиться их оттолкнуть?
- Вы страдаете от своей собственной травмы или родовая травма тоже имеет место? Кем и чем вы станете без вины и стыда?
- Сможете ли вы чувствовать себя в безопасности, когда другие увидят вас в ином свете и признают?

- Сможете ли вы ощущать себя в безопасности без постоянной потребности быть на стороже?
- Можете ли вы не осуждать себя и других на более одного часа?
- Чувствуете ли вы, что если избавитесь от своей травмы, то возникнет другая; поэтому вы держитесь за свою травму, чтобы защититься от возможных неприятностей в будущем?

Цель данных вопросов в том, чтобы помочь вам понять, с чем вы ассоциируете свои болезненные эмоции. Ответы на вопросы, как правило, выявляют проблемы, которые удерживают вас на пути к прогрессу.

Важные заключения, к которым я пришла на этом пути

Мы можем ожидать уважение от других только в том случае, когда уважаем себя. Вы должны понять, что заслуживаете этого.

Как можно требовать уважения от других, если даже вы себя не уважаете? Очень трудно полюбить кого-то, если не знаешь, как полюбить себя.

Также вы не можете полностью поддерживать кого-то, когда в не в состоянии поддержать даже себя. Все начинается изнутри; оно не может начаться извне. Все, что вам необходимо, чтобы изменить свою жизнь, уже есть внутри вас.

Когда вы примете твердое решение исцелиться от прошлого, я рекомендую вам поработать с тем, кого вы еще не знаете. Мне приходилось видеть множество прекрасных дружеских отношений, которые высыхали и становились в тягость. Граница между другом и терапевтом исчезает, что может вызвать трения и нанести непоправимый ущерб дружбе.

Невозможно убежать от своего прошлого и невозможно с ним бороться

Чем сильнее вы стараетесь убежать от прошлого, тем хуже становится ситуация. С ним невозможно бороться при помощи злости и обиды.

Единственный способ исцелиться – признать, что случилось и какие чувства вы при этом испытывали. Признавая это, вы не обязаны делать это частью своей реальности. Одного вовлечения сознания в травмирующее событие уже достаточно, чтобы начать процесс исцеления.

Насилие существует только в вашем прошлом, и больше его не существует. Оно прошло и закончилось. Ваша травма больше не опасна и не угрожает. Самое худшее позади. Все, что вам остается, это – исцелиться. Каждый день – это новый день, который уносит вас все дальше от насилия в прошлом. Только от вас зависит, будет ли так продолжаться.

Исцелитесь от травмы, ведь все, что произошло, больше не реально, оно в прошлом. Ничего не изменится в лучшую сторону до тех пор, пока вы не сделаете окончательный выбор.

Слабость, которую вы ощущаете внутри себя, не настоящая. Накопленная и застоявшаяся травма внутри вас, которая так и не была разрешена, только отнимает мотивацию и вызывает переутомление.

Возможно, вы осознаете, что не живете своей полной жизнью, потому что кто-то сделал вас такими. Тем не менее, это не повод сдаваться. Ведь это ваша жизнь, в конце концов.

Часть 2 Формы и последствия насилия

Глава 8 Различные виды насилия

Насилие может проявляться в различных формах. Выделяют следующие категории:

- эмоциональное насилие;
- пренебрежение;
- физическое насилие;
- сексуальное насилие.

Конечно, данным списком категории насилия не ограничиваются. Например, финансовая зависимость также является видом насилия.

Однако в этой главе мы рассмотрим только те виды насилия, которые приведены в списке.

Эмоциональное насилие

Этот тип насилия может быть как очевидно заметным, так и трудно отслеживаемым. При эмоциональном насилии не всегда остается физический след на теле человека. Последствия такого насилия могут стать заметными только через нескольких месяцев или даже лет.

Чем лучше вы осознаете насилие, которое имело или имеет место в вашей жизни, тем быстрее вы сможете распознать шаблоны насильственного поведения и положить этому поведению конец. Однако если насилие было в раннем детстве, то могут возникнут сложности с его распознаванием.

Опыт, пережитый в юном возрасте, оставляет отпечаток на эмоциональном, духовном и ментальном фундаментах личности. Если насильственная травма стала частью вашего фундамента, то становится трудно распознать ту разрушительную среду, которая однажды была принята за норму.

Вы пришли к тому, что изучаете все о насилии. Осознание того, что в вашей жизни что-то неправильно и люди ведут себя неверно, сначала будет неприятным пробуждением. Казалось, знакомые и привычные шаблоны поведения на самом деле не что иное, как разрушительное и нездоровое явление для вашего адекватного эмоционального состояния.

Пока вы не пережили ничего нового, всегда трудно распознать нездоровые шаблоны поведения, которые сопровождали вас всю жизнь. Тем не менее, рано или поздно вы с этим столкнетесь.

Оглядываясь назад, я понимаю, что отец манипулировал мамой и мной с помощью страха, унижения, запугивания и постоянной критики.

Приведу пример: в раннем возрасте я осознала, что мой папа был как будто «сломан». Для меня это стало особенно заметно, когда я сравнила его поведение с отцами моих друзей. В возрасте детского сада, когда я играла в доме моих новых друзей, то заметила, насколько отличается поведение их папы. Их отец разговаривал с ними в тихой манере и выражал глубокое уважение к их матери. Я была потрясена, увидев такую сторону роли отца. Именно тогда произошло мое неприятное пробуждение: я увидела, насколько отличается моя жизнь от жизни друзей.

Я поругалась с отцом, когда мне было около девяти лет. Я спросила его, почему его поведение так не похоже на поведение родителя моих друзей. Он ответил, что хочет все еще быть молодым и не хочет быть отцом. Я не знала, как отреагировать на его жестокий честный ответ, и только смотрела в его пронзительные глаза.

Распознать насилие, которое, возможно, ежедневно присутствует в вашей жизни, может оказаться трудным процессом. Особенно если у вас нет четкого представления о том, какими отношения и дружба должны быть и какие чувства вызывать.

Вот вещи, о которых стоит задуматься. Возможно, вы осознаете, что подвергаетесь эмоциональному насилию. Это так, если:
- с вами обращаются так, будто вы ничего не стоите и не заслуживаете;
- люди намеренно пытаются унизить вас и смеются над вами;
- ваши ценности не уважаются;
- люди вас подавляют;
- коллеги распространяют ложные сплетни о вас и присуждают себе ваши заслуги на работе;
- люди намеренно портят ваши вещи; и
- люди оскорбляют вас.[5]

Эмоциональное насилие выражается определенным поведением членов семьи, друзей или возлюбленных. Приведу несколько примеров подобного поведения. Итак, вы подвергаетесь эмоциональному насилию, когда люди вокруг:

- осознанно критикуют вас;
- оскорбляют вас;
- отказываются делиться деньгами, когда это необходимо (финансовое насилие);
- угрожают уйти, если вы не примиритесь с их правилами;
- издеваются над вашим животным, чтобы причинять вам боль;

---

[5] Люди, которые оскорбляют вас, демонстрируют таким образом, то как они внутренне относятся к себе. Они страдают от ненависти к себе и травмы, полученной от собственных опекунов.

- постоянно обзывают вас неподобающими именами (например, говорят, что вы тупой, бестолковый, толстый и уродливый человек); и
- разговаривают с вами как с ребенком.

Эмоциональное насилие также может быть замаскировано под критику и манипуляцию вашими потребностями, чтобы удовлетворить желания обидчика. Насилие начинается в тот момент, когда обидчик начинает унижать вас, чтобы отнять у вас силу и захватить контроль над вами. Когда он начинает конфликтовать с вами, то отказывается признать, что такое поведение причиняет вам боль. Это вызывает только больше споров. В отношениях с обидчиком вы всегда боритесь за свою правду и желание быть услышанным и уважаемым.

Обидчики зависимы от споров и ссор. Это дает им прилив возбуждения.

Мир наступает только тогда, когда вы меняете свои убеждения и ценности на убеждения и ценности обидчика. Это гарантирует мир в доме. Вы считаете, что восстановили мир, хотя на самом деле лишь дали обидчику добро в будущем снова вести себя неподобающе.

Обидчики также могут:
- угрожать, что бросят вас и отвергнут;
- унижать, когда вы пытаетесь выразить свои чувства;
- делать одолжения, за которые вы должны заплатить;
- быть близкими с вами один день, а на следующий день стать отстраненными и холодными;
- перестать разговаривать с вами, чтобы наказать;
- быть неопределенными в том, чего они хотят и чего нуждаются; и
- требовать вашего немедленного внимания, давать бессмысленные ненужные указания.

Перечисленные выше виды поведения являются формами эмоционального шантажа. Если вас чрезмерно контролируют родитель, брат или сестра, коллега, друг или учитель, играя при этом на чувстве гнева, собственничества, а также угрожая или ревнуя, то вы подвергаетесь эмоциональному насилию.

Существует разница между страстной любовью и агрессивной. Однако спутать эти два явления очень легко. Вы никогда не должны чувствовать себя в отношениях, как в ловушке. Ваша свобода должна быть вашей собственностью. Свобода вместе с эмоциональным миром не должны уменьшаться с течением времени из-за желания партнера контролировать вас.

Ваш избранник, семья или друзья не должны давать вам чувствовать себя виноватым за то, что у вас есть другие дела. Очень важно осознавать, что избранник, друзья и коллеги обязаны уважать вас и ваше время.

Самоуважение снижается, когда вами злоупотребляют. Человек начинает чувствовать, что он не заслуживает уважения. По началу вы думаете, что если вы достойны уважения, то никогда не допустите неуважительного отношения к себе. К сожалению, это мысль приходит из бессознательного и не контролируется вашим сознанием. Те эмоции, которых вы хотите от других, должны начинаться с вас и даже быть внутри вас, прежде чем вы начнете искать любви или дружбы. Стремитесь к тому, чтобы создать и построить ваши отношения на здоровой основе, а не из-за пустоты и нехватки эмоций в жизни.

Важно сначала научиться любить себя и стать собственным лучшим другом, и лишь затем можно стать другом или возлюбленным для кото-то еще. Никакая дружба и иные отношения не должны строиться из необходимости или острой потребности в нмжеследующем:

- мне нужно внимание;

- мне нужна любовь;
- мне нужно признание;
- мне нужно самоутверждение;
- мне нужно стать чем-то более важным, чем просто развлечением для избранника и друзей;
- мне нужен кто-то рядом, прежде чем я смогу почувствовать себя в безопасности; и
- мне нужен спутник по жизни, который даст мне почувствовать себя цельным человеком.

Каждый раз, говоря, что вам что-то нужно, вы создаете новое пустое место в вашей жизни. Люди иногда настолько отчаянно стремятся вступить в дружбу или личные отношения, что даже готовы мириться с насилием и разрушением их ценностей, только бы не оставаться в одиночестве. Отношения будут успешными, если между партнерами происходит честный и здоровый обмен энергиями. Если вы не видите этого в своих отношениях, то пришло время пересмотреть свои личные границы и задуматься о том, чего вы действительно хотите от дружбы и личных отношений.

Точно определитесь в том, что вы ожидаете и хотите от отношений – вне зависимости от того, дружеские это отношения, любовные или профессиональные. Чем определеннее будут ваши потребности, тем больше шансов, что вы сможете вовремя к ним обратиться и выбрать правильных людей, которые станут частью вашей жизни.

Пренебрежение как форма насилия

Пренебрежение является обычной формой насилия в обществе. Оно не всегда происходит осознанно. Пренебрежение возникает в первую очередь в тех семьях, где родители постоянно работают и слишком отдалены от своих детей. Такое происходит по причине финансовых трудностей в семье. В то же время это может происходить от того, что родитель или родители неосознанно пытаются убежать от собственных внутренних потрясений в жизни, загружая себя делами.

Детьми обычно пренебрегают родители, которые слишком заняты своими проблемами в жизни. Они могут даже бессознательно обижаться на ребенка за то, что он появился и сделал их жизнь труднее. Такой вид насилия, как правило, проявляется в момент, когда родитель не решается взять на себя свою родительскую роль. В качестве наказания он может долгое время игнорировать ребенка и его основные потребности. Существует большое количество примеров, когда родитель не хотел или не мог принять на себя обязанности, предписываемые родительской роли.

Дети, которых отправляют в школы-интернаты, также могут страдать от пренебрежения, несмотря на то, что у родителей никогда не было намерения вызвать в ребенке подобные чувства. Существует множество ситуаций, когда родители вынуждены отправить ребенка в интернат; однако близость и честность в общении родителей и ребенка, разъяснение ему, почему все происходит именно так, могут создать большой сдвиг в детском мировоззрении и изменить его отношение. В случае, когда ребенок может почувствовать себя ненужным или заброшенным, важно, чтобы родители объяснили ему, что он ни в чем не виноват и его не наказывают.

Чаще всего пренебрежение появляется в семье даже без осознания родителей. Физически родитель может быть очень близок ребенком, однако эмоционально он может быть отстраненным и не удовлетворять основных нужд ребенка. Даже отсутствия регулярного внимания и подтверждения любви по отношению к ребенку может оказать на него неблагоприятное воздействие в будущем.

Не придавая значения эмоциональным нуждам ребенка и его потребностям в комфорте, родители подвергают его одной из форм насилия: пренебрежению.

Пренебрежение как форма насилия включает в себя, но не ограничивается следующим:

- необеспечение правильного питания;
- необеспечение безопасного место для жизни;
- необеспечение должного надзора;
- недостаток любви и внимания;
- ненадлежащие одежда и образование;
- насилие над одним из супругов на глазах у ребенка;
- пренебрежение стоматологическими услугами;
- пренебрежение гигиеной; и
- пренебрежение здоровой едой для ребенка.

Пренебрежение также может проявиться в вопросе финансового обеспечения семьи, если родитель, например, удерживает деньги. Удержание денег от супруга(и) или детей, при котором они лишаются возможности покупать продукты питания, является пренебрежением. Также, как и нежелание удовлетворять потребность ребенка находиться в гигиенически чистых условиях.

Поддерживать ребенка, когда у него проблемы, дарить ему внимание и любовь очень важно при формировании его собственного достоинства и уважения к себе. Оставлять ребенка без присмотра или в небезопасном месте также рассматривается как пренебрежение. И этот список можно еще долго продолжать.

Ключевым моментом здесь является то, что основные потребности ребенка удовлетворяются. Тогда ребенок правильно взрослеет и, став взрослым, умеет позаботиться о себе, а затем передать свои знания своим подрастающим детям.

Люди, как правило, спрашивают меня: «А как понять, правильно ли я воспитываю ребенка?» Мой ответ всегда один и тот же: «Как бы вы себя чувствовали, если бы воспитывали себя?» Если вы почувствовали неприятное ощущение внутри, значит, требуется некоторая корректировка.

Физическое насилие

Физическое насилие возникает тогда, когда физическая сила применяется для установления контроля над ребенком или взрослым. Физическое насилие становится причиной как физических травм, так эмоциональных и психических. Данный вид травмы может храниться в памяти клеток и кожи. Она хранится в коже и в подсознании так же, как память о сексуальном насилии остается в области половых органов. Если кого-то в детстве постоянно хватали за руку, то в старшем возрасте этот человек попытается защититься, если схватить снова его. Мне встречались люди, у которых даже появлялась странная сыпь на том месте на теле, по которому их регулярно били или хватались за него в детстве. Как только эта травма была возбуждена физическим ударом, она может вызвать старые болезненные воспоминания на поверхности кожи. Часто человек становится способным утрировать подавленные стресс, гнев и страх.

Люди, которые причиняют физическую боль другим, как правило, испытывают трудности с тем, как выразить свои мысли словами. Возможно они в детсве были лишены возможности высказывать свои чувства и желания. Не обязательно, что такие люди появляются в семьях, где открыто присутствовало насилие. Просто они нуждались в том, чтобы быть их услышали, заметили и признали.

У обидчиков обычно есть отчаянная потребность контролировать людей, а особенно тех, кто близок. Во большинстве случаев у них не хватает вербальных инструментов, чтобы выразить слова и эмоции.

Обидчик обычно не осознает, что люди в результате его действий и поведения получают травмы. Он испытывает трудности с принятием идеи, что у других людей тоже есть слабости. Обидчик никогда не дает другим права на ошибку, что, как правило, становится причиной насильственного поведения. Такие люди также демонстрируют отсутствие контроля над собой, от которого они страдали в детстве. Чаще всего обидчик чувствует, будто им должен весь мир, и у него есть все права на то, чтобы остаться безнаказанным за свое поведение.

В то же время обидчик может быть и из хорошей семьи, и необязательно, что он страдал от насилия в детстве.

Человек, подвергающийся насилию, как правило, переживает злоупотребления молча, потому что чувствует себя слишком пристыженным, чтобы просить о помощи и рассказать о насильнике. Другой причиной молчания жертвы является шантаж со стороны обидчика. Насильник угрожает, что порвет отношения, если его жертва придаст гласности факт насилия. Обидчик не придает значения нуждам своей жертвы, отрицает их. Он выставляет жертву в таком свете, будто она не стоит того, чтобы к ней прислушивались и верили ей.

Насильник, чтобы контролировать свою жертву, будет держать ее в страхе, используя при этом физическую силу и жестокое обращение.

Мне удалось заметить, что люди, которые вновь приобретают свою силу, начинают подвергаться насилию еще сильнее. Насильник пытается запугать и вернуть свою жертву в состояние слабости. Чем слабее жертва, тем больше возможностей у обидчика проявить свою власть.

Физическое насилие включает в себя, но не ограничивается следующим:
- жертву ударяют или толкают без причины при разногласии;
- физически или умышленно жертве не позволяют покинуть комнату или ее место нахождения;
- в жертву бросают предметы;
- жертву запирают в комнате, машине или другом замкнутом пространстве, из которого жертва не в состоянии выбраться самостоятельно;

- жертву умышленно оставляют в опасных местах; и
- жертве отказывают в помощи, когда она ранена.

Для меня физическое насилие в детстве стало чем-то обычным. Мне никогда не приходило в голову, насколько серьезной была данная проблема, пока я не выросла и не начала глубже изучать этот вопрос.

Человек, страдающий от руки насильника, как правило, излишне корректирует свои личные границы и в определенный момент сам становится обидчиком.

Сексуальное насилие

Сексуальное насилие появляется в тот момент, когда ваше физическое и личное пространство физически нарушается и умышленно не уважаются другим человеком.

Сексуальное насилие включает в себя, но не ограничивается следующим:

- иметь сношения с ребенком или взрослым против их воли;
- проникновение или использование пальца или языка в неподобающих местах;
- заниматься сексом на глазах у ребенка;
- демонстрировать порнографические материалы детям и взрослым (против их воли);
- заниматься оральным сексом с ребенком или взрослым (против его воли);
- когда ребенка или взрослого (против его воли) заставляют трогать гениталии другого человека;
- мастурбировать на глазах ребенка или взрослого (против его воли);
- использовать ребенка или взрослого (против его воли) для создания порнографических фильмов и материалов;
- проводить непрофессиональные «врачебные» осмотры без особого на то основания;

- чувствовать себя обязанным заниматься сексом с партнером, потому что он пригрозил, что уйдет или начнет изменять, если вы не удовлетворите его потребности; и
- заниматься сексом с партнером, чтобы избежать столкновений и ссор.

Любое сексуальное действие над ребенком относится к криминальным преступлениям и является сексуальным насилием. Оно также может быть определено как сексуальные действия, производимые над кем-либо с применением физической силы или с применением угроз. Это включает в себя прикосновения к груди, домогательства и изнасилование.

Наиболее часто встречающимся видом сексуального насилия является домогательство. Это, как правило, случается с детьми, чаще с детьми-инвалидами. Под прицел также попадают пациенты из домов престарелых. Таким образом, жертвами сексуального насилия становятся те, кто эмоционально и физически слаб, а также те, кто вряд ли заговорит об этом вслух.

Сексуальное насилие часто появляется в дружеских отношениях, в общинах и семейных кругах. Насильниками могут выступать родители, дядя, тетя, бабушка, дедушка, воспитатели детского сада, учителя, спортивный тренер, священник, друзья, брат, сестра и так далее. Это может произойти путем заманивания жертвы в игру или спровоцировано физической силой и угрозами.

Дети не всегда понимают, что подвергаются сексуальному насилию, так как выполняют указания авторитетных для них людей, не задавая вопросов. Дети не ассоциируют сексуальные действия с преступлением. Лишь со временем, когда ребенок больше узнает о сексе и домогательствах, он начинает складывать все кусочки событий вместе и осознает произошедшее в прошлом.

Чем больше физической силы применялось во время сексуального насилия, тем сильнее будет травмирован ребенок, когда начнет взрослеть.

Большинство людей, которые пострадали от сексуального насилия в детстве (как с применением силы, так и в виде игры) или пострадавшие уже во взрослом возрасте, как правило, блокируют этот инцидент в сознании, чтобы ощущать себя в безопасности и выживать психологически и эмоционально.

Когда вы отрицаете реальность своего прошлого, проблема становится только хуже. Чем сильнее вы подавляете свое прошлое, тем заметнее оно будет проявляться в настоящем и сказываться на ваших отношениях. Я не могу передать словами, насколько важно поговорить о таких вещах с кем-нибудь. Вы также никогда не должны заставлять себя мириться с сексуальным насилием. Разговор об этом уже является переосмыслением происходящего, хотя это еще и не решение проблемы.

Одной из самых тяжелых проблем, с которыми приходится иметь дело, это - способность осознать, какие чувства в вас вызывает насилие. Из-за вашего смятения в том, что произошло в вашей жизни и как вы это допустили, отчасти проистекают такие чувства, как ощущения собственной нечистоты, отвращение к себе и стыд.

Обидчик будет постоянно пытаться пристыдить вас и обвинить в том, что вы сами провоцируете его. Он будет все произошедшее ставить вам в вину, чтобы вы никому не рассказали о насилии.

Когда к человеку, пострадавшему от сексуального насилия, начинают приходить смутные воспоминания, он может подвергнуться таким психическим и физиологическим побочным эффектам, как шок, дрожь, тошнота, головные боли, боли в различных частях тела, гнев, раздражительность, депрессия, социальная изоляция, отсутствие концентрации, чувство стыда, чувство вины, переедание, приступы тревоги, учащенное сердцебиение, нарушение сна и многое другое.

Следы сексуального насилия могут оставаться в области гениталий, груди и в других пострадавших от насилия местах. Если человек подвергался сексуальному насилию, то у него в будущем, как правило, возникают проблемы со вступлением в интимные отношения с возлюбленным. Стимуляция гениталий пробуждает чувство стыда и вины, с которыми ассоциируются эти части тела. Это также вызывает отвращение к себе и ощущение, что вторгаются в ваше личное пространство. Если не разобраться с симптомами, когда они только проявились, последствия сексуального насилия могут оказать влияние на всю оставшуюся жизнь.

Педофилы

Люди, страдающие педофилией, проявляют нездоровый интерес к детям и стремятся принять с ними участие в половых актах. Сексуальные акты могут варьироваться от мастурбации на глазах у ребенка и его манипуляциями, чтобы заставить его заняться оральным сексом, до прямой стимуляции, ласки или раздевания ребенка для полного сексуального проникновения.

Педофилами могут оказаться знакомые мужчина, женщина, бизнесмен, водитель автобуса, садовник, учитель, друг семьи, член семьи, брат и сестра, молодые и старые тренеры и даже директор школы. Педофилы могут быть как женатыми людьми, так и холостыми.

Как правило, педофилы бесплатно предлагают свою помощь и поддержку детским спортивным организациям, скаутским отрядам, детским садам или нанимаются домашними нянями. Педофилы предпочитают детей с одинокими родителями, которым нужна поддержка с ребенком.

Они выискивают знакомых детей, так как с ними легче взаимодействовать и добиться их доверия. С ними также проще остаться наедине, чтобы совершать сексуальные действия.

Когда над ребенком совершает сексуальное насилие член семьи, меньше шансов, что малыш расскажет об этом. Ребенок доверяет взрослому и думает, что все происходящее является нормой и принятой частью жизни. Дети всегда стараются порадовать родителей/авторитетных для них людей, и поэтому будут мириться с происходящим, чтобы сохранить мир и гармонию в доме.

Дети осознают, что случившееся с ними было неправильным только тогда, когда вырастут. Они почувствуют себя виноватыми, испытают отвращение к себе, стыд и унижение.

Дети, подвергшиеся сексуальному насилию от людей со стороны, а не из членов семьи, чаще рассказывают об этом вслух. Те, кто подвергся сексуальным издевательствам в семье или в кругу друзей, как правило, хранят этот секрет, а то домашняя обстановка станет деструктивной. Ребенок хочет только радовать родителей, не создавать трений в кругу семьи и сохранить мир.

Педофилы отдают себе отчет в совершаемом, поэтому их намерения относительно ребенка, обычно заранее спланированы. Тем не менее, когда педофила застают врасплох, он пытается во всем обвинить ребенка, говоря, что тот его спровоцировал на секс. Другим оправданием обычно становится версия, что он учил ребенка правде жизни. В некоторых случаях доходит даже до того, что педофил заявляет, что демонстрировал ребенку любовь.

Сексуальные действия педофилов могут совершаться в доме ребенка, в школе, в спортивной секции, в переодевалке, в церкви, в доме друзей и в детском саду. Педофил, скорее всего, уже завоевал или завоюет доверие родителей, которые позволят ему проводить время наедине с ребенком.

Как показывает опыт, педофилы сами подвергались сексуальному насилию в детстве. Но это необязательный фактор. Некоторые из них выросли в нормальных семьях, однако однажды подверглись оскорблениям и насилию кем-либо вне семейного круга.

Обычно трудно распознать черты, шаблоны поведения и предупреждающие сигналы в поведении педофила. Это особенно актуально для тех случаев, когда вы доверяли или вас с детства приучили доверять определенным авторитетным людям в семье или общине. Тогда человек просто игнорирует предупреждающие знаки.

Ваши отказ и страх увидеть правду иногда настолько сильны, что вы неосознанно избегаете происходящего или уже случившегося.

Некоторые люди считают, что педофилы никогда сексуально не созревают. Другие говорят, что поскольку дети не несут никакой угрозы, у педофила появляется возможность доминировать в сексе. Однако, несмотря на все существующие мнения, ничто не оправдывает поведения педофила.

Глава 9 Жестокие люди: предупреждающие знаки

Если вы читаете данную книгу, то существует большая вероятность, что вы или кто-то из ваших близких состояли в насильственных отношениях. Иногда вам может показаться, что что-то не так, однако точно назвать это «насилием» вы не решаетесь. В этой главе я собираюсь описать тонкие признаки насилия и определить личные границы для здоровых отношений.

Легко не замечать черты насилия и шаблоны насильственного поведения, особенно если вы росли с этим и привыкли к ним. Когда вы осознаете, что что-то не так в том, как к вам относятся, может быть уже слишком поздно, ведь вас уже подвергли насилию.

Насилие становится нормой

Люди, злоупотребляющие другими, добиваются своего с помощью своего превосходства и запугивания жертвы.

Они знают, чего ищут в человеке. Их мишенью становятся люди с заниженной самооценкой, так как перейти через их личные границы проще, а ужасающее поведение обидчика при этом легче сходит ему с рук.

Людей с заниженной самооценкой легко убедить, что никто никогда не полюбит их так, как обидчик. Тогда жертва начинает эмоционально зависеть от своего насильника, потому что ей кажется, что он есть и будет единственным источником любви для нее. Обидчик обычно настаивает на том, что его/ее избранник – ничто без него. Жертва манипуляции еще не успевает понять, что произошло, а насильник уже становится важной фигурой в ее жизни. Он убеждает свою жертву подчиняться ему без всяких вопросов. Неисполнение просьб или приказов манипулятора обычно провоцирует словесные и физические столкновения, а в экстремальных ситуациях может привести к смерти одного из партнеров.

Обидчик необязательно должен прибегать к жестокости, чтобы совершать насилие над другими. Он может манипулировать на уровне эмоций. Манипулятор контролирует вашу свободу и ограничивает доступ к деньгам, на которые у вас есть полное право. В роли обидчика может выступать даже родитель, который не удовлетворяет основных потребностей ребенка.

Иногда студенты в нашем центре обсуждают случившееся с ними, и становится очевидно, что они даже не замечали насилия надо собой. Они не могли распознать его, потому что подобные шаблоны поведения являются нормой в семье.

Я также не замечала насилия, которое было в моей жизни. Я росла в окружении враждебности и жестокости. Поэтому мне не казалось чем-то странным, что с мной злоупотребляют – все это было родным и знакомым для меня.

Если насилие стало фундаментальной частью вашей жизни, то вообразить жизнь без него очень трудно. Возникает ощущение, что насилие – это часть тебя. Люди, подвергшиеся жестокому обращению, становятся безразличными к суровой реальности вокруг. Им кажется, что поскольку присутствие насилия было нормальным в прошлом, то это нормально и теперь. С раннего возраста мы приучаемся сидеть смирно, бороться с разногласиями, ждать и наблюдать, как устраивается наша жизнь. В то время у нас нет других вариантов.

Если, прочитав данную главу, вы увидите знакомые признаки насилия, то задайтесь вопросом, являетесь ли вы свидетелем или даже жертвой насилия. Постарайтесь отойти в сторону от того, что стало для вас нормой по жизни. Насильственное поведение неприемлемо ни при каких условиях, даже если люди всегда жестоко обращались с вами.

Обидчик во всем винит жертву

Обидчик всегда сваливает вину на всех вокруг. Он никогда ни в чем не виноват.

Чем сильнее вы поддаетесь насильнику, тем увереннее он становится в том, что его поведение приемлемо; тогда еще более ужасные поступки сходят ему с рук. Насильнику не хватает терпения на то, чтобы поговорить с собой спокойно наедине, и нет никакого смысла подталкивать его к этому. Когда он вступает в спор с намерением ввести в заблуждение другого человека, он перескакивает в разговоре с одного на другое и в результате одерживает победу. Обидчик воспользуется ссорой как одним из десятков оправданий своего поведения. Например: «Я разозлился (-лась)», «Ты этого хотел(а), так что это твоя вина».

После того, как спор закончится, обидчик станет винить вас. Он скажет, что вел себя так по вашей вине, что вы спровоцировали его.

Обидчик никогда не берет ответственности за свои действия. Неважно, как твердо вы стоите на своем, он все равно будет все отрицать и винить вас в своем поведении. Если вы принимаете эту позицию (что во всем только ваша вина), то крепче застреваете в цикле насилия и прочнее попадете под контроль обидчика.

Если ваш избранник является насильником, то необходимо разобраться в том, почему он вас привлек. Сильны ли ваши личные границы? Страдаете ли вы от заниженной самооценки? Являетесь ли вы неуверенным в себе человеком? Нравятся ли вам стереотипы плохих мальчиков или плохих девочек? Испытываете ли вы трудности с принятием себя? Нужны ли вам люди, чтобы определиться, что вы из себя представляете? Все перечисленные проблемы могут привести к тому, что человек смирится с жестоким обращением обидчика, так как он боится быть отвергнутым и остаться одиноким.

Мишенью становятся уязвимые люди

Обидчики ищут неуверенных в себе партнеров с заниженной самооценкой и слабыми личными границами. Они предпочитают слабых людей, так как ими проще манипулировать. Обидчики страдают острой потребностью контролировать среду вокруг и людей, которые находятся рядом с ними. Достаточно одного ощущения, что они теряют контроль над жертвой или окружающей средой, чтобы спровоцировать жестокое обращение. Насильник знает, что когда он теряет самообладание, ему подчиняются и слушаются.

Тот, кто подвергается жестокому обращению, никогда не сделает ничего в ответ, насильник это знает. Вам будет казаться, что у вас нет права сказать «нет» или даже иметь личные границы. Вы имеете право владеть такими личными границами, которые для вас установит обидчик. Если же вы переступаете через установленные им личные границы, то непременно происходит конфликт.

Всегда проще манипулировать уязвимыми людьми, особенно если у них слабые личные границы. Контролировать же человека, который уверен в себе и обладает прочными личными границами, гораздо труднее.

Обидчик может потерять самообладание в любом месте в любое время

Необязательно, что обидчик проявляет черты своего поведения только дома, за закрытыми дверями. Он может утратить самообладание где угодно. Он может накричать на вас посреди улицы, на глазах у прохожих. Это, как правило, делается для того, чтобы дать вам знать: вы всегда и везде подчиняетесь обидчику, он всегда и везде может злоупотреблять вами.

Насилие под маской «любви»

Обидчик может очень изощренно унизить вас и заставить чувствовать себя чем-то незначительным и ничего не стоящим. При этом же он будет говорить, как сильно любит вас.

Он будет заваливать вас подарками, делать приятные вещи, чтобы убедить, что вы занимаете важное место в его сердце. Обидчик будет искажать истину, оставляя вас с чувством, будто вы необоснованно обвинили его и совсем его не понимаете. Все это является замаскированным планом, чтобы убедиться, что вы сохраните отношения.

Даже ласковые имена, которыми он вас называет, могут нести в себе уничижительное значение, о котором вы и не догадываетесь.

Манипуляции обидчика заставят вас усомниться в здравости собственной точки зрения. Когда вы станете подчиняться обидчику, он будет поощрять вас своим вниманием, к которому вы так стремитесь. За такую любовь всегда приходится платить. Настоящая любовь не имеет условий, она не наполнена страхом. Обидчик будет притворяться, что готов любить вас вечно.

Они утверждают, что их не понимают

Обидчики, как правило, утверждают, что их никто не понимает. Это - прекрасная тактика: «Пожалуйста, пожалейте меня!» Если вы слышите от кого-то подобное заявление после того, как он странно и подозрительно себя повел, то будьте на стороже. Почему он в первую очередь говорит об этом?

Обычно это делается для того, чтобы вы не придавали большого значения странному или неподобающему поведению, которое обидчик продемонстрировал. В этой ситуации вы проигнорируете предупреждающие об опасности сигналы, потому что в глубине вашего сознания уже поселилась мысль: «Его просто не понимают. Ничего страшного, я не буду обращать внимание на его агрессивное и странное поведение». Такие происшествия и ссоры заставляют вас чувствовать себя растерянным и неуверенным в том, как именно вы относитесь к человеку. Вам кажется, что это вас нужно винить, а не его, и исправлять что-то нужно в вас. Вы ощущаете себя обязанным сохранить отношения, так как обидчик убедил вас, что именно вы их разрушаете. Если вы застряли в подобной дилемме, очевидно, что обидчик успешно занял доминирующую роль в отношениях. Теперь вы стали объектом его жестокого обращения.

Выявляем насилие – контрольный список

Давайте посмотрим, есть ли подобные вещи в вашей жизни. Это также научит вас быть более внимательным к себе и распознавать свои чувства.

Присутствует ли в вашей жизни что-либо из нижеперечисленного?

- Становитесь ли вы другим человеком наедине с партнером?
- Считаете ли вы себя виноватым за те наказания, которым вас подвергают?
- Чувствуете ли вы себя изолированным человеком? Относитесь ли вы с недоверием к людям, которым нет причины не доверять (например, к врачам, психологам, общественным работникам, новым знакомым, учителям и полицейским)?
- Зависите ли вы от кого-либо эмоционально и материально? Злоупотребляют ли они этой зависимостью?
- Вы обладаете собственным мнением или следуете чьему-то мнению?
- Стыдитесь ли вы себя и своей жизни?
- Чувствуете ли вы, что обязаны защищать того, кто причиняет вам вред?
- Испытываете ли вы нежелание просить о помощи, даже если знаете, то больше не можете жить так, как прежде?
- Кажется ли вам, что злость – это хорошее средство защиты?
- Чувствуете ли вы себя бессильным в своей будничной жизни?
- Испытываете ли вы постоянную обиду на своего

партнера?

- Кажется ли вам такой добрый жест, как объятие со стороны близких, неуважительным?
- Испытываете ли вы в своих отношениях/дружбе чувство страха и опасности, депрессию, тревогу и неудовлетворение?
- Боитесь ли вы заговорить о чем-либо с партнером, зная, что это может разозлить его?
- Бывает ли, что ваш партнер/друг сознательно унижает вас на глазах у других для развлечения?
- Прячете ли вы синяки и другие следы физического насилия?
- Не ищите ли вы оправданий для своего партнера/друга, пытаясь защитить его (ее), даже если он (она) не прав(а)?

Сколько утвердительных ответов оказалось в вашем списке вопросов? Я привожу этот опросник для того, чтобы дать вам представление о возможных неосознанных шаблонах поведения, которые у вас есть. Важно изучать и понимать собственное поведение и реакции на то, что вам кажется правильным, а что нет. Важно научиться различать здоровые ситуации от нездоровых.

Чем лучше вы знаете себя и свои потребности, тем больше возможностей распознать отношения, которые развиваются по неверному пути.

Предупреждающие знаки

Давайте рассмотрим некоторые знаки, сигнализирующие о наличии обидчика.

- Проявляет ли он нездоровые признаки ревности?
- Пытается ли он удержать вас от общения с друзьями или манипулировать вашим расписанием так, чтобы у вас не оставалось времени на друзей?
- Когда вы вместе с ним, чувствуете ли вы, что ваша свобода ограничена?

- Когда партнер не может контролировать свои эмоции, срывается ли он на вас, обвиняет ли в чем-либо?
- Страдает ли он от заниженного чувства собственного достоинства и нехватки чувства ответственности?
- Страдает ли он резкими перепадами настроения?
- Проявляет ли он жестокость по отношению к родителям? (Если он может злоупотреблять чувствами родителей, значит, что и вы будете подвергаться подобному обращению).
- Страдали ли его родители от злоупотребления наркотиками или алкоголем (это может провоцировать агрессию)?
- Он постоянно звонит вам, пишет сообщения, электронные письма и тому подобное, чтобы проверить вас?
- Демонстрирует ли он невероятную ревность, когда вы разговариваете или проводите время с другими людьми? (Например, выдает целую тираду или негативно отзывается о тех, с кем вы общаетесь?)
- Обзывает ли он вас оскорбительными именами в присутствии других или в частном порядке?
- Всегда ли вы находите оправдание его поведению?
- Делает ли он такие драматические заявления, как: «Я убью себя, если ты уйдешь. Я не могу жить без тебя. Мне нужно видеть тебя каждую минуту!»?
- Боитесь ли вы заговорить о чем-либо с партнером, зная, что это может разозлить его?
- Бывает ли, что ваш партнер/друг сознательно унижает людей и плохо о них говорит?

Распознавание насилия

Однажды наступает момент, когда вы замечаете, что что-то не так в вашей жизни. Это что-то кажется чуждым и неправильным. Вы начинаете смотреть вокруг: на ваше окружение и отношения с другими.

Иногда мы сравниваем свою жизнь с другими, и нас словно осеняет. Мы задаемся вопросами: «Почему? Почему моя жизнь так отличается? Почему не все подвергаются словесному и физическому насилию?» Мы смотрим на жизни других людей и понимаем, насколько мы сами не счастливы. Что-то не так. Снова напрашивается вопрос: «Почему моя жизнь так отличается?»

Однажды меня спросили: «Если вы так несчастны с кем-то, почему не уходите?» Меня ошарашило этим вопросом. Я была слишком напугана. Я провела большую часть своей жизни, отдавая свои силу и власть другим. Я осознала, что предавала все свои мечты и жизненные цели только для того, чтобы сохранить мир в жизни и отношениях. В тот момент с моих глаз начала спадать пелена.

Осознание того, что я жила в семье и находилась в отношениях, где правило насилие, стало моим первым шагом на пути к исцелению. Мы не можем исправить ситуацию, если не видим ее изъянов и слабых мест.

Глава 10 Отсутствие совести

Что такое совесть?

Иметь совесть значит быть способным испытывать сострадание и угрызения совести за свои действия. Человек без совести не умеет сочувствовать другим и становится равнодушным. Бессовестный человек не станет заботиться о вас, о ваших потребностях, безопасности и благополучии.

В прошлом людей с отсутствием совести называли психопатами. Термин, используемый для определения социопата и психопата, в руководстве по диагностике и статистике психических расстройств (DSM-IV-TR) был изменен Американской психиатрической ассоциацией на Антисоциальное расстройство личности (АРЛ - Antisocial Personality Disorder).

Асоциальное расстройство личности описывается как «шаблон поведения, при котором игнорируются и нарушаются права других. Данное поведение проявляется в детстве или раннем подростковом возрасте и продолжается в зрелом возрасте».

Почему люди становятся апатичными?

При спектральном анализе асоциальное расстройство личности (АРЛ) является крайней стадией апатии (или отсутствия сочувствия). Многие люди страдают от апатии, даже не имея диагноза АРЛ. Они становятся апатичными в результате постоянного подавления эмоций и продолжающегося в их адрес насилия. Я также обнаружила, что история семей у апатичных людей, как правило, содержит факты насильственных травм. Родители или другие предки апатичного человека продолжительное время подвергались жестокому обращению, поэтому в определенный момент подавили свои эмоции и способность чувствовать и осознавать реальность вокруг. Чувствовать было очень болезненно, и в результате, они подавили свои эмоции и отказались от них. По сути, в бесчувственности они компенсируют свою боль, полученную от травмы, которую пережили или наблюдали.

Апатичный человек может выйти из этого состояния, разрешив травму. Людям, рожденным апатичными, придется изучить историю семьи и ее проблемы. Им, как правило, требуются специалисты в области психиатрии более высокого уровня.

Жизнь с человеком, страдающим от асоциального расстройства личности (АРЛ)

Хотя у меня нет официального медицинского диагноза, с уверенностью заявляю, что мой отец страдал асоциальным расстройством личности. После описания моего отца психологу, не осталось никаких сомнений, что термин АРЛ подходит ему лучше всего.

Возможно, он родился чувствительным и сострадающим человеком, однако его тяжелое детство и пожизненное злоупотребление алкоголем лишили отца чувствительности. Он никогда не испытывал угрызений совести и был абсолютно апатичен к потребностям и чувствам других людей.

Отец всегда вел себя очень эксцентрично, проявляя безразличие к тому, как его поступки сказываются на других. Даже когда он был трезв, он все равно не испытывал вины или раскаяния перед другими. Особенно заметно это становилось, когда дело касалось мамы и меня. Мы познали всю тяжесть его поведения, которое было большим секретом для людей со стороны. Обычно только близкие знают о слабостях такого человека, все остальные же, как правило, не обращают на это внимания. Важно знать об особенностях АРЛ, так как это помогает узнать шаблоны поведения обидчика, который очаровывает на публике и невероятно пугает и умело манипулирует в домашней обстановке. Симптомы АРЛ в основном проявляются за закрытыми дверями.

Признаки того, что человек страдает недостатком сострадания

Люди, страдающие безразличием, не переживают угрызений совести или стыда. Они игнорируют правила и законы; у них нет собственых представлений о морали. Такие люди, как правило, очень импульсивны. Однако существует и обратная сторона медали, когда такой человек мастерски все планирует и прекрасно манипулирует другими.

Он может вредить людям целенаправленно и нет, но при этом даже не задумается об этом. Он не задается вопросом: «Как мое поведение скажется на чувствах другого? Какой эмоциональный стресс переживет человек из-за моих действий?»

Мысли человека, страдающего безразличием, не касаются ничего иного, кроме его самого, его потребностей в силе и контроле над окружающими. Все, что он делает, направлено на получение личной выгоды; и он сделает все что угодно, лишь бы добиться своего. Даже ложь лучшему другу или супругу(-е) не станет проблемой.

Цель безразличного человека состоит в том, чтобы завоевать внимание других, что даст ему почувствовать себя лучше. Таким образом он проверяет свою значимость. Он верит, что в мире с него все начинается и им заканчивается. Чтобы манипулировать ситуацией, безразличный человек может без колебаний заплакать. Он умело очаровывает и дурачит людей с теплой улыбкой на лице. Обладает способностью дать вам почувствовать себя важным для него человеком. Он является экспертом в наблюдении за людьми, копируя их поведение до мельчайших деталей. Такой человек знает, как разговаривать с тем, кто может что-то предложить ему. Безразличный человек не переживает тех эмоций, которым подвержены обычные люди.

Круг человеческих эмоций чужд людям, страдающим АРЛ. Они, словно роботы, запрограммированы только на удовлетворение собственных потребностей. Такие люди обладают зависимостью от ситуаций, в которых они получают адреналин, не взирая на то, что кто-то может пострадать. Они могут манипуляцией заставить человека делать что-либо ненормальное и непристойное.

Безразличный человек в состоянии совершить преступление и убедить своего коллегу прикрыть его, солгать от своего имени или взять вину на себя. Он с раннего возраста осознал, что обаяние и беспощадность — лучшие инструменты для достижения целей. Индивидуальность безразличного человека строится на том, что нравится людям. Он может подстроиться под определенные характеристики, которые популярны и любимы большинством.

Все, о чем говорит безразличный человек, на самом деле, ничего для него не значит. Слова его словно пустые сосуды. Он научился пользоваться ими, манипулировать содержанием и тоном, чтобы добиваться своего.

Это не означает, что люди, страдающие АРЛ – изгои общества. Все, как раз, наоборот. Согласно Марте Стаут (в книге «The sociopath next door»), большинство самых успешных политиков и бизнесменов являются социопатами (то есть находятся в крайней стадии АРЛ). Это происходит потому, что отсутствие сочувствия дает им свободу делать все необходимое, чтобы добраться до верхов. Данный факт в свою очередь показывает, почему так сложно лечить АРЛ: вторичная черта людей, страдающих этим недугом, - это умение манипулировать собой и своими средствами для достижения желаемого. С точки зрения социопата, любая форма исцеления подразумевает избавление от инструмента, который делает его особенным, отличным от большинства. Не удивительно, что социопаты так плохо поддаются лечению!

Таким образом, становится ясно, что социопатам все сходит с рук, и они об этом знают. Они станут участвовать только в том, что или принесет им определенную выгоду, или подарит всплеск адреналина.

Однажды я оказалась в городской больнице в Южной Африке, куда после автомобильной катастрофы попал мой друг. Когда я проходила сквозь открытые двери, то увидела сотни людей, сидящих в очереди вдоль стен. Каждый был в крови. Все они стали участниками либо в домашнего конфликта, либо драки с преступной группировкой. Когда я говорю, что они были покрыты кровью, то не имею ввиду просто царапины! Я видела зияющие раны и переломанные конечности.

Когда я проходила сквозь толпу, стараясь не наступить в лужи крови, то заметила мальчика, примерно пяти лет, сидевшего рядом с мамой. Они сидели около кабинета, где находился мой друг. Я наклонилась вперед и посмотрела на голову ребенка, покрытую кровью. Было видно, что его череп треснул. Я с ужасом посмотрела на мать и спросила, что случилось. Она спокойно ответила, что у мужа был тяжелый день на работе. Я была в недоумении и снова задала вопрос: «И где он теперь?». В ответ я ожидала услышать, что он в тюрьме. Я надеялась, что она сообщила о нем в полицию за то, что он жестоко обращается с ребенком. Однако мама мальчика ответила, что ее муж спит, потому что он устал. Прежде чем уйти, мне понадобилось несколько секунд, чтобы успокоиться и вернуть себе чувство здравого смысла. Мать казалась очерствевшей внутри и совершенно отключенной от окружающего мира.

Я была озадачена: «Что же этот мужчина должен был сделать с тобой в прошлом, что ты настолько эмоционально подавлена, напугана и слепа к его грубости?» Помню, как сидела там и думала: «Что должно твориться в голове у человека, чтобы совершать такие нечеловеческие поступки?» Все сводилось к тому, что человеку нужна совесть, чтобы осознать, какой вред его поведение может причинить людям. Он должен понимать, что за любое неправедное поведение всегда чревато последствия.

То, что произошло с тем мальчиком, было делом рук того, кто страдает АРЛ или даже является социопатом. Я признаю, что из-за усталости или в трудных ситуациях мы можем совершать глупые поступки и иногда заходить слишком далеко. Однако, судя по реакции матери, было очевидно, что ребенок подвергался насилию не в первый раз. Отец, очевидно, не заботился ни о ком другом, кроме себя. Он применял физическое насилие против собственного сына и избивал его почти до смерти. Еще один удар по голове, и этого мальчика уже не было бы в живых.

Отец совершал неприемлемые поступки и наказывал ребенка, не задумываясь, какой физический и психический вред это может нанести ребенку.

Гнев и раздражительность – это дополнительные черты того типа людей, которые никогда не испытывают угрызений совести. Если они не могут контролировать ситуацию вокруг, то сильная раздражительность может быстро перерасти в насилие. Таких людей не сложно вывести из себя, потому что они, как правило, находятся в состоянии постоянной злости.

В тот же вечер два крупных полицейских привезли в больницу парня в инвалидом кресле. Он находился в полусознательном состоянии. На нем было одно нижнее белье, и только маленькая струйка крови текла из раны на шее. Девушка парня стояла в приемной рядом с другим полицейским. Это был случай домашнего насилия. Она стояла в проходе и, казалось, была немного раздражена, но не расстроена, что ее молодой человек ранен и теряет сознание.

Я услышала, как один полицейский предложил другому записать показания подозреваемого прежде, чем они уйдут. Затем другой полицейский добавил, что в тот момент, когда девушка напала на парня, он спал. Она воткнула в шею своему возлюбленному велосипедную спицу и задела артерию, в результате чего он получил внутреннее кровотечение.

Все постепенно стало вставать на свои места. Девушка находилась в несколько метрах от меня. Я наблюдала за каждым ее движением и реакциями, но какие-либо эмоции отсутствовали. В следующее мгновение инвалидное кресло откатили на другую сторону комнаты, и оно оказалось прямо передо мной. Парень в кресле открыл глаза, взглянул на меня, затем его глаза закатились, а голова откинулась назад. Он умер.

Девушка, наблюдавшая за всем происходящим в комнате, лишь в раздражении закатила глаза и недовольно вздохнула. Она четко понимала, что ее ожидало и какую юридическую ответственность понесет. Не было только одного: раскаяния; не было заметно и намека на грусть. Не было чувства вины, стыда или потери. Ее состояние можно описать как состояние небольшого раздражения: «Как ты посмел умереть? Теперь мне сначала придется идти в суд, а потом в тюрьму, только из-за того, что ты решил сдохнуть». Она думала только о том, сколько неудобств доставит ей эта ситуация. Ее совсем не заботил тот факт, что она только что кого-то лишила жизни; не было не было даже намека на шок. Не было слез. Данная ситуация была обычным неудобством для нее. Полицейские арестовали ее в приемной больницы и посадили в машину. Мой друг спросил впоследствии, как они могли знать, что это ее вина. Как выяснилось, на месте преступления было несколько свидетелей, которые дали схожие показания.

Поведение больных АРЛ может различаться. Я рассказываю вам эти истории, чтобы дать расширенное представление о том, как может варьироваться уровень серьезности ситуаций и обстоятельств. Насилие может быть тяжелым, но скрытым, и привести человека к потере здравого рассудка. Это особенно характерно для случаев, когда в результате насилия была получена травма, которую впоследствии и так и не вылечили.

Люди, страдающие апатией, могут жить и работать где угодно

Апатичные люди легко поднимаются по карьерной лестнице и развиваются в социальных кругах. Они, как правило, занимают почетные положения в бизнес обществе, общинах или дружеских отношениях. Такие люди считают, что надувать других и пользоваться ими — это игра. Они играют во власть с теми, за кого в ответе, и любят давать им всякие рекомендации и советы. Апатичные люди предпочитают окружать себя людьми уязвимыми, потому что это дает им чувство превосходства и власти, а так проще манипулировать.

Некоторые из тех, кто страдает апатией, ведут двойную жизнь, о темной стороне которых семьи и не подозревает. Однако бывает и наоборот: только семьям они показывают свою истинную природу.

Апатичные люди будут злоупотреблять теми, кто на них работает, подкупать их и прогибать под себя при каждом удобном случае. Они могут уволить человека без какой-либо явной на то причины.

Все дело во власти. Попробовав однажды ее на вкус, апатичный человек сделает все, чтобы получить еще больше власти.

Люди с АРЛ, как правило, более сознательны и разумны в своих планах. Они также отыгрываются на неудачах и боли других; таким образом, все это становится частью игры, в которой они мастера.

Помочь человеку, страдающему АРЛ: проще сказать, чем сделать

Попытка помочь обидчику улучшить или изменить свою жизнь, скорее всего, только навредит вам. Люди с АРЛ могут вести «нормальную» жизнь, но она будет словно дымовая завеса, ведь чаще всего они не желают менять свой образ жизни.

Если вы узнаете, что ваш избранник или друг серьезно страдает антисоциальным расстройством личности, не пытайтесь вмешиваться и что-то менять. Есть шанс, что он доволен своим образом жизни. Это словно пытаться изменить пятна на шкуре леопарда. Ваш избранник или друг будет вести себя или так, чтобы удовлетворить вас, или начнет доминировать над вами, заставляя делать для него различные задания и одолжения.

Однако если вы станете помехой или поставите под угрозу планы такого человека, то он попытается лишить вас власти. Например, он может называть себя «дитя Бога» и в это же время обманывать близких и жестоко с ними обращаться.

Чаще всего такие люди не хотят быть уважаемыми, но хотят, чтобы их боялись. Они не ищут любви, они ищут повиновения. Люди с АРЛ не хотят работать в команде, они хотят власти. Они не беспокоятся о других; они считают себя единственным ценным человеком в мире. Если вы станете поддерживать такого человека, он увидит в этом возможность использовать вас в своих целях.

Апатия приводит к плохим решениям

Апатичные люди, когда принимают решение, не задумываются о возможных последствиях своих поступков. Мой отец является прекрасным тому примером.

Мой папа встретил Ивана в пабе. Ивану негде было жить, поэтому папа пригласил его к нам в дом и нанял к себе на работу. Нам сообщили только то, что теперь папа и Иван станут партнерами по бизнесу. Кто был этот мужчина, которому отец дал столько власти и полномочий? Мы, как и сам папа, этого не знали.

Папина идея заключалась в том, что Иван будет жить у нас в доме бесплатно, но будет при этом выполнять все дела по бизнесу. Тогда отец сможет дольше сидеть в пабе и быть богатым, ведь именно к этому образу жизни он постоянно стремился.

Папа не задумывался о том, к каким последствиям могут привести его решения. Откуда Иван взялся? Кто он? Какое у него прошлое? Есть ли у него судимости? Уверена, что вы уже догадались, чем закончилась эта история.

Что произошло? Мы все потеряли! Иван занимался мошенничеством, прикрываясь именем отца. Мы потеряли бизнес, машины, дом, мебель...все. Переживал ли мой папа? Нет.

Волновал ли его тот факт, что мы потеряли все, что имели? Переживал ли он по поводу того, что потратил сбережения на мое университетское образование, чтобы выплатить долги по бизнесу и в баре? Не было ни сожалений, ни угрызений совести, ни вины.

Какова была его реакция на случившееся? Он сидел на пластиковом стуле с пивом в руках и наблюдал, как мы паковали последние оставшиеся вещи после того, как банк все конфисковал. Я спросила его: «Что же я буду делать, когда закончу школу?» Он посмотрел на меня и ответил: «Придумаешь что-нибудь».

Он все просиживал в пабе, а мы с мамой вынужденно терпели его беззаботные выходки.

Ни разу мой отец ничего не сделал и даже не сказал о случившемся. Об извинениях нет и речи! Он нанял дешевого адвоката, чтобы завершить бумажную работу в суде, и заявил о банкротстве.

Все время, пока творился этот хаос, папа сидел в пабе, продолжая очаровывать других посетителей, чтобы они купили ему алкоголь.

Люди с АРЛ, никогда не думают о последствиях своих решений. Они могут словно на бульдозере проламываться через потребности других, их чувства и границы. Данная черта характера может прекрасно помогать в бизнесе, если в приоритете находится бизнес и не что иное. Но она может привести и к ужасному провалу, если в приоритет ставятся лень или сидение в пабе, как это было у моего папы.

Глава 11 Взаимосвязь между насилием и личными границами

Отношения между насилием и личными границами иллюстрируются ситуацией «курицы и яйца». Насилие деструктивно влияет на личные границы. Слабые же границы делают вас более уязвимыми перед насилием. Является ли насилие причиной появления слабых личных границ или ослабленные границы провоцируют появление насилия?

Границы очерчивают ваше личное пространство, начало и конец вашей территории. Физические границы определяют ваше телесное пространство или вашу собственность. Эмоциональные границы определяют ваши чувства, эмоции и то, как вы хотите, чтобы к вам относились.

Впервые дети начинают изучать свои границы, когда строят дом на дереве или под столом. Они познают физический смысл границ. Ребенок решает, кто может зайти в его пространство, а кто нет. Это является прекрасным способом понять значение границ.

Эмоциональные границы позволяют выражать другим, что для вас приемлемо, а что нет. Когда кто-либо переходит ваши эмоциональные границы, вы ощущаете злость, неуважение, кажется, что вами воспользовались, или вы чувствуете бессилие, потому что для нарушителя ваши границы ничего не значили.

Проблема границ играет ключевую роль в случаях насилия. Большинство насилия могло быть предупреждено наличием сильных границ.

Те, у кого почти нет личных границ, и те, кто внутренне «сдается», перестает говорить «нет».

У других практически противоположная реакция. Стараясь защититься, они изменяют свои границы так, что говорят агрессивное «нет» тогда, когда следует ответить «да». Когда люди делают свои границы слишком жесткими, они становятся агрессивными. Жертва, таким образом, может стать обидчиком.

Возможно, вы спросите, почему люди реагируют на насилие настолько по-разному. Я считаю, что все зависит от инстинкта самосохранения. Люди, пережившие насилие, замораживают свои чувства (наиболее распространенная реакция), что приводит к ослаблению личных границ. Те же, кто пережил насилие, борясь с ним, чаще всего корректируют свои границы так, что становятся агрессивными.

Возникновение личных границ в раннем детстве

Причина появления слабых личных границ залегает в прошлом. Родители не дают ребенку достаточно эмоционального пространства и свободы, лишая его тем самым возможности учиться говорить «нет». Если в детстве вам не разрешалось говорить «нет», то, вероятно, вам будет трудно установить свои границы во взрослом возрасте.

Что происходит с ребенком, когда он учиться говорить «нет» родителям? Я помню, что получала подзатыльники, и суровый голос произносил: «Что ты сказала? Не смей говорить мне таких вещей!»

Многие родители думают, что дети – это их собственность. Я считаю, что это не верно. Родители ответственны за своих детей; они их опекуны и учителя. Задача родителей в том, чтобы показать ребенку, что такое здоровые личные границы. Родители также должны давать ребенку возможность не соглашаться с ними, вселяя в него уверенность, что он в праве иногда отказывать. Ребенок должен знать, что говорить «нет» -

безопасно; это не повлечет за собой наказаний и нападок.

Детям нужно учиться принимать решения, зная, что их жизнь вне опасности.

Я знаю, некоторые родители удивляются идее о необходимости поощрять и награждать детей за попытки говорить «нет». Ведь это может быть неудобно родителям. Затем те же родители, которые отказываются мириться с границами ребенка, спрашивают: «Почему мой ребенок (в данном случае уже взрослый) живет в нездоровых отношениях и подвергается насилию со стороны других?» Похоже, что после многих лет наказаний за попытки говорить «нет» родители ожидают от своего ребенка развитой способности отказывать другим.

Установление личных границ начинается дома, с родителей. При этом ребенок должен понимать, когда говорить «нет» уместно. Другими словами, для личных границ тоже необходимы границы. Здесь очень важно соответствие одного другому.

Один из моих пациентов однажды стал жаловаться на свою дочь. Он сказал, что не понимает, почему она встречается с «плохим парнем», который ужасно к ней относится. Я думала, что своим вопросом сразу раскрою ему глаза: «Вы когда-нибудь позволяли своей дочери говорить вам «нет»?» Его ответ был отрицательным. Тогда я просила: «Как вы можете ждать от нее, что она знает свои личные границы и умеет говорить «нет» другому мужчине в ее жизни? Ваша дочь не имела возможности изучить границы в отношениях с мужчинами». Он в замешательстве посмотрел на меня, было видно, что он уловил мысль, которую я пыталась донести.

Установление личных границ

Чтобы установить полноценные личные границы, нужно с уверенностью научиться говорить «нет». Не стоит говорить «нет», если вы не хотите этого или признаете этим свою слабость, что не заслуживает поощрения. Это не личная граница.

Часто люди стыдятся и чувствуют себя виноватыми, если говорят «нет». Это чувство формируется потому, что в детстве вас заставляли ощущать себя плохим и стыдили за попытку сказать «нет». В то же время, когда мы говорим нет, в нас просыпается страх, что семья и друзья отвернуться от нас. Никто не хочет быть отвергнутым, поэтому мы подавляем свои границы, стремясь быть признанными со стороны коллег и авторитетных для нас фигур.

То, как вы демонстрируете свои границы сразу же определяет, кто вы для оппонента. В этот момент устанавливаются критерии, ориентируясь на которые, вы хотите, чтобы с вами обращались. Если вы не устанавливаете границы сами, значит, вы оставляете это право за другим человеком: он будет решать, как ему к вам относиться.

Если вы говорите «нет» со спокойствием и уверенностью, скорее всего, ваши границы будут соблюдаться. Если вы говорите «нет» со страхом и агрессией, то обидчик, возможно, не воспримет вас серьезно, так как почувствует, что в вас живет страх.

Когда ваши границы нарушаются

Вы поймете, что ваши границы нарушаются, когда в результате чьих-то действий или решений, вы почувствуете себя некомфортно, неловко, вам покажется, будто вас обижают и вами пользуются.

Важно различать, что приемлемо для вас в частном и социальном порядке. Если вы чувствительны к тому, что люди вторгаются в ваше пространство, испытываете дискомфорт в большой толпе, это признак наличия слабых личных границ. Чем определеннее ваши границы, тем проще адаптироваться к социальным условиям без переутомления и чувства, что вы в западне.

Обидчики всегда пользуются тем, что у человека слабые границы. Тогда они делают свои проблемы проблемами других. Например, мой отец всегда устраивал ложные драмы, чтобы завоевать симпатию людей. Было время, когда он рассказывал, что его обокрали около банкомата. Он снимал наличные, чтобы отдать маме все долги. Это была хорошая афера, но отец плохо подготовился, потому что у него не было выписки со счета, чтобы все подтвердить.

Он был и есть мастер манипуляции и лжец. Мне пришлось изучать то, как он вел себя с людьми, чтобы добиваться своего. Теперь я могу спокойно сказать ему «нет» и не чувствовать себя виноватой.

Это мое право – и право каждого – быть уважаемым и требовать достойного к себе отношения.

У вас есть право уехать от людей, которые относятся к вам не так, как хотелось бы. Умение говорить «нет» - это первый признак того, что при необходимости вы можете постоять за себя. Не менее важно умение распознать, что кто-то нарушил ваши личные границы.

Будучи взрослым, у вас есть полное право сказать «нет» родителям, если они поступают неразумно или злоупотребляют вами. Люди пребывают в странной иллюзии, что они не могут устанавливать границы со своими родителями, несмотря на возраст. Такое коллективное сознание, как показывает опыт, является очень нездоровым для динамики развития отношений в семье.

Приведу вам пример. В 2008 году я навещала родителей в Южной Африке. Мы с мамой сидели в гостиной и разговаривали о моих недавних приключениях, когда папа вернулся из паба. Он подъехал к дому, припарковал машину и зашел внутрь. Отец сообщил, что сломался распределитель зажигания, и его надо менять. Это был намек, что ему нужны деньги на ремонт. Однако, зная моего отца, было понятно - что-то не так. Я зашла в поисковик Гугл, набрала «сломанный распределитель зажигания в машине». Там говорилось, что при поломке распределителя зажигания вам следует оттолкать машину до ближайшего автосервиса.

Я посмотрела на отца и спросила: «Ты только что приехал на машине, так?»

«Да», - ответил он.

Я снова спросила: «И на машине ты заехал во двор?»

«Да, я только что вернулся от механика, и он сказал, что распределитель зажигания совсем поломался, и мне нужно его заменить».

«Это интересно. У меня есть хорошая новость и плохая», - сказала я. «Хорошая новость заключается в том, что распределитель работает, потому что ты только что заехал во двор на машине. Плохая же новость в том, что твоя афера со мной не пройдет».

У отца был вид пятилетнего ребенка, которого поймали на кухне за поеданием сладостей! Мне было смешно, потому что именно таким был мой папа.

Я много работала над своими личными границами, и теперь мне гораздо легче распознать людей, которые откровенно лгут мне, чтобы воспользоваться моим хорошим расположением и нарушить границы.

Это было мое право сказать «нет», я настояла на своем и прислушалась к интуиции. Вы можете лгать кому угодно, но только до определенного момента.

Могу сказать, что не имея личных границ, я жила без цели, ведь все решения за меня принимали другие. Как можно жить без границ? Как можно добиться успеха или начать успешный бизнес без здоровых границ? Как можно быть счастливым, если не знать, что такое личные границы?

Ваши границы дают другим понять, что приемлемо для вас, а что нет. Это позволяет вам чувствовать себя уважаемым человеком, обладающим внутренней силой и способностью принимать собственные решения.

Определяем разницу между травмой и личными границами

Часто люди неосознанно держаться за свою травму, чтобы чувствовать себя безопаснее. Таким образом травма заменяет границы. Существует несколько причин, по которым люди путают травму и личные границы. В основном это зависит от подхода человека к жизни: пассивного или агрессивного. Пассивный подход состоит в том, что человек уходит в себя (прячется), опасаясь рисков. Этот тип границ характерен для людей, которые предпочитают оставаться дома, потому что на улице опасно. На самом деле они используют свою травму (связанную с насилием, которое отразилось на способности выразить себя и установить личные границы), чтобы почувствовать себя в безопасности.

Агрессивный подход состоит в применении эмоционально подавленного заряда травмы или напряжения от нее (например, гнев, ужас, страх и террор). В результате этого напряжения возникают границы, которые держат людей в стороне.

К примеру, распространено явление, когда женщина, подвергавшаяся насилию со стороны мужчины, становится достаточно агрессивной и жестокой с ним.

Часто встречающимся показателем того, что травма и границы не различаются, является чрезмерное увеличение веса. Из-за отсутствия или слабости реальных границ человек использует травму, чтобы создать для себя щит. Тело набирает вес, чтобы, словно запасное колесо, защитить человека от нежеланной сексуальной привлекательности, интимных прикосновений и отношений. Данный способ установления границ является чрезвычайно нездоровым.

Вместо того, чтобы работать над избавлением от травмы, люди используют ее для сохранения чувства безопасности. Этот путь всегда приводит к отрицательным последствиям.

Учимся говорить «нет»

Если у вас проблемы с личными границами, важно начать работать над ними. Необходимо научиться узнавать, какая ситуация вызывает у вас дискомфорт и возмущение.

Страх быть отвергнутым и брошенным – это еще одна причина, почему мы боимся показывать свои личные границы.

Иногда мы боимся сказать «нет», потому что это может ранить другого человека. Если проблема в этом, то существуют деликатные способы сказать «нет». Можно отказать с предельным сочувствием и любовью, не провоцируя споры и конфликт. Если после вашего «нет» человек отвечает вам с негативном, значит, были задеты его внутренние проблемы. Однако брать на себя его проблемы, мириться с поведением и реакциями на ваши здоровые границы – это не ваша ответственность.

Когда мы устанавливаем границы в неудобных или обидных ситуациях, мы несем ответственность за свое поведение, поступки и реакции.

Обучение тому, как устанавливать личные границы, является частью процесса исцеления от насильственной травмы. Если вы решите записаться на сеанс со специалистом БТЛ, первым делом вы будете работать над травмой, полученной от насилия, а затем над страхами, связанными со способностью говорить «нет». Важно разрешить насильственную травму, чтобы вы могли установить здоровые личные границы и не перенаправлять энергию, полученную от насилия, на границы.

Примеры проблем, возникающих с личными границами

Приведу некоторые примеры слабых личных границ.

- кто-то просит вас об одолжении, и вы чувствуете себя виноватым, отвечая отказом, и потому нехотя соглашаетесь;

- не делитесь с людьми своим истинным мнением, а предпочитаете говорить им то, что они хотят слышать;
- позволяете другим принимать решения за вас, не посоветовавшись;
- в вашей жизни присутствует высокомерный человек, который легко перешагивает через вас, когда ему хочется;
- над вами смеются, когда вы показываете личные границы;
- решаете чужие проблемы;
- разрываетесь между вашими мечтами и желаниями кого-то еще; в результате вы отступаетесь от своих мечтаний, чтобы партнер мог реализовать свои;
- боитесь попросить о поддержке в страхе, что это может создать для вас обязательства или вынудит совершить что-нибудь несправедливое; не способны принимать помощь от других;
- чувствуете себя не стоящим того, чтобы получать поддержку от других;
- вам кажется, что другие манипулируют вашими мыслями и реакциями;
- делаете то, что велят вам другие, не спрашивая вашего мнения.

Личные границы должны быть естественным состоянием. Вы не должны бороться за то, чтобы ваши границы соблюдались. Это приводит к уязвимости и их гиперкоррекции. Если вы боретесь за свои границы, то в вашей жизни возникнут ситуации, которые потребуют еще сильнее бороться за них.

Когда вам необходимо установить границы, напомните себе следующие утверждения:

- я стою того, чтобы иметь личные границы;
- я сильный человек со своими неповторимыми границами;
- я создаю себя и свои границы;
- я выбираю возможность иметь собственное мнение и

личные границы;
- я заслуживаю уважения;
- я уважаю и люблю себя настолько, что могу говорить «нет»;
- я дорожу своим временем настолько, что могу говорить «нет»;
- я в состоянии принимать собственные решения.

Мой опыт познания границ

Большую часть своей жизни, в зависимости от обстоятельств, я страдала либо от недостаточно прочных границ, либо от гиперкоррекции границ, используя травму (и инстинкт самосохранения) в качестве границы. Я делала это на протяжении всей своей жизни, пока не смогла переосмыслить насильственную травму.

Из-за слабых личных границ мне казалось, что прошлое не отпускает меня ни на минуту. Я всегда ощущала отвращение и ненависть к себе, чувствовала себя оскверненной, грязной, униженной и ранимой. Косвенно я выплескивала эти эмоции в свою повседневную жизнь. Модель, которую я сама создала, и делала меня слабой.

Вся моя жизнь строилась вокруг травмы, что создало иллюзию, будто у меня нет никаких прав.

Повзрослев и получив работу в компании, где были преимущественно мужчины, я обнаружила, что моя травма обеспечивает мою безопасность. Я перешла в категорию людей с излишне откорректированными границами, где мой инстинкт самосохранения дарил ощущение спокойствия. Конечно, травма – это не настоящая граница, но в определенных условиях она работает.

В моем офисе на строительном объекте был случай, когда сотрудники начали драться, потому что один из них пытался контролировать территорию другого. Мне пришлось остановить драку, швырнув стул. Их летающие кулаки были очень близко от меня, и я испугалась, что меня могут ранить. Я была так напугана, что схватила дерущихся за воротники и вышвырнула из своего офиса. Из-за этой вспышки ярости они оба потеряли работу.

Мой инстинкт самосохранения также помог мне справляться с жестокими руководителями. Например, у меня был начальник, который всех словесно оскорблял. Однажды я оставила не его столе документ в 500 страниц. На документе была записка с указанием, в каком месте на обложке начальник должен подписаться. Он пришел в свой кабинет, взял документ и отправился в мой офис. Он бросил документ на мой стол и сказал: «И что я, б…ь, по-твоему должен с этим делать?» Затем он развернулся и вышел из офиса. Я взглянула на документ и поняла, что он его так и не подписал. Я схватила документ, вошла в его кабинет и швырнула бумаги на его стол так сильно, как только могла. Далее я указала на записку и сказала: «Читать умеешь? Ты должен, б…ь, подписать его!» Начальник посмотрел на меня в недоумении и покраснел от стыда. Он подписал бумаги и с этого дня начал уважать меня. Он оскорблял в офисе всех, кроме меня. Тогда напрашивается вопрос: «Смогла бы я привлечь в свою жизнь начальника, который так любил всех оскорблять, если бы я никогда не подвергалась словесным оскорблениям и насилию в детстве?» Ответ может показаться непростым, но в данном случае я постараюсь попроще все объяснить. Я уверена, что могла бы привлекать в свою жизнь спокойных и уравновешенных людей, если бы сама была спокойна и уравновешенна внутри. Таким образом, мы, как правило, привлекаем в свою жизнь таких людей, в которых отражается наше внутреннее состояние.

Учитывая, насколько крепко насилие стало частью моей жизни, я не боялась постоять за себя в трудных ситуациях. Я была безразлична к нему и знала, как реагировать и отвечать.

Чтобы продемонстрировать, насколько безразличной сделала меня травма, скажу, что однажды я физически усмирила работника, который был намного крупнее меня и примерно в два раза старше.

Он вошел в мой офис, сел и закинул ноги в грязных пыльных сапогах на мой стол. Затем он посмотрел на меня и спросил: «Ну, когда мы куда-нибудь пойдем?» Я многое видела и пережила в жизни, но это было чересчур. Я сказала ему убираться из моего офиса. Он разозлился и заявил, что уйдет тогда, когда посчитает нужным. При этих словах, казалось, что вена лопнула у меня в голове. Я поднялась со стула, схватила его за ухо и в буквальном смысле выкинула из кабинета.

Мое поведение может показаться агрессивным, но только так я выжила, работая на строительном объекте, учитывая то, что там было всего десять женщин против 2000 мужчин. Когда я чувствовала себя небезопасно, моя природа защищала меня. Я полагалась на свой инстинкт самосохранения и, следовательно, на мою травму, чтобы уберечь себя.

Несомненно, травма защищала меня, но риск был очень большим. Живя в суровой и враждебной стране, постоять за себя – не всегда самый безопасный вариант.

Какая реакция была бы правильной? Та, которая не исходит от страха и травмы. Если вы находитесь в месте, где все предопределенно, то вы знаете, как защититься, и вы знаете разницу между установлением личных границ и гиперкоррекцией границ. Это значит, что вы установили свои границы, любя себя и чувствуя себя достойным их иметь.

Личные границы – это отражение вашей внутренней силы, любой конфликт – это отражение вашей внутренней слабости.

Я не могу выразить, насколько важно работать над своими личными границами, говорить «нет», когда вы чувствуете возмущение от ситуации. Вы загрязняете себя , когда отдаетесь чужим требованиям и нуждам. Вы заметите, что, когда начнете говорить «нет», люди начнут уважать вас.

Важная деталь, которую я открыла для себя, заключается в том, что здоровые границы и внутренняя сила позволяют справляться с ссорами гораздо легче. Это признак вашей внутренней мудрости и зрелости. Чем внимательнее вы прислушиваетесь к себе и своим внутренним ощущениям, тем сильнее вы становитесь.

Глава 12 Самосаботаж и скрытые выгоды

Давайте сначала определимся в различиях между самосаботажем и скрытыми выгодами.

Самосаботаж

Самосаботаж возникает тогда, когда вы осознанно или бессознательно подрываете свой собственный прогресс. Это может проявляться в любом аспекте вашей жизни. Например, вы делаете что-то, зная, что это вредно делать: выпиваете, курите или переедаете.

Другой пример: вы неосознанно рушите отношения, которые только начали завязываться, чтобы не допустить возможной близости и не пострадать от них.

Известный пример самосаботажа – это страх перед успехом, или еще он может проявиться в страхе получать то, чего хочется. Некоторые люди, состоящие в отношениях, испытывают страх перед обязательствами, что создает трения и споры. Порой они могут заходить в самосаботаже настолько далеко, что будут неосознанно провоцировать ссоры и конфликты, чтобы партнер уже не мог терпеть напряжения в отношениях. И в итоге, он их разрывает.

Когда такое происходит, человек, испытывающий страх перед обязательствами, будет винить партнера в разрыве отношений. Он никогда не возьмет на себя ответственности за свое поведение и вклад в разрушение отношений.

Приведу еще один пример. Одинокий человек боится брать на себя обязательства и боится пострадать от отношений. Такой человек будет находить проблему в людях, которые ему встречаются. Никто не будет для него достаточно хорош. Он даже может сделать или сказать что-то глупое, чтобы отбить у другого человека желание встречаться. Он будет нервничать на первом свидании или свидании вслепую. Такой человек может саботировать встречу, придумывая новую проблему, из-за которой свидание придется отложить или отменить совсем.

Делать ежегодный возврат налогов – другой показательный пример. Я наблюдала, как люди, которым так не нравится этим заниматься, саботировали свое время только ради того, чтобы найти себе оправдание и ничего не делать.

Самосаботаж также проявляется, когда кто-нибудь выигрывает в лотерею, особенно если у победителя был стабильный заработок. Эти люди обычно теряют все, что выиграли за очень короткий период времени. С точки зрения финансовой состоятельности, они возвращаются туда же, где и были.

Я считаю, что самосаботаж формируется в нашем подсознании. Наше сознание (которое указывает, что мы живем здесь и сейчас) стремится достичь цели, которая хранится в голове. Подсознание (которое в первую очередь страдает от травмы) может иметь другую цель и не взаимодействовать с желаниями и целями сознания.

В то же время самосаботаж – это результат низкой самооценки и отсутствия собственного достоинства, которые появились из-за травмы.

Я узнала, что лучший способ разорвать этот круг – это задать вопрос: «В чем выгода от саботирования …. в моей жизни?». Если вы добьетесь своей цели, случится ли то, чего вы так избегали?

В связи с этим перехожу к вопросу скрытых выгод.

Скрытые выгоды

Скрытые выгоды создают иные препятствия для вашего прогресса. Скрытые выгоды – это неосознанные мотиваторы, которые поощряют нас за то, что мы держимся за проблемы. Широко известным примером скрытых выгод является вторичная цель, признанный психологический термин. Я предпочитаю использовать термин скрытые выгоды, потому что его понятие шире.

Скрытые выгоды не позволяют нам отпускать старые привычки и шаблоны. Так или иначе мы думаем, что эмоциональное или даже физическое блокирование положительно влияет нас.

Вы, конечно, сталкивались с различными проблемами в вашей жизни, но главная из них так и не была решена. Если вы находитесь в этой дилемме, то, вероятнее всего, у вас есть скрытые выгоды, о которых вы и не подозреваете.

Давайте вернемся к проблеме страха перед обязательствами. Неосознанно мы иногда пытаемся разрушить отношения на их ранней стадии, чтобы избежать возможности пораниться. Это не что иное как вид самосаботажа. В результате неосознанного страха, что вам причинят боль, отношения распадаются. Цикл этот продолжается, и все новые отношения также терпят поражение. Скрытой выгодой в данном случае страх пораниться, который дарит нам ощущение безопасности. Безопасность становится главным приоритетом.

Скрытые выгоды, как правило, являются причиной того, почему люди не могут полностью избавиться от своих прошлых и настоящих трудностей. Порой, будучи в роли жертвы, мы получаем больше любви и внимания от людей вокруг. Если вы кажетесь слабым, то не представляете угрозы другим и вас не будут атаковать.

Другая скрытая выгода для жертвы – это знание, что люди всегда придут вам на помощь, и вы чувствуете себя в безопасности, под защитой и заботой других. Так было в моем случае.

Большой скрытой выгодой является стремление избегать ответственности за себя, свои эмоции и поступки. Вместо этого мы виним в наших волнениях насильственное прошлое и не берем на себя ответственность за будущие поступки и реакции.

Когда люди подвергаются насилию, они не обязаны брать на себя ответственность за поступки обидчика. Напротив, это их дело взять на себя ответственность за свои собственные реакции на насилие и то, как они будут жить без него. Вместо того, чтобы мучиться от боли и отчаяния, мы должны сами принять осознанное решение двигаться вперед, а не оставаться жертвой.

Приведу интересный пример. У меня была пациентка с проблемой остроконечной кондиломы. Никакие современные лекарства или альтернативные способы лечения в ее положении не помогали. Я узнала, что пациентка работает в секс индустрии: она была стриптизершей. Она не могла зарабатывать больше, потому что, стесняясь своего недуга, не занималась сексом с клиентами. В то же время, из-за ее консервативных представлений о культуре, заложенных в прошлом, она стыдилась быть проституткой. Наличие кондиломы стало вторичной выгодой для нее: бородавки на гениталиях стали объективной причиной не заниматься проституцией, проложив в сознании границу между стриптизом и проституцией.

Однако, это вовсе не было реальной скрытой выгодой. Позднее выяснилось, что главный страх был связан с сексом с парнем. Она боялась проникновений, которых в контексте интимных отношений избежать сложнее, чем в оплачиваемых отношениях с клиентами. Во время сессий мы выяснили, что в детстве она подвергалась насилию со стороны одного из членов семьи. Для тех, кто, будучи ребенком, подвергался насилию, вполне естественно чувствовать себя безопаснее в сексе с незнакомцами, чем вступать в постоянные интимные отношения. К незнакомцу нет чувств, и, значит, быть обиженным, брошенным или отверженным вероятность очень мала.

Я поняла это в тот момент, когда задала вопрос: «Что бы вы сделали, если бы лекарство помогло?» Она посмотрела на меня с огорчением на лице и сказала: «Тогда мне снова пришлось бы заниматься сексом с моим парнем». Я спросила, что в этом было плохого. Она ответила, что интимная близость с ним пугала ее, и этот страх преследовал ее всю жизнь.

Данный пример очень показателен: насилие спровоцировало страх интимной близости и саботировало ее отношения. Она не лечилась от кондиломы, и эта ситуация играла ей на руку, давая скрытую выгоду. Данной выгодой стала возможность избежать столкновения со страхом интимной близости. Этот страх не был причиной заболевания. Вернее, она заразилась вирусом, а страх перед интимной близостью стал скрытой выгодой, которая саботировала весь процесс исцеления.

Скрытая выгода под маской вины

В том, что вы вините людей в своих проблемах, болезнях и эмоциональных состояниях, нет никакой выгоды. Однако это становится скрытой выгодой, если вы таким образом избегаете ответственности за свое исцеление или движение вперед по жизни. Не забывайте о своем собственном путешествии к исцелению.

Только вы в ответе за себя и за то, как совершите свое путешествие после пережитого насилия. Контроль над вашей жизнью и эмоциями в ваших руках. Вы и никто другой можете выбрать, как реагировать на окружающий мир. Я осознала, что мы, возможно, воспринимаем свое прошлое как травмирующий опыт, но это не оправдание, чтобы мириться с этим всю жизнь.

У всех есть скрытые выгоды. Самый трудный шаг - разглядеть эти шаблоны поведения в своей жизни. Нам иногда настолько удобно со скрытыми выгодами, что мы не хотим их видеть.

Скрытая выгода в попытке избежать ответственности

Избегая собственной ответственности, вы можете винить в своих проблемах других. Вы можете обвинять других за выборы, которые вами уже совершены или только будут сделаны. Работая над скрытыми выгодами, в первую очередь их нужно осознать. Порой скрытые выгоды становятся частью нас, и кажется, что с ними мы сильнее. Но скрытые выгоды делают нас слабее. Чтобы достойно проходить через все испытания, которые нам подбрасывает жизнь, важно научиться доверять себе и полагаться на себя, а не на скрытые выгоды.

Принятие ответственности за себя и свой выбор, который вы совершаете в настоящем, может стать одним из важнейших шагов на пути к полному исцелению от насильственной травмы. Возможно, будет очень больно видеть, что там скрывается, сделать этот шаг будет трудно. Поэтому лучше попросить кого-нибудь помочь вам разобраться в своих шаблонах. Смотрите на это как на возможность узнать себя получше.

Как распознать скрытую выгоду?

Теперь вам, наверное, интересно, как распознать скрытые выгоды. Я советую взглянуть на свою жизнь и подумать, в чем вы чувствуете себя инертным человеком, словно застрявшим на одном месте. Может быть, вы хотите начать новую карьеру, исцелиться от старых ран? А может, что-то еще?

Спросите себя: «Если я избавлюсь от старой боли, изменится ли в моей жизни то, что я не хочу менять?» Ответ один: «Вы больше не можете винить других и перекладывать на них ответственность за свою боль». Во многих случаях появляется сильный страх неудачи, страх быть брошенным, отвергнутым или успешным. Попытки избегать свой страх – это скрытая выгода.

Там, где скрытая выгода существует как симптом пережитого насилия, необходимо выявить скрытую выгоду до того, как проблема боли и насилия будет разрешена.

Многие пытаются исцелиться от травмы, работая напрямую со скрытыми выгодами. Такой путь практически всегда безуспешен, потому что скрытые выгоды будут саботировать процесс исцеления.

Когда скрытой выгодой является страх, как это было описано в примере выше, вы можете распознать ее, используя действенные трансформационные методы по выявлению страха.

После того, как страх выявлен, глубинная травма и переживания от насилия обычно значительно рассеиваются, тогда исцелиться становится гораздо легче.

Глава 13 Избегание ответственности

Вы не несете ответственности за насилие, которое пережили (это была не ваша вина). Вы ответственны за то, что вы чувствуете, как проживаете каждый день своей жизни. Обидчик может только обидеть вас, но он не может изменить вас. Это — ваша обязанность.

Когда я начала свое путешествие к исцелению, я была настолько сконцентрирована на злости внутри меня, что не смогла принять ответственности за жизнь, которую создала. Вместо этого я злилась на обстоятельства, которые затрагивали и влияли на мои чувства и качество жизни. Одной из причин этому было то, что я не понимала до конца значение принятия ответственности в данном контексте.

Принятие личной ответственности за свои чувства значит, что вы берете под контроль свои эмоции и перестаете наказывать окружающих за то, как вы себя чувствуете после пережитого насилия. Я была вынуждена взять ответственность за свое будущее и то, как я собиралась двинуться дальше от своей травмы из состояния «поврежденной» личности.

Для людей, переживших насилие, крайне важно вернуть контроль и принять ответственность за свою жизнь. Это в ни в коем случае не прощает обидчика и не оправдывает его поведение. Когда вы берете на себя личную ответственность, то делаете это для себя, и ни для кого другого.

В тот момент, когда насилие остановлено, человек, который ему подвергался, должен предпринять решительные меры и шаги. От этого зависит, позволит ли он насилию отразиться на своем будущем и предопределить его.

Попытки привлечь обидчика к ответственности не помогут вам исцелиться. (Это стоит делать по другим причинам. Например, чтобы защитить невинных, но не допускайте, чтобы ваше собственное исцеление зависело от этого). Обвинения обидчика не помогут изменить результатов насилия и то, как это сказалось на вас. Даже несмотря на то, что насилие случилось не по вашей вине, вам все еще придется снова встать на ноги и вернуть контроль над своей жизнью. Чем дольше вы тянете с этим, тем сильнее насилие может и, возможно, будет контролировать ваше будущее.

Я настаиваю, что ни под каким предлогом вы не должны брать на себя ответственность за совершенное над вами насилие. Ключевая задача – это взять ответственность за свое будущее, чувство собственной силы и то, как вы собираетесь двинуться вперед, дальше от прошлого. Это может означать начало новой жизни, исцеление от последствий насилия, новое обретение себя, работу над улучшением качества жизни и стремление к успеху.

Принятие личной ответственности является одной из основ исцеления. Когда вы берете ответственность за свою жизнь вместо того, чтобы быть жертвой, вам открываются новые возможности. Вы вновь обретаете свою силу и избавляетесь от собственных блоков.

Важным аспектом в принятии ответственности и отказе от роли жертвы является факт, что вы сами не превратились в обидчика. Это может произойти незаметным (ненасильственным) образом в тот момент, когда вы корректируете свои границы и начинаете показывать их другим.

Роль терапевта и принятие ответственности

Специалисты, доктора или психологи не могут, как по волшебству, вылечить своих пациентов. Терапевт может содействовать и поддерживать пациента, используя стратегии и техники исцеления.

Тем не менее, пациент – единственный, кто может на самом деле совершить перемены в своей жизни. Неудача в попытке принять ответственность возникает тогда, когда пациент начинает ожидать, что терапевт будет нести бремя исцеления на себе. Некоторые пациенты думают, что у меня есть волшебная палочка, по мановению которой все проблемы исчезнут.

Поскольку я лично прошла через насилие и понимаю, как болезненна травма после него, я не отказалась бы иметь волшебную палочку и решать проблемы людей. Однако я лишь посредник в процессе исцеления.

Мне в свое время также пришлось принять ответственность на пути к исцелению и не вешать ее на других. Мне нужно было совершить определенные поступки и обратить свое прошлое в возможность исцелиться и вырасти из него. Было трудно изменить свою точку зрения и превратиться из беспомощной жертвы в человека, который снова взял под контроль свою жизнь.

Некоторые целители нового поколения культивируют мировоззрение гуру, ожидая, что их последователи, посетители и пациенты будут беспрекословно следовать их советам. Они думают, что клиенты будут возвращаться к ним еще долгое время.

Однако это не помогает в обучении человека принимать личную ответственность. Такая модель терапии хороша для эго и кошелька гуру, но она вряд ли когда-нибудь будет на пользу пациенту.

Примером принятия ответственности является ситуация, когда пациент видится с терапевтом, выслушивает его совет, возможно, проводит собственные независимые исследования и вносит изменения в свою жизнь. В то же время существует иной тип пациентов, которые ищут совета, получают исцеление и в итоге чувствуют себя лучше, однако они не предпринимают действий к изменению своей повседневной жизни или плохих привычек. Вместо этого они расслабляются и ждут, что изменения, как волшебству, случатся сами собой.

Пациенты и студенты часто не могут принять на себя ответственность, если они:
- ждут, что терапевт может быстро решить их проблемы, а им никакой работы делать не придется;
- предпочитают винить в своих проблемах и чувствах других;
- больше предпочитают находить оправдания и винить в своих проблемах других, чем устранять проблему; и
- верят, что их эмоции и чувства – это чья-то вина.

Например, кто-то делает то, что вас очень злит, но это ваша злость. Вы можете не согласиться с тем, что сделал другой человек, но вы не можете винить его в вашей злости. Злость – это ваша реакция.

Злиться нормально, если кто-то причинил вам боль или расстроил. Не следует подавлять это чувство или думать, что злиться не правильно. Переживать злость и устанавливать личные границы – это то, что должно быть. Тем не менее, я не задерживаюсь на этом и не даю злости настолько большой власти, при которой можно потерять контроль над своим поведением.

Вы ответственны за свою злость. Вы в ответе за то, как себя ведете и что делаете, когда злитесь. Это же относится и к обидчику, который может разозлиться, потому что кто-то сделал что-то не так. То, как он выражает свою злость, должно быть под его контролем. Неспособность принять личную ответственность может причинить много боли невинным людям.

Важно, чтобы психолог привел своих пациентов к пониманию ответственности и осознанию того, что ответственность и обвинение – это не одно и то же. Если пациент не может принять ответственности за свое путешествие к исцелению, проблема обычно в скрытой выгоде. Например, выгодой от непринятия ответственности за терапию может быть страх неудачной терапии. При ее провале кажется, что вина будет не вашей; вам не нужно противостоять страху перед неудачей. Можно по-прежнему оставаться маленьким человеком в обществе, но при этом не подвергаться нападкам, осуждениям и/или быть отвергнутым.

Иногда успешное исцеление означает разрыв старых отношений или начало новых, увольнение с работы или приобретение новой, изменение привычек или повседневной жизни, которая дарила вам чувство безопасности, и так далее.

Избегая ответственности, вы избегаете столкновения со своим страхом перед успехом. В этом случае выгода заключается в том, что вам нет необходимости признавать вину за ваше поведение и боль, которую оно могло причинить другим.

Не принимая ответственности, человек может избегать чувства вины. Всегда есть кто-то, например психолог, которого можно обвинить в том, что терапия не сработала. Не брать ответственности гораздо проще. Человеку нет необходимости ничего менять в жизни. Значительно легче получать исцеление пассивно, и гораздо труднее отправиться домой и совершить перемены.

Принятие ответственности не оправдывает обидчика. Главная задача – вновь взять в свои руки собственные силу, будущее и жизнь. Когда вы доходите до этой стадии в жизни, то начинаете видеть свой истинный потенциал, который был подавлен насилием.

Глава 14 Насилие влечет за собой продолжительные страдания

Неразрешенная проблема насильственной травмы чревата последствиями. В данной главе я описываю несколько форм физических и эмоциональных страданий, которые влечет за собой насилие.

Если вы (или ваш близкий человек) страдаете, я настойчиво рекомендую обратиться к квалифицированному специалисту. Все формы страданий излечимы при своевременной помощи. Список практикующих врачей вы можете найти на моем сайте.

Депрессия и распространенные заболевания

Я в свое время также страдала от депрессии. Мне было необходимо изменить привычную среду и людей, которые меня окружали. Депрессия становится инструментом, с помощью которого удается сбежать из привычной среды. Порой распознать свое депрессивное состояние трудно, особенно если находишься в нем с раннего возраста.

Некоторые люди страдали от депрессии всю свою жизнь! Они считают, что их эмоциональное состояние нормально, так как они никогда не знали другой жизни.

Депрессией называется состояние, при котором человек переживает один или несколько следующих симптомов: депрессивное настроение, потеря интереса или способности радоваться; ощущение вины или низкая самооценка; нарушения сна или аппетита; утомляемость и низкая концентрация.

Запущенная депрессия может перерасти в более опасные состояния: постоянное недомогание, увеличение веса, анорексия, отстраненность, нежелание общаться с людьми, быстрая утомляемость, плаксивость, раздражительность, склонность к самоубийству, чувство пустоты и одиночества, бессонница или излишняя сонливость, ощущение беспомощности и безнадежности, отвращения к себе и чрезмерный негатив. Этот список огромен.

Депрессия возникает по разным причинам. Цель данной книги в том, чтобы описать влияние на жизнь неразрешенной насильственной травмы, на чем я и концентрируюсь. Вывод прост (и является фундаментально важным): невозможно вылечить депрессию без решения проблемы глубинной насильственной травмы.

Миллионы людей ходят к психологу годами и разговаривают о своей депрессии, но все безрезультатно. Некоторые из них принимают лекарства, которые не могут помочь справиться с глубинными проблемами. Другими словами, такое лечение депрессии является шагом назад по пути к исцелению. Это происходит из-за отсутствия понимания, какие глубинные проблемы провоцируют депрессию и как их лечить. Таким образом, относительно простое недомогание превращается в страдание на всю жизнь.

Если вы или ваш близкий человек страдаете от депрессии и если существует даже возможность наличия насилия (сюда даже больше относится возможное насилие над родителями, чем над больным лично), я призываю вас обратиться за помощью к психологу, который в состоянии разрешить глубинные проблемы и не станет разговаривать о симптомах и подсаживать вас на постоянные лекарства.

Анорексия

Анорексия – это расстройство пищевого поведения, которое связано со следующими эмоциональными состояниями: чувство отвращения к себе и ощущение потери контроля. Данное состояние, естественно, типично для тех, кто подвергался насилию.

Глубинной причиной анорексии станет травма, которая заставляет человека чувствовать себя абсолютно беспомощным и не способным к контролю над ситуацией. Как правило, это детская травма, но она может быть найдена и в недавней истории семьи (назовем для примера холокост или голодные времена).

Строгая диета и установленный режим тренировок дают анорексикам чувство, что таким образом они возвращают контроль над своей жизнью. У них отсутствуют поддержка и необходимые инструменты, чтобы добиться контроля здоровыми средствами. Анорексики решают взять дело в свои руки. В результате неудачная попытка быстро вернуть себе контроль превращается в опасную болезнь на всю оставшуюся жизнь.

Анорексия, как и депрессия, поддается лечению. Для этого необходимо разрешить глубинные проблемы, включая насилие и нестабильность внутри семьи. Если психолог занимается только симптомами, то существует большая вероятность, что заболевание вернется вновь.

Булимия

Булимия – это другой вид расстройства пищевого поведения. Булимия связана с эмоциональным состоянием, при котором человек не может перенести свою прошлую травму (или текущие отношения, которые активируют прошлую травму). Больные булимией чувствуют, что не могут контролировать свою среду, и она становится отравляющей.

Рвота позволяет булимикам избавиться от отравляющих эмоций: вины, отвращения и стыда. Они это делают из-за недостатка инструментов и поддержки для совершения изменений в жизни. Им кажется, что они бессильны и не могут контролировать то, какими их видят окружающие и как к ним относятся.

В лечении булимии необходимо вмешательство психолога, который выявит и поможет разрешить все глубинные проблемы. Если проблема связана с текущими отношениями, то пациенту понадобится деликатная поддержка, чтобы осторожно внести в отношения необходимые изменения. Нет никакого смысла в лечении булимии или анорексии, если затем снова отправлять пациента обратно в эмоционально отравляющую среду, которая первым делом спровоцирует старые симптомы. Неспособность решить эти широкие структурные проблемы (работая только над психологическим состоянием пациента, но не над его окружающей средой) – одна из причин, почему так много терапий не дают устойчивых результатов.

Синдром хронической усталости (СХУ)

Синдром хронической усталости – это также довольно распространенное заболевание, которое возникает в результате пережитого насилия и сильной депрессии. Люди, получившие тяжелую травму и стресс находятся в большем риске приобрести СХУ.

Существует несколько факторов, которые помогут распознать причины возникновения СХУ (в числе которых стресс и травма). Одним из простейших факторов являются физическая усталость и истощение. Люди страдают СХУ большую часть своей жизни, потому они постоянно на стороже. Им кажется, что в их жизни есть опасность, которую они не могут распознать.

У таких людей адреналин постоянно на подъеме, они находятся в состоянии готовности к борьбе или бегству. Тело может выдерживать подобное состояние только некоторое время. В этом случае СХУ является симптомом ослабленной способности тела реагировать на постоянное чувство угрозы. Не имея ресурсов для его подпитки, тело зациклилось на режиме выживания. Вся энергия, которую создает тело, немедленно поглощается выживанием, в результате чего остальным системам организма ничего не остается.

Единственным лечением СХУ является разрешение глубинного страха угрозы, который вынуждает тело постоянно находиться в режиме выживания.

Принято считать, что другой причиной появления СХУ являются вирусы. Данный фактор следует изучать, но он не противоречит сказанному выше. Вирусы ослабляют иммунную систему, которая (в ответ на борьбу или бегство) делает тело более уязвимым перед вирусами.

Более подробно причины и способы лечения СХУ я описываю в своей второй книге *Метафизическая анатомия*. С удовольствием рекомендую вам прочитать об этом там.

Адаптация к заболеванию

В прошлом мне было очень тяжело менять окружение и привычный образ жизни. Каждый раз, когда мы переезжали в новый дом, я по несколько месяцев чувствовала себя расстроенной и эмоционально рассеянной. Этот вид реакции возникал у меня в детском возрасте по причине отсутствия постоянства окружающей среды и стабильности эмоций. Мое понимание безопасности и стабильности постоянно менялось. Время от времени казалось, что его буквально вырывали из-под меня.

Как только я привыкала к новому месту и начинала ощущать себя в безопасности, все менялось. Как оказалось на деле, это обычно было к худшему. Подобные перемены в раннем возрасте могут вызвать в ребенке беспокойство и страх разлуки. Во взрослом возрасте вы чувствуете себя не готовым иметь дело с переменами, которые могут спровоцировать другие проблемы, описанные в данной главе.

Психологи называют этот набор симптомов адаптацией к заболеванию. Лечение состоит в выявлении травмы, которая вызвана недостатком эмоциональной и физической стабильности в детстве.

Эмоциональные ассоциации становятся шаблонами на всю жизнь

Что такое ассоциация? Это ментальная связь между двумя событиями или чувствами. Например, если общение с отцом приводило к одному и тому же результату - вам причиняли боль, - то у вас возникает ассоциация между отцом (мужчиной) и болью. Ассоциация может быть спровоцирована одним большим происшествием или повторяющимися стрессами, которые постепенно усиливают ассоциацию.

Детский мозг создает ассоциации очень быстро. Например, случай, когда вы в первый раз прикоснулись к горячей плите и обожглись. У вас быстро возникла ассоциация, и вы запомнили, что так делать не надо. Мы начинаем создавать ассоциация в самом раннем возрасте, даже до того, как учимся ходить и говорить. Ассоциации формируют основные нейронные сети или неподдающиеся изменению шаблоны мышления и поведения, которые в свою очередь формируют личность.

Несмотря на то, как важны ассоциации для нашего выживания, они также могут быть весьма деструктивными и губительными для здоровья. Ведь ассоциация, которая была действительной однажды (например, во время насилия в детстве), становится нежелательной для взрослого человека. Простой пример: ассоциация, что мужчины причиняют боль, может быть полезной для пятилетней уязвимой девочки, но не актуальна для взрослой одинокой девушки.

Мы создаем ассоциации, чтобы избежать опасных ситуаций (как в примере с горячей плитой) или удовлетворить основные потребности. Это как с котом, которого кормят в определенном месте в определенное время дня. Он будет приходить на это место, потому что кот будет ассоциировать человека, место и время с удовлетворением своих потребностей. У ребенка процесс создания ассоциаций происходит аналогичным образом.

Приведу еще один пример. Ребенок ищет любви и внимания (основные человеческие потребности), однако вместо этого подвергается побоям. В следствии чего у него возникает ассоциация между потребностью в любви и насилием. Он также начинает ассоциировать плохое поведение с вниманием. Неосознанно ребенок меняет свое хорошее поведение на плохое, чтобы добиться внимания. Почему? Потому что плохое поведение притягивает внимание, внимание влечет за собой наказание, а наказание – это то, что ребенок получал, когда искал любви. Данные концепции в сознании детей оформляются в ассоциации.

Давайте рассмотрим пример из моего детства. Когда я пыталась добиться любви от отца, то оказывалась отвергнутой и брошенной. Тогда я начала ассоциировать любовь с отвержением. Когда бы я не искала любви, я была отвергнута и брошена. Меня привлекали такие молодые люди, которые отвергали меня и бросали, хотя мне, на самом деле, были нужны любовь и признание. Данный шаблон поведения нарушился только тогда, когда я разрешила глубинные проблемы, связанные с насилием. Теперь же, если я хочу быть любимой и нужной, я именно это и получаю.

Несмотря на то, что отрицательные ассоциации хорошо изучены психологами, большинство терапий некорректны. Главная проблема заключается в том, что существуют сотни, даже тысячи ассоциаций для каждой травмы. Их вызывают такие бессознательные раздражители, как образы, запахи, цвета и так далее. Невозможно избавиться ото всех отрицательных ассоциаций. По этой причине попытки изменить ассоциации (негативные убеждения, которые являются ассоциациями, выраженными через слово) неуместны. Единственный безопасный и эффективный способ лечения – это избавление от глубинной травмы.

Когда вы действительно разрешите проблему насильственной травмы (ее, как и обиды, не останется в вашем сознании), ассоциации исчезнут. Да, возможно избавиться ото всех отрицательных ассоциаций и убеждений; необходимо только разрешить проблему травмы. Вот почему я так настаиваю на окончательном избавлении от травмы на наших сессиях, и отговариваю от лечения лишь симптомов.

Раздражители в окружающей среде

Раздражители в окружающей среде являются видом эмоциональной ассоциации. В данном случае вы ассоциируете события с предметами, а не с людьми. Любые предметы и явления могут напоминать вам о насилии или негативном опыте. Сюда входят запахи, звуки и материалы, которые присутствуют в вашей среде.

Фобии могут начаться после пережитого насилия, потому что человек создает отрицательные ассоциации с предметом, которого боится. Приведу вам несколько примеров из рассказов моих пациентов.

Пример первый.

Анна подвергалась насилию со стороны своего родного дяди. Он постоянно обнимал и целовал ее неподобающим образом, от чего она испытывала стыд и отвращение. Став взрослой, она переживала те же стыд и отвращение, когда молодой человек пытался обнять и поцеловать ее.

Пример второй.

Однажды Бэтти бежала домой из школы и смеялась над шуткой, которую ей рассказала подруга. Бэтти хотелось скорее поделиться шуткой с отцом, который подстригал газон перед домом. В воздухе пахло свежескошенной травой, и Бетти вбежала во двор и пнула ногой маленькую кучу травы, которую ее отец только что сгреб. Она с большим воодушевлением рассказывала папе шутку. Однако отец был очень расстроен бардаком, который создала Бетти, развалив кучу с травой. Он накричал на нее и ударил по лицу.

Бетти, растерянная и шокированная неожиданным поведением отца, расстроилась и начала плакать. У нее возникла ассоциация запаха свежескошенной травы и чувства ничтожности. Каждый раз, чувствуя запах скошенной травы, ее подсознание воспроизводит ассоциацию, возникшую раньше. Она незаметно для себя начинает испытывать грусть, растерянность и дискомфорт, каждый раз, когда чувствует запах свежескошенной травы.

Иногда раздражители заставляют испытывать дискомфорт без видимой на то причины, особенно если вы не можете вспомнить ассоциации, которые у вас сформировались.

Пример третий.

У Джона была фобия на котов. В детском саду он подвергался сексуальному насилию со стороны воспитателя. Случилось так, что в комнате, где совершалось физическое преступление над Джоном, находился кот. Кот стал ассоциироваться со страхом, изнасилованием и унижением. На определенном уровне Джону было проще ненавидеть котов, чем хранить в памяти тот день. Каждый раз близость кота вызывает в Джоне чувство страха, уязвимости и унижения. Он сознательно не помнил о случае изнасилования, пока тот не был выявлен во время терапии. Разрешение проблемы насильственной травмы избавило его от аллергии.

Я когда-то очень злилась, если чувствовала запах алкоголя, особенно пива или бренди. В связи с ассоциациями, которые возникли у меня с этими напитками в детстве, я начинала чувствовать раздражение, обиду и напряженность. Когда я подвергалась насилию со стороны бабушки и дедушки, а также жестокому обращению со стороны отца, всегда присутствовал алкоголь. Все это создало сильные отрицательные ассоциации.

Когда такие ассоциации разбужены, повышается уровень тревожности. Она лишает способности определить, почему человек чувствует себя плохо и расстроен, когда чувствует/видит/ощущает или слышит что-то, что, возможно, на подсознательном уровне напоминает ему о травматичном опыте из его жизни.

Единственно верным решением проблемы является избавление от глубинной травмы. Возникает вопрос: «Насколько глубоко вы должны знать о пережитом насилии (особенно в случае с подавленной или забытой травмой), чтобы избавиться от него?» Избавиться от травмы, не вспоминая о ней, возможно, если вы готовы прочувствовать и переосмыслить ее. Этот важный вопрос подробнее рассматривается на наших семинарах и в моей второй книге *Метафизическая анатомия*.

Тревожность

Тревожность может принять форму чрезмерного беспокойства, чувства тревоги, паники и легкой паранойи. Мысли человека перетекают от одного к другому. Более серьезные симптомы могут включать раздражительность, напряженность и трудности со сном. Тревожность может быть крайней формой беспокойства.

Люди каждый день беспокоятся о таких вещах, как работа, финансовое благосостояние и семья. Ощущение одиночества появляется в результате сильной тревожности. Возможно, когда человек был одинок, он пережил насилие, после которого осталась травма. Одиночество усугубляет проблему тревожности, потому что у такого человека нет необходимой поддержки, чтобы разрешить свои проблемы.

Люди с социальной тревожностью боятся больших скоплений людей, и им часто кажется, что на них смотрят и оценивают. Самое страшное наказание для социофобов - это оказаться в центре внимания. Они обычно не любят есть, пить или заниматься другой деятельностью (что-то записывать, например) в присутствии других людей. В число пугающих социальных мероприятий входят: закрытые вечеринки, публичные выступления, интервью при устройстве на работу и экзамены.

Тревожность характерна для людей, которые подверглись насилию. Травма от пережитого насилия дестабилизирует и может стать причиной многих фобий, которые вызывают тревожность. Таким образом, тревожность – это еще один симптом травмы.

Она же является результатом слабых личных границ. Если границы человека нарушались, он склонен чувствовать себя небезопасно. Этот шаблон начинает укрепляться со временем (слабые границы провоцируют больше преступлений со стороны других), перерастая в шаблон тревожного поведения. Так как насильственная травма – главная причина слабых личных границ, то она же и основная причина возникновения тревожности. Прочитайте главу *Взаимосвязь между насилием и личными границами.*

Страх заброшенности

Тревожность тесно связана со страхом заброшенности. Страх быть отвергнутым и брошенным вполне естественен среди людей, переживших насилие. Страх заброшенности может появиться в результате того, что родители в качестве наказания целенаправленно оставляли детей.

Люди, живущие с этим страхом, часто саботируют идеальные отношения. Они ожидают, что их оставят, и избранник в какой-то момент отвергнет их. Возможно, этого не случится, но страх присутствует, и это отталкивает людей.

Люди со страхом заброшенности будут прыгать из одних отношений в другие, боясь принимать на себя какие-либо обязательства. В детстве они никогда не встречали верность и преданность со стороны родителей и между ними. Страх заброшенности может привести к шаблону экстремальной ревности.

Человек, чье детство прошло в эмоциональной пустоте, в момент приобретения искреннего друга или партнера, вероятнее всего, начнет отношения для удовлетворения своих основных потребностей и чувства собственничества.

Изучая страх заброшенности, мы достигаем более глубокого уровня, согласно которому люди, пережившие насилие, подсознательно предпочитают оставаться одинокими. В одиночестве они чувствуют себя в безопасности, так как шансы, что им причинят боль, снижаются. Им легче окружить себя людьми, к которым они безразличны, потому что терять их не так болезненно и поддержание отношений с ними не требует большого эмоционального вклада.

Как и во всех других случаях, описанных в данной главе, разрешить проблему страха заброшенности невозможно без избавления от причиненной травмы.

Держаться за нездоровые отношения

Последствием страха заброшенности также иногда становится поведение, при котором люди смиряются с нездоровыми отношениями и обстоятельствами. Они предпочитают подвергаться насилию и мириться с нездоровыми условиями в отношениях, чем оставаться одинокими.

Мой страх остаться одной тормозил мой личный прогресс: я держалась за обстоятельства и людей по неверным причинам.

Недостаток самоуважения

Вы когда-нибудь задумывались, почему другие вас не уважают? Однажды я задумалась о себе. Когда меня спросили: «Ты уважаешь себя?» - мое восприятие изменилось. Я думала, что уважала. Однако когда я по-настоящему размышляла об этом, то пришла к выводу, что не имею ни малейшего представления о самоуважении.

Чувство самоуважения – это важная часть человеческого воспитания. Если ваше личное пространство и все, что в вас есть, не уважается, это отражается на вашей уверенности в себе и на том, как вы начинаете относиться к себе и разрешаете другим относиться к вам.

Недостаток уважения может отражаться на человеке по-разному: тело, эмоции и ваши особенности, которые другие не уважают. Когда вы страдаете от насилия и недостатка уважения, вы теряете представление о том, как уважать себя.

Чувствовать и демонстрировать уважение к другим проще, потому что вы относитесь к людям так, как хотите, чтобы относились к вам. Легче давать, чем получать, потому что в прошлом вы получали только боль и смятение.

Как можно ожидать уважения со стороны других, если даже вы себя не уважаете?

Никто не в состоянии дать вам то, чего вам не хватает. Пустота внутри вас первым делом должна быть заполнена (эту ошибку обычно все и допускают).

Вы никогда не обретете любовь, уважение и признание со стороны других, пока не научитесь давать это себе. Достичь этого можно, применяя средства БТЛ.

Самовыражение

Чрезвычайно важным условием для счастливого и успешного человека является способность выражать свои чувства и потребности. Мы не можем требовать от других удовлетворить наши потребности, если не в состоянии их выразить.

Обижаетесь ли вы на людей, когда, на самом деле, не можете даже выразить собственные потребности? Для людей, которые пережили насилие, это распространенная проблема.

Мы ощущаем себя в тупике, расстраиваемся и злимся, если не можем доступно высказаться и выразить себя. Нам кажется, будто у нас украли право разделить свою правду и удовлетворить наши потребности здоровым образом.

Когда у ребенка способность выразить себя подавлена, он становится интровертом или экстравертом. Интроверсия проявляется в том случае, когда выражать себя кажется опасным. Экстраверсия может проявиться, когда ребенок пытается компенсировать неудовлетворенную потребность быть услышанным. Возможно, он обнаруживает, что может выразить свои потребности только через громкое представление себя и излишне активное поведение.

Обвинение и самобичевание

Чувствовать себя виноватым за безнравственное поведение и злоупотребления, - это нормально.

Когда я была подростком, мне иногда необходимо было кого-то обвинить в том, что произошло в моем детстве. Я никогда не винила себя, потому что знала, что во всем случившемся не было моей вины. Я не была ответственна за алкоголизм отца.

Я считала, что мое плохое поведение и депрессия появились по вине бабушки, дедушки и папы. Однако, когда мне было чуть больше двадцати, я поняла, что больше не могу играть в эти игры обвинений. Мне пришлось взять ответственность на себя. Я больше не могла никого винить в своих ошибках. Было трудно взять ответственность за поступки и поведение на себя, потому что винить других всегда проще. В этом и заключается опасность обвинений; они становятся способом избегать ответственности за себя и свое будущее. Обвинения создают «ловушку жертвы», которая мешает людям двигаться дальше.

Приведу показательный пример. Одна из потенциальных пациенток позвонила мне по телефону, чтобы поговорить о ее проблемах, связанных с насилием, и записаться на семинар. Все, что я услышала, было историей обвинений. Я сказала ей: «Если вы хотите исцелиться, вам придется научиться брать на себя ответственность и перестать обвинять других». Она ответила следующее: «Нет, мой психолог сказал, что в случившемся нет моей вины». Она была глуха ко всему, что касалось вины, потому что именно обвинения стали искусственным разделителем между ней и обидчиком. Возможность обвинять дарила ей ощущение безопасности. Она так и не записалась на семинар и вряд ли когда-нибудь совершит движение вперед, потому что обвинять других очень удобно.

Противоположный случай обвинения – это самобичевание. Самобичевание, как и обвинение других, - это естественный способ борьбы с перенесенным насилием. Один из них не исключает другого. Обвинение других создает искусственный барьер (есть «плохие люди», и во всем их вина). Самобичевание – это противоположный способ объяснить причины происходящего в мире («Это произошло, потому что я сделал что-то дурное»). Я поняла, что большинство людей, которые пережили насилие, впадают в обе крайности: обвиняют других и занимаются самобичеванием.

Нарушения личных границ часто бывают неявными, особенно если их совершает авторитетный для вас человек. Эта неопределенность приводит к тому, что сначала человек берет вину на себя. Как может тот, кто направляет нас (дает нам одежду и кормит), может нанести вред? Когда невозможно найти ответа на все эти вопросы, человек, подвергающийся насилию, начинает смотреть внутрь себя и искать причину в себе.

Самобичевание деструктивно, и от него необходимо освободиться. Избавившись от травмы, человек может вернуть себе чувство невиновности.

Чувство вины

Чувство вины – это иной вид деструктивной эмоции, переживаемой жертвами насилия. Чувство вины, в данном случае, является особенным, поскольку человек не совершил ничего плохого. Чувство вины жертвы – это не то же самое, что чувство вины обидчика (хотя далеко не многие обидчики испытывают его).

Оно может проистекать из самобичевания («это моя вина, что он сделал это»). В этом случае появляется опасность, что вслед за самобичеванием возникнут самонаказание или другие виды деструктивного поведения.

Чувство вины также может вырасти из какого-либо удовольствия или положительной ассоциации, которая появилась в момент насилия. Например, простой факт получения внимания может спровоцировать появление положительной ассоциации, что впоследствии приведет к чувству вины. Ребенок, подвергающийся сексуальному насилию, в определенные моменты может получать физическое удовольствие (даже наряду с болью и отвращением).

Мужчина, подвергающийся изнасилованию, может испытать оргазм, будучи при этом напуганным и травмированным. Позднее любая положительная ассоциация и полученное удовлетворение могут перерасти в огромное чувство вины и стыда.

Чрезвычайно важно, чтобы человек, переживший насилие, понял, что ему нечего стыдиться, не за что испытывать чувство вины. Естественная физическая реакция на физическую стимуляцию – это нормальный биологический процесс. Это происходит потому, что части мозга, отвечающие за сексуальную стимуляцию, работают независимо от тех частей мозга, которые отвечают за эмоции и инстинкты выживания. Здесь нет человеческой вины, хотя нанесенная травма при этом не становится меньше и не может быть оправдана.

Другой вид чувства вины возникает тогда, когда обидчик говорит, что во всем виноват его объект внимания: его поведение и поступки. Обидчик сваливает вину на свою жертву, которая, чаще всего, верит ему. Тогда они находят смысл в своем поведении и в случившемся.

Я считаю, что чувство вины проистекает не из одной отдельной эмоции, а из их сочетания. Чувство вины – это симптом наличия множества накопленных подавленных эмоций. То же самое можно сказать о злости: злость – это конечный результат подавленных эмоций.

Поворотный момент наступает тогда, когда игра в обвинения больше не срабатывает. Либо человек сам перестает обвинять всех вокруг, либо кто-то показывает ему, как это сделать. В любом случае, я заметила, что данный шаблон поведения в конце концов перестает работать. В жизни человека, который подвергался насилию, начинается важный этап. И в тот момент, когда приходит осознание, что этот этап наступил, начался процесс исцеления.

Я верю, что каждый способен достичь этого этапа, хотя на практике это получается не у всех. Решительным фактором, по моему мнению, является грамотная поддержка. В данном случае необходимо учитывать разницу между поддержкой и стимулированием. Вспомним пример с потенциальной пациенткой, о которой я рассказывала выше. Она была простимулирована мнением других о том, что она – жертва. Поэтому ей вряд ли удастся перестать обвинять других. Однако те, кто получает любовь и поддержку, естественным образом откажутся от игры в обвинения и начнут искать исцеления.

Членовредительство

Членовредительство – это отчаянный крик о помощи и внимании. Людям иногда трудно просить о помощи, так как выражать себя для них более травматично, чем наносить себе увечья. Пусть это и звучит парадоксально, но членовредительство на интуитивном уровне становится формой самолечения, при которой можно отключить сознание. Это успокаивает, перекрывает собой все ссоры, незаслуженные наказания, насилие и эмоциональные страдания.

Членовредительство может проистекать из насилия, которому когда-то подвергался человек, и, возможно, он даже не помнит об этом. В данном случае неосознанные боль и травма могут быть настолько неявными, что человек не знает, как найти им выход. Порой человек даже не понимает, для чего ему нужен выход. Он живет с чувством, что заслуживает боли, побоев и насилия, и одновременно пытается избавиться от этого чувства.

Если человек наносит себе вред, то накопленная злость подавляется на короткий период времени. Он больше сконцентрирован на своей боли, чем на своих мыслях. Когда человек режет себя и видит собственную кровь, у него происходит всплеск адреналина. При этом в организме происходит выброс эндорфинов, и наступает быстрое опьянение.

Отвращение к себе и окружающим, самонаказание и ненависть, как правило, являются ключевыми проблемами. Членовредительство дает людям эмоциональное и психическое избавление, которое им так отчаянно необходимо. Хотя в конечном итоге, членовредительство только физически вредит телу, но не избавляет от эмоциональной боли. В лучшем случае, дает временную передышку.

Если вы обнаружили в себе шаблоны разрушительного поведения самонаказания, лучше начать искать другие способы переосмысления своих эмоций. Например, найти поддержку, хобби, заняться активными видами спорта, ведь походы в тренажерный зал помогают телу избавиться от напряжения и стресса.

Человек, занимающийся членовредительством, очень нуждается во внимании психолога, который найдет и поможет разрешить проблему глубинной травмы.

Предательство

Предательство возникает в том случае, когда один человек нарушает доверие другого. Это создает психический и эмоциональный конфликт в отношениях. Человек чувствует себя брошенным и отвергнутым, находится в смятении. Боль от преданного доверия может травмировать не меньше боли физической.

Трудно примириться с тем, что вас кто-то предал, особенно если предал человек, которому вы доверяли. Вам кажется, что ваши рассудительность и интуиция подвели. Вы чувствуете словно вы сами себя подвели.

Предательство – это очень сильная и тяжелая эмоция, которую мы переживаем. Уверена, что любой, кто пережил предательство, никогда не забудет связанные с этим события или человека. Предательское поведение оставляет глубокий шрам.

С тринадцати лет я не верила, когда люди говорили: «Я обещаю…». Обещание было любимым словом моего отца. Он никогда его не сдерживал. Когда я была ребенком, то всегда верила отцу, если он обещал, что придет домой пораньше или придет посмотреть на мою игру в нетбол. Помню неисчислимое количество дней, когда часами стояла у двери, ожидая его, потому что он обещал взять меня покататься на роликах и поплавать в бассейне. Однако он этого никогда не делал. Тем не менее, я всегда ему верила. Его обещания всегда звучали искренне. Когда я подросла, то поняла: его обещания – это один из видов его лжи.

Отъявленные алкоголики предали мое доверие, когда я была ребенком. Доверие превратилось в жестокое обращение, эмоциональные потрясения, боль, нестабильность и заброшенность. Во взрослой жизни я столкнулась с тем же шаблоном предательского поведения и с его подводными камнями.

Новые возникающие ситуации предательства могут заставить почувствовать, что вы в некотором роде снова переживаете свое прошлое. Цикл предательства, как правило, разрывается тогда, когда в отношениях с предателями вы начинаете твердо стоять на своем. Обычно люди избегают этого шага, так как боятся быть отвергнутыми и брошенными.

Очень важно разобраться с предательством. Как бы вам не хотелось подавить его последствия и эмоциональную боль, необходимо изучить, что вы почувствовали будучи преданным. Следующим шагом может стать принятие решения о том, как вы собираетесь двигаться дальше, оставив предательство позади.

Вы опять можете доверять. В мире существует множество людей, которые заслуживают вашего доверия. Преданные люди существуют, они вокруг нас. Если в вашей жизни было много предательства, и вы ожидали обмана на каждом углу, то распознать надежных людей становится трудно. Если предательство происходило со стороны родителя, то доверять другим становится особенно сложно. Что будет делать средний человек, если источник любви в его жизни, такой как мама, папа, опекун, воспитатель, предал его?

Как правило, такие вопросы возникают в глубине сознания. Это – отрицательный цикл, и он вынуждает вас спрашивать, способны ли они навредить и предать. Те, кто пережил предательство часто не замечают в людях положительных черт. Вместо этого они ищут в них признаки того, насколько сильно эти люди могут ранить.

В конечном итоге мы начинаем искать любые симптомы, которые подтвердят наше мнение. Моим намерением было сохранить себя в безопасности от потенциального возможного вреда. Страх предательства усложняет процесс построения дружбы и отношений. В результате я осталась одна, только так я чувствовала себя в безопасности.

Парадоксально, что люди, от которых я ожидала предательского поведения, не предавали. Однако страх предательства взял верх. Он затмил мою рассудительность и способность общаться с другими. Другими словами, страх предательства не защищал меня от предательства. Зато я отталкивала «безопасных» людей (которые не предали бы меня) и продолжала привлекать предательство в свою жизнь. В этом заключается ирония слабых личных границ: границы основываются не на любви к себе, а на травме. И это всегда выстреливает в ответ.

Страх предательства можно преодолеть, но на это потребуются терпение и желание увидеть в других лучшие стороны.

По мнению психологов, существуют два особых этапа. Один из них подразумевает разрешение глубинной насильственной травмы и страха предательства. Вы не сможете доверять, пока не перестанете бояться предательства.

Второй этап включает в себя работу над страхом доверия. В связи с этим возникает вопрос о вторичной выгоде – каким образом недоверие сохраняет вас в безопасности? Как только проблема травмы и страха разрешена, вы приобретете природную мудрость и сможете различать, кому стоит доверять, а кому – нет. Ваши решения станут лучше. Я считаю, что это различение является внутренним источником, который есть внутри вас, но он затуманен травмой. Достаточно очиститься от травмы, и мудрость осветит все вокруг.

Когда мы начинаем доверять другим, люди открываются нам в новом свете. Вы сможете видеть даже сквозь затуманенные завесы, которые люди создают. Внешняя маска, которую они надевают на себя, становится прозрачной. Это стоит того, чтобы переосмыслить свою боль и страх предательства.

Телесные побочные эффекты от сексуального насилия

В данном разделе я расскажу о побочных эффектах от сексуального насилия, особенно о телесных проявлениях психологической травмы. Эта тема табуирована, поскольку люди стыдятся или стесняются обратиться за надлежащей помощью. В некоторых случаях, для разрешения проблемы психологической травмы они могут даже прибегнуть к радикальному хирургическому вмешательству. (Однако стоит напомнить, что операция никогда не разрешит психологической травмы, она только отложит ее).

Воспоминания или травма запечатываются в местах, пострадавших от насилия: в коже, на гениталиях и другим местам. Любые прикосновения к ним (даже с любовью), могут вызвать воспоминания о насилии.

Так как насилие может ассоциироваться с сексуальными стимуляциями, в будущем любые прикосновения (перед половым актом) будут вызывать травмирующие чувства, которые ассоциированы с насилием. Сюда входят нарушение границ, страх предательства, чувства недоверия или ужаса. Одной мысли о сексе достаточно, чтобы вызвать отвращение.

Зависимость между физическим прикосновением и эмоциональной болью со временем приводит к страху и даже отвержению частей тела, с которыми связаны данные ассоциации. Это может привести к чрезвычайному дискомфорту и отвращению к коже, рукам, спине, груди и гениталиям. Чем сильнее и деструктивнее испытанное насилие, тем страшнее побочные эффекты. У одних они исчезают, как только прикосновения и сексуальная стимуляция прекращаются. У других никогда не заканчиваются. Им кажется, что место, которое подвергалось насилию, всегда стимулируется, как это делал насильник.

Люди, которые пережили физическое и сексуальное насилие, могут испытывать дискомфорт вплоть до высыпаний на этих частях, и дальше сыпь может распространиться по всему телу.

Физические побочные эффекты могут внезапно исчезнуть (как правило, это связано со сменой обстановки). Однако они могут вернуться, когда кто-либо или что-либо раздражают подавленную травму.

Из-за травматичных ассоциаций с сексом, человек, в результате напряжения, подавляет свои инстинкты. При этом неудовлетворенные сексуальные потребности приводят к дополнительным смятению, страху и чувству, что тело не поддается контролю. Это может усугубить существующую проблему, в результате чего отвержение собственного тела становится только сильнее.

Традиционные консультационные методы могут помочь психически справиться с пережитым насилием, но они не помогают избавиться от физических ассоциаций, или «якорей». В результате, даже после прохождения психологических консультаций, люди все равно доходят до того, что идут на операции по удалению клитора и/или груди. Они надеются, что подобная десексуализация избавит их от стимуляций, которые провоцируют насильственную травму. Каждый хороший хирург отправит пациента на психологическую консультацию, которая лишь еще сильнее растревожит травму, потому что человек будет повторяться и снова пересказывать и переживать случившееся, однако никогда не разрешит проблему насилия.

Мне приходилось работать с пациентами, которые прошли через операции. В каждом случае физические побочные эффекты возвращались, симптомы перешли на другие части тела (например, с клитора на половые губы). Вслед за этим, если половые губы были удалены, то ощущения переходили на влагалище.

Побочные эффекты или нежелательные ощущения также могут переходить из паховой области на ноги, бедра и далее. Этот процесс одинаков для мужчин и женщин. Мы не можем избежать побочных эффектов без обращения к глубинной травме.

В некоторых случаях мне приходилось сталкиваться с тем, что в начале терапии побочных эффектов и ощущений не наблюдалось, однако после нее они появлялись. Это происходило потому, что они были успешно подавлены травмой до такой степени, что пациент не чувствовал симптомов. (Чаще всего подавление провоцирует появление таких симптомов, как пищеварительные проблемы и запоры, но не симптомы пережитого насилия, из-за которых человек, как правило, и начинает лечебную терапию).

В таком случае существует опасность, что пациент отменит лечение и вернется к своему шаблону подавления. Удивительно, как много людей обнаружили, что прохождение терапии может раскрыть подавленные чувства и воспоминания (включая физические ощущения). Единственный способ справиться с этим – это (а) воспользоваться такой методикой, как БТЛ, которая в действительности освобождает от травмы; и (б) получить гарантии, что от травмы можно освободиться настолько быстро, насколько это возможно. Своим пациентам мы предлагаем работать по несколько часов в день, чтобы последовательно избавиться от подавления, от травмы и физических ассоциаций.

Традиционные терапевтические системы, при которых сессии проводятся по часу в неделю, малоэффективны. Процесс освобождения от подавления таким образом растягивается на месяцы.

Физическое насилие и его последствия

Физическое насилие также имеет много побочных эффектов, которые выходят за рамки непосредственного физического вреда. Как сексуальное насилие, так и физическое воздействие на тело может сделать пораженные участки более чувствительными к будущей травме и ее последствиям. Эмоции, которые человек испытывал во время физического насилия, также хранятся и закрепляются за определенными участками тела.

Приведу яркий пример: отец хватал меня сзади за шею, невероятно сильно сжимал, протаскивал меня по кругу и отталкивал в сторону. Он делал это дома и на людях, причем довольно часто.

Когда я стала подростком, однажды во время игры в регби друг схватил меня сзади за шею. Во мне неожиданно поднялась волна гнева и ужаса. На рефлекторном уровне я развернулась и с размаху ударила его. Когда отец хватал меня за шею, я всегда чувствовала себя беззащитной и злой. В результате этого повторяющегося шаблона поведения у меня возникла ассоциация между хватанием за шею сзади и эмоцией, что кто-то нарушил мое пространство и атаковал. Когда за шею меня схватил друг, то он активировал ту же эмоцию, которая появилась во время рукоприкладства отца. Однако на этот раз моя реакция отличалась: я чувствовала, что в состоянии защититься от того, кто размером с меня, а не с моего отца.

Было полезно осознать, что гнев и жестокость, которые я вылила на своего друга, - это лишь инструменты. Как и любой другой инструмент или опыт, я использовала их потому, что они у меня были. Я повторила то, чему научилась от отца, и пользовалась этими инструментами в любой ситуации, когда ощущала опасность или собственную беспомощность. Это важно потому, что с точки зрения терапии, злость или жестокость не являются проблемами (инструменты – это только симптомы). Это – глубинная травма, с которой необходимо разобраться. В идеале с БТЛ вам хочется отправиться назад во время, где этот «инструмент» был создан. Тогда вы сможете научить несколько поколений предков использовать гнев и жестокость для борьбы с беззащитностью. Я ударила другого ребенка, применяя силу в качестве инструмента, чтобы выразить себя. В насилии у меня был самый богатый опыт, и я воспользовалась этим инструментом в экстремальных условиях.

Последствиями физического насилия являются гнев, раздражение, сильный страх быть покорным.

Порой проходят годы после насилия, прежде чем проявляются побочные эффекты. К примеру, у одной из студенток была жестокая мать. Она трясла дочь за левое предплечье. Позднее у студентки появилась киста на руке, как раз на том месте, за которое ее когда-то хватала мать. После исцеления от насильственной травмы киста исчезла! Примеры подобных шаблонов поведения подробно рассматриваются в моей второй книге *Метафизическая анатомия.*

Алкоголизм

Алкоголь – это наркотик, который на короткое время освобождает людей от навязчивых воспоминаний из прошлого. Люди также злоупотребляют алкоголем, когда хотят подавить ежедневный стресс и чувствуют переутомление от работы.

Злоупотребление – это одна (но очевидно, что не единственная) причина, по которой люди обращаются к алкоголю или наркотикам, чтобы подавить свои эмоции или воспоминания.

Наверное, все хотя бы раз в жизни выпивали бокал вина или пива, когда дела шли не очень хорошо, чтобы просто снять остроту ситуации. Проблема начинается тогда, когда (а) употребление алкоголя становится эмоциональной необходимостью, то есть вы не можете без него выжить; или (б) вы начинаете выпивать больше и чаще, чем это допускается с медицинской и общественной точки зрения.

Алкоголь воздействует на кору головного мозга, которая отвечает за переработку информации и мыслей. Мы также обращаемся к этой части мозга, чтобы сделать точную оценку чего-либо. Когда эта часть мозга подавляется, человек становится более разговорчивым, его уверенность искусственно возрастает.

Другая часть мозга, поддающаяся воздействию алкоголя, называется лимбическая система. Она контролирует эмоции и воспоминания человека. Когда алкоголь воздействует на часть мозга, отвечающую за эмоции, эти эмоции могут усиливаться. Другими словами, алкоголь обходит лобную долю головного мозга, минуя рассудительность и способность осмысливать последствия действий.

Пьяный человек никогда не будет себя осуждать. Ему также будет трудно судить об окружающих людях и обстановке с адекватностью. Они, как правило, могут адекватно судить о себе только в трезвом состоянии. В зависимости от имеющихся расстройств, алкоголики по-разному реагируют на спиртное. Различные физические симптомы и продолжительные побочные эффекты у человека приводят к злоупотреблениям алкоголем.

Алкоголь помогает людям почувствовать себя увереннее или позволяет им выбраться из хаоса. Он эмоционально и психически успокаивает человека, позволяя расслабиться.

В теле может развиться толерантность к алкоголю. Это значит, что пьющему понадобится больше спиртного, чтобы достичь того же уровня расслабления. Алкоголь позволяет пьющему избегать ответственности за свою жизнь и прошлое. Это позволяет ему оставаться жертвой обстоятельств.

Алкоголь обеспечивает веским оправданием, которое всегда наготове при необходимости. Если что-то случилось, это не по моей вине. Во всем виноват алкоголь! С одной стороны, я принимаю тот факт, что алкоголизм – это заболевание. Но, с другой стороны, как вы заметили, я не согласна, что можно оправдывать невменяемость пьяных людей. Я видела, как осознанно алкоголики используют этот аргумент в свою защиту.

Алкоголизм – это симптом проблемы, но это – не сама проблема или ее причина. Алкоголь только добавляет драматичности, тревожности и болезненности к уже существующей проблеме. Сначала была травма. Давление со стороны сверстников, беспокойство, биополярное аффективное расстройство и тому подобное могут привести к алкогольной зависимости. В свою очередь все эти расстройства – лишь симптомы более глубокой проблемы. Скорее всего, травма или некий инцидент случились раньше, что заставило человека ощущать давление со стороны сверстников — некоторое событие заставило человека почувствовать сильное волнение или страдать от расстройства личности, депрессии.

При работе с алкоголиком, в первую очередь необходимо понять причину, по которой он пьет. Что такого особенного он получает от спиртного, что ему не удается найти или испытать без алкоголя? Это может быть что-то «позитивное», как, например, «способность выразить себя». Возможно, он тоскует по некой эмоции, которой не было в детстве. Другой вариант, что алкоголик ищет что-то «негативное». В данном случае я имею ввиду, что, напиваясь, он прячет или избегает чего-то, хочет почувствовать себя в безопасности.

Алкоголизм помогает людям становиться апатичными к окружающему миру. Они перестают испытывать долговременные побочные эффекты от прошлого. Таким образом они получают оправдание для того, чтобы избегать прошлого. В своем жестоком и унизительном поведении они винят спиртное.

Алкоголь используется в качестве оправдания измен, насилия и даже жестокости по отношению к близким, потому что пьяный человек, якобы, не может контролировать свои действия. Алкоголики изначально видят себя жертвой, и когда они выпивают слишком много, тем или иным образом воссоздается шаблон поведения жертвы.

Необязательно, что в истории жизни алкоголика есть насильственный опыт. Это только один из многих встречающихся факторов риска. Тем не менее, есть вероятность, что проблема насилия существовала у предков, и неважно, что непосредственно у самого пьющего насильственного опыта не было. Травма, оставшаяся от предков может стать причиной ночных кошмаров и других психологических симптомов (доказано фундаментальными исследованиями). Таким образом, алкоголь может быть способом подавления наследственной травмы.

Мы достигли положительных результатов в лечении алкогольной и других зависимостей на их относительно ранней стадии, применяя БТЛ. Люди с более серьезными случаями зависимостей могут нуждаться в помощи компетентных учреждений, и в качестве взаимодополнения пройти БТЛ.

Сначала человек должен захотеть измениться. Наш подход значительно отличается от известной программы в 12 шагов. Другие программы утверждают идею о том, что алкоголик – это беззащитная жертва. И пока алкоголик не видит свою силу, можно говорить, что «однажды став алкоголиком, останешься им навсегда».

Мы в это не верим. Мы уверены, что источник исцеления и ответственности лежит внутри нас, а не висит в воздухе. Если алкоголик неподдельно хочет вылечиться и взять на себя ответственность за свою жизнь, то ему это удастся. Совершенно необходимо найти причину, почему он пьет (чего не хватало в детстве или что он пытается подавить в жизни). Как только проблема травмы разрешена, включая вторичные выгоды от зависимости, алкоголик вернется к нормальной жизни. Он будет меняться от выздоравливающего алкоголика до нормального человека, который может выпивать по случаю, но спиртное не имеет власти над ним.

Снова подчеркну, что достичь хороших результатов с алкоголиками и другими наркоманами возможно только при их искреннем желании измениться. Такие люди, как мой отец, не могут исцелиться, потому что они этого не хотят. Несмотря на то, что папа может перестать пить на месяц или два, он всегда будет алкоголиком. Его вторичная выгода не брать на себя ответственности слишком сильна.

Глава 15 Движение вперед и прощение

Часто говорят: «Покончи с этим». Сказать легче, чем сделать. Как в действительности жить со старой болью, обидой и негодованием? Как жить дальше с событием, которое перевернуло вашу жизнь с ног на голову?

В первую очередь необходимо определить проблему или проблемы, за которые вы держитесь. Иногда вы злитесь и негодуете, не зная от чего. Проще убедить себя, что вы не можете покончить с проблемой. Для вас это означает, что человеку, который причинил вам боль, все сойдет с рук.

Движение дальше по жизни и прощение – это не одно и то же. Двигаться вперед, жить дальше означает, что вы больше в отчаянии не цепляетесь за обиды и травму.

Прощение включает движение вперед и уход от прошлого. Оно сопровождается ощущением гармонии мира и понимания.

Вы не обязаны прощать конкретного человека. Чтобы помочь вам двинуться дальше по жизни, достаточно отпустить ситуацию. Как только вы это сделаете, то ощутите в себе новые силы, потому что теперь вы можете контролировать чувства. Человек, на которого вы злились, больше не занимает места в сознании.

Большинство людей живут с отрицанием проблем и поэтому не могут распознать то, от чего им пора освободиться.

Мы держим себя в безопасности, игнорируя очевидные знаки. В конце концов, мы сталкиваемся в жизни с тем, что вынуждает нас разобраться с проблемой, от которой мы так упорно убегали.

Что такое прощение?

Похоже, люди всегда думают, прощая обидчика, они допускают, что его недостойное поведение безнаказанно сойдет ему с рук. Дело здесь совсем не в этом. Прощение означает, что вы прощаете обстоятельства и себя за любую роль, которую вы в этих обстоятельствах сыграли.

Однажды пациент сказал мне: «Как я могу простить и покончить с тем, что было таким болезненным? Я так много страдал и теперь должен забыть про всю перенесенную боль?» Я спросила его: «Эта боль – трофей, который вы показываете другим? Вы думаете, что так сильно и много страдать – это достижение? У вас, возможно, хорошая выносливость, но это не вы. Ваше прошлое теперь просто история. Оно больше не актуально. Держась за боль и рассказывая другим историю о выживании, вы сохраняете болезненное прошлое живым. Но это больше не вы».

Когда я произносила эти слова, у пациента случился настоящий прорыв. Такое случается, когда жертва насилия, уже переосмыслила травму и теперь просто держится за свою историю, которая дарит уникальность и смысл жизни. Без истории о выживании, человек чувствует себя незначительным.

Все это примеры различных уровней, на которых мы можем переживать боль и насилие. Мы держимся за проблемы и боль по разным причинам, которые саботируют возможность простить и жить дальше.

Шаги, блоки и препятствия, которые саботируют на пути к прощению
Прощение происходит в два этапа

На практике, при помощи техники БТЛ, прощение происходит в два этапа. Первый из них (всегда) заключается в обращении ко вторичной выгоде. Почему вам выгодно не прощать? Как было видно в примерах выше, выгода может заключаться либо в некой цели, либо создаваться иллюзией силы. Мы ошибочно считаем, что простить - значит спустить все обидчику с рук.

Когда вторичная выгода была выявлена, нам все еще нужно разрешить проблему глубинной травмы. Пациент должен знать, что он снова полноценен и готов взять на себя ответственность за свою жизнь. Если это сделано, то больше прощать нечего.

Месть

Потребность в мести – это другой ослабляющий фактор. Месть только погрузит вас в бездну беспокойства. Месть будет провоцировать негативные мысли; вся ваша жизнь начнет вращаться вокруг них, и , если не предпринимать никаких действий, в некоторых случаях будет приводить к мыслям о самоубийстве.

Если вы хотите добиться справедливости в отношениях с обидчиком, нужно что-то сделать. Разговорами здесь не поможешь. Найдите профессиональную поддержку. Существует множество групп и команд, которые готовят к тому, чтобы привлечь виновных к ответственности.

Страх потерять свою индивидуальность

Другим скрытым фактором, который останавливает людей, является страх потерять свою уникальность, если они перестанут держаться за свое прошлое.

Это было моей проблемой. Я не знала, что представляла из себя без моей истории и травмы. Мне казалось, что травма определяла мой характер и все, за что я боролась. Я настолько погрязла в истории своей жизни, что не могла расстаться с ней. Если я покончу со своей историей, то кем и чем я буду без своего багажа? Мне не на что будет жаловаться, некого будет винить. У меня не останется причин быть злой.

Когда вы начинаете познавать себя, то понимаете, кто вы на самом деле без всех проецирований, насилия и негативных мыслей, с которыми выросли.

Прощать проще, когда вы видите свет впереди

У меня не было цели в жизни. Я никогда не задавалась вопросами: «Кем я хочу стать без насилия? В кого я хочу превратиться, когда двинусь дальше и избавлюсь от боли? Что случится, когда я прощу бабушку, дедушку и отца?»

Как только вы поймете, что готовы работать над переменами в своей жизни, путешествие к исцелению станет легче и понятнее. Теперь у вас появится отправная точка.

Однажды мой друг сказал мудрую вещь: «Люди как волны в океане. Одни из них изящны, другие разрушительны. Тем не менее, они никогда не остаются на берегу, они всегда уходят, меняются и никогда не принимают тот же вид, размер и форму».

Люди играют в нашей жизни такую же роль. С чем-то мы должны мириться, ведь мы не можем менять законы природы. Так и с прошлым: невозможно изменить то, что случилось, однако, мы можем изменить отношение к этим событиям.

Глава 16 Принятие и его осознанность

Принятие для большинства из нас означает, что мы что-то не сумели.   Не смогли успешно сопротивляться обстоятельствам, которые бросили нам вызов, не смогли их изменить. Во время взросления нам говорили, что в жизни есть вещи, которые просто придется принять, хотим мы того или нет. Приятие возникает,   когда приходится принимать то, чему вы сопротивляетесь, что противоречит вашим убеждениям и ценностям. В конце концов с принятием у нас формируется негативная ассоциация. Однако можем ли мы научиться принимать обстоятельства, не влияя при этом на свободу воли?

Что если мы можем принять нежелательные обстоятельства жизни такими, какие они есть? Можем научиться принимать вещи, которые не можем изменить или сопротивляться им? Что если таким образом наша сила будет увеличиваться, но не уменьшаться?

Это значит, что мы можем наблюдать за нежелательной ситуацией с абсолютно   другой точки зрения. С точки зрения не «замутненной» старой травмой, не обусловленной теми обстоятельствами, что вам пришлось принять. При этом вы чувствуете себя либо травмированным, либо очень обиженным человеком.

Процесс принятия станет легче, как только вы начнете переосмысливать и отпускать негативные ассоциации и прошлый негативный опыт.   Оно больше не будет ассоциироваться с неудачей, унижением или чувством, что вам приходится жить с тем, с чем вы боролись всю сознательную жизнь. Мы можем принять обстоятельства прошлого и изменить обстоятельства, которые существуют сейчас с большей легкостью, изяществом и чувством своей силы и контроля над ними. Возможно, вы взглянете на свой жизненный путь с более глубоким осознанием, вместо того, чтобы смотреть на вещи с «загрязненной» перспективы. У вас будет энергия и воля, чтобы сконцентрироваться и взять из своего опыта все необходимые знания для движения вперед. Вместо того, чтобы закрываться от своего опыта и жизненных уроков, вы можете принять их, сделать выводы и двинуться дальше без сожалений и обид.

Принятие не означает, что вы слабы или у вас слабые личные границы. Принятие означает понимание случившегося с вами без необходимости держаться за злость и обиды, как за щит. Вы познаете глубокий смысл того, почему все происходит так, как происходит.

Процесс принятия близок к смирению, смирение совсем не значит «отдаваться» кому-либо или чему-либо. Это ни в коем случае не значит покорение обидчику! Смирение означает, что вы осознали, что стоит вашего времени, а что нет. Вы покончили со всеми нездоровыми ситуациями, которые в прошлом выбирали и отношениями, изжившими себя.

Исцеление и личностный рост требуют такой вид принятия, при котором вы чувствуете себя сильным, а не подавленным и побежденным. Как только наступает истинное принятие, ваше осознание реальности, дружбы и даже отношение к себе начинают меняться. Они меняются в лучшую сторону поскольку «фильтры» восприятия (заставляя вас видеть то, что вы хотите видеть) перенастраиваются. Вместо того, чтобы видеть негативные стороны принятия, вы начинаете видеть возможности и новые пути для переписывания и создания своего будущего. Меняется фокус вашего восприятия обстоятельств. Травма и блоки из прошлого, связанные с принятием, не «загрязняют» путь, на котором вы учитесь и растете в своих отношениях.

Кто-то скажет, что мы можем найти принятие только тогда, когда увидим настоящую правду. Честно говоря, я считаю, что «настоящей правды» не существует. Если она есть, то кто будет судить о ней? Не будет ли мнение человека, который станет рассуждать «что является правдой, а что нет», «загрязнено» его собственной травмой и блоками? У кого нет травмы? Забудьте о правде, это – касательная и отклоняющаяся прямая от чего-то более важного. Не правда, а принятие, приведет вас к смыслу. Вы познаете, что на самом деле означает принятие.

Очень важно и жизненно необходимо разрешить проблемы, от которых вы убегали, потому что эти проблемы и блоки «загрязняют» вашу способность принять себя, свои недостатки, эмоциональный и духовный рост и отнимают волю двигаться дальше. Чем больше мы сопротивляемся чему-либо в жизни, тем больше мы это привлекаем. Мы саботируем свой личный прогресс и боремся против очень важного процесса принятия и путешествия.

Вы можете достичь данного уровня осознания, однако, любые изменения требуют от вас активности. Когда вы это достигнете, то не будете больше пребывать в «коме сомнабулизма», от которой страдает большинство людей. Не будете принимать все как должное, как оно показано и спланировано для вас. Не будете ведомым, вы станете ведущим для себя. Именно в это время вы восстановите свою силу, энергию, мысли и мотивации в изящном и дающим надежду образе. Подобные изменения очень хороши и полезны для вашего будущего.

Часть 3 Самоисцеление

Глава 17 Уход из отношений с насилием

Разрывать отношения с насилием не так просто, как нам хотелось бы. Когда мы становимся жертвами повторяющегося цикла насилия и оскорблений, то это перестает казаться проблемой и становится чем-то нормальным. Остановить привычные скандалы, издевательства и насилие может быть трудно, особенно если у вас нет опыта или личных развивающих «инструментов» для изменения своей среды. Под словом «инструменты» подразумеваются понимание и знание как безопасно постоять за себя. Они также ведут за собой то, что вы чувствуете себя уверенным, уважаемым человеком, знаете и отстаиваете свои личные границы.

Если у вас нет этих «инструментов» и самосознания, то вам грозит опасность принятия жизни такой, какая она есть.

В первую очередь необходимо понять свою жизнь и себя, и причину того, что привело вас к насильственным отношениям. Одна вещь при этом абсолютно очевидна: в том, что кто-то вел себя неподобающе и неприемлемо, нет вашей вины. Вы не несете ответственности за действия другого человека, его поведение и выбор языка.

Когда вы решаете двигаться дальше

Прежде чем разорвать отношения с насилием, присмотритесь к вашим естественным потребностям. Начните с себя. В случае необходимости, обратитесь за консультацией к врачу. Станьте участником общественной группы, которая дает силы и поддерживает людей в уязвимом положении. Существует большое количество бесплатных горячих линий помощи. Вы можете обращаться туда за советом или эмоциональной поддержкой. Интернет стал удивительным источником информации, где вы можете найти соответствующие поддержку и руководство.

Некоторые вещи могут стать хуже, если мы не позаботимся о себе. Четко представляйте себе то, какие шаги вы собираетесь предпринять.

У меня была очень тяжелая ситуация. Опасаясь, что мой бывший молодой человек может меня найти, я переехала в другой город и прервала общение со всеми друзьями. Я не могла никому доверять, за исключением мамы.

Когда я работала в Кимберли, один из моих коллег посоветовал мне подать заявление на работу в новое место, которое открывалось в Йоханнесбурге. Мне эта идея показалась прекрасной, потому тогда я смогла бы финансово обеспечивать себя. В то же время, на тот момент это был, пожалуй, самый безопасный и быстрый способ уехать и начать новую жизнь.

Мой первый шаг заключался в том, чтобы создать жизнь, в которой у меня есть свобода. Мне нужна была цель, ради достижения которой я бы работала. Все, чего мне хотелось, это – иметь свободу, самостоятельно принимать решения и чувствовать себя в безопасности.

Я была решительно настроена покинуть Кимберли, поэтому подала заявление на работу и получила ее! Путь был открыт.

Принять это решение было непросто, но я знала, что делаю правильный выбор. После разрыва с парнем я пережила целую гамму эмоций. Уходить может быть очень тяжело, и это не всегда так однозначно. Иногда мы проходим через такие эмоциональные состояния, которые вызывают сомнение в нашей собственной силе и способности двинуться дальше.

Кратко изложу несколько важных этапов этого переходного периода.

Эмоциональные этапы до и после разрыва отношений с насилием

Этап 1

На данном этапе возможны два варианта развития событий. В первом варианте человек осознает, что он находится в насильственных отношениях, когда ему на это указывают. Во втором случае появляется непреодолимое желание найти что-то лучшее в жизни, и оно подталкивает его к этому поиску. Он осознает, что в мире гораздо больше вещей, чем просто боль, печаль и постоянное ощущение себя в ловушке.

Мы сознательно работаем над собой, потому что мы больше не хотим той жизни, которая у нас была. Эмоции и страх, что появляются при мысли о разрыве насильственных отношений, могут быть пугающими. Вам может показаться, что вы не справитесь с этим, станете слабым и бесчувственным человеком. Будет казаться, что вы недостаточно контролируете свою жизнь, чтобы совершить перемены. Когда вы знаете, что должны двигаться дальше, подавленная травма и печаль начинают всплывать на поверхность: с обидчиком будущего нет.

Чем лучше вы осознаете свое нынешнее положение, тем больше эмоций начнет появляться. Вы наконец-то осознаете прошлые решения, слабость личных границ и то насколько инертным человеком стали.

Этап 2

Вы начнете понимать, что вы не родитель обидчика и не обязаны за ним присматривать. Вам больше не нужно оправдывать его недостойное поведение, не нужно брать на себя чужую ответственность.

Вы больше не должны быть виновным в чужом отталкивающем поведении. Это не ваша работа или обязанность пытаться сохранить совместную жизнь с обидчиком и держать его за руку.

Неожиданно вы понимаете, что больше не подчиняетесь насильственной жизни. Вы ощущаете, что у вас есть свобода воли и вам не нужно мириться ни с каким насилием. Вы приходите к осознанию собственной божественности, и ваше мышление начинает обращаться обратно к вам и вашим потребностям.

Этап 3

Теперь вы задумываетесь: «Стоит или не стоит мне уходить? Будет ли с ним (с ней) все в порядке без меня? Может, стоит попробовать еще один раз, последний, прежде чем решать уходить? Может, в этот раз я смогу все изменить? Может, он(а) любит меня настолько сильно, что изменится? Ведь в наших отношениях есть что-то особенное».

Нам приходится отвечать на огромное количество вопросов.

Сможет ли он(а) найти меня, когда я уеду, и снова причинить боль?

Смогу ли я?

Где я найду поддержку?

Найду ли я кого-то другого?

Смогу ли я финансово обеспечить себя?

Не отступайте, даже если у вас есть дети, и выживать будет сложнее. Дети сами по себе достаточная мотивация, чтобы выбираться из сложившихся обстоятельств.

Подобные вопросы начнут возникать постоянно. Важно, чтобы у вас было как минимум три плана действий, на случай если первый и второй не сработают.

Например, переезд к другу, который поможет с жильем, пока вы встаете на ноги. Однако имейте ввиду, что если ваш бывший парень агрессивен, то ваше присутствие в квартире друга подвергает его и его семью опасности. В этом случае, я рекомендую вам отправиться в полицию или, например, общественный центр по поддержке людей, подвергшихся насилию. Там вы сможете рассмотреть возможные варианты того, как выбраться из среды обитания насильника.

Этап 4

Как только сформировался план действий, вы почувствуете, что готовы. Однако этот процесс может затянуться как на несколько дней, так и на несколько недель, а может и дольше.

Обычно для этого нужен один последний эмоциональный удар или жестокий спор, сопровождаемый насилием, чтобы окончательно заставить человека поставить вопрос о безопасности на первое место.

Когда вы уже покинули привычную среду, в которой жили столько лет, иногда появляется соблазн вернуться обратно к бывшему (-ей) возлюбленному (-ой). Порой вы словно забываете насколько дискомфортным было ваше положение. Вы забываете, почему ушли от обидчика. Новая жизнь может показаться еще труднее, особенно в сочетании с неизвестностью и вновь обретенной свободой.

После разрыва отношений вы все еще слишком чувствительны, и ощущение постоянной опасности может усилиться. Однако неуверенность начинает ослабевать, когда вы понимаете, что делаете все правильно.

Самая главная часть в начале новой жизни – это суметь встать на ноги и придерживаться своего плана. Вы станете наслаждаться обретенной свободой, радуясь новой жизни, которую вы себе подарили. Не исключено, что время от времени будет проскальзывать мысль: «Я по нему/ней скучаю. Может, стоит попробовать все сначала?» В этот момент вы формируете свою позицию. Теперь у вас сильные личные границы.

Вы создали новую жизнь. Вы прошли через все фазы злости, уныния, печали и обиды. Вы действительно хотите вернуться назад и вновь попасть в прошлое? Основательно подумайте об этом!

Изменится ли когда-нибудь обидчик?

Это решение должен принимать сам обидчик. Ему нужно приложить усилия, чтобы исправить свое агрессивное поведение. Обидчик станет искать помощи и профессиональной поддержки, как только вы позволите ему показать вам, что он хочет измениться. Однако такие перемены обычно случаются не надолго. Обидчик начинает притворяться, что изменился, с целью заполучить вас обратно в сети своей власти.

Естественно, есть случаи с положительным и счастливым концом, но таких, к сожалению, меньшинство. Обидчик иногда действительно начинает обращаться за профессиональной помощью, чтобы убедить вас, что хочет измениться. Здесь также может скрываться другой подвох: обидчик старается показать, как сильно заботиться о вас.

Тем не менее, настоящая природа обидчика, скорее всего, снова проявится. Более того, он даже может начать наказывать вас; обвинять в том, что вы стали причиной его психологических проблем. Он сумеет развернуть ситуацию так, что вы станете корнем всех проблем, которые заставили его обращаться за профессиональной помощью.

Обидчик редко берет на себя ответственность за действия и реакции – виноваты все остальные. Бывают случаи, когда он все же признает, что сделал что-то неправильно. Однако цель этого признания – убедить вас остаться до тех пор, пока он снова не выйдет из себя.

Глава 18 Что если мой друг подвергается насилию?

Не исключено, что именно по этой причине вы читаете данную книгу. Однако помощь другу поднимает ряд вопросов, совершенно отличных от тех, которые мы задаем, помогая себе. Например:

- стоит ли вмешиваться, и если да, то в какой момент?
- какую поддержку оказывать: быть просто слушателем или принимать активное участие?
- что делать, если ваш друг подвергается насилию, но отказывается от помощи?

Неприятно слышать рассказы близкого друга о том, что он является жертвой насилия; о том, как у него или нее отнимают ключи от дома или машины, чтобы невозможно было уйти. Трудно не злиться, когда слышишь такого рода признания. Это пробуждает внутреннюю потребность помочь другу и защитить его. Иногда мы начинаем помогать друзьям и не спрашиваем их об этом.

Просит ли друг о помощи?

Ваш друг хочет просто поговорить или просит о помощи? Если вы пытаетесь помогать человеку, который находится в насильственных отношениях, но он не просил вас о помощи, вы создаете еще больше проблем. Важно понять, о какой поддержке вас просят.

Если оказывать поддержку, о которой не просили, то ей вряд ли будут рады и, скорее всего, ее отвергнут. Если друг не просит вас о помощи напрямую, значит, он не готов сделать первый шаг на пути к своему спасению.

Трудно помогать тем, кто стал бессильной жертвой жизненных обстоятельств, особенно если сам человек этого не замечает. Ему будет казаться, что ваши поддержка – это лишь помеха; что вы осуждаете его образ жизни.

Другу может казаться, что вы проецируете свои ценности и желания на него. Он опасается контроля с вашей стороны.

С чего начинать

Самое лучшее выслушивать, без осуждений. Если вы стали свидетелем насилия (в паре один из партнеров кричит на другого), то вам следует поговорить об этом. Если вы заметите следы насилия (например, синяки), то спросите об этом, но не удивляйтесь, если им найдут объяснение или солгут.

Важно, чтобы вы не выступали в роли «спасителя» человека, подвергающегося насилию, так как он может почувствовать в этом угрозу. Если ваш друг остается в насильственных отношениях, значит, это - взвешенное решение и оставаться в этих отношениях безопаснее, чем разрывать их. Если решите принять участие, то рискуете нарушить хрупкий баланс, тогда ваше предложение о помощи будет казаться небезопасным. Поэтому важно, что вы просто слушаете.

Спросите друга, что он намеревается делать со своей ситуацией. На практике разговоры ничего не изменят к лучшему для вашего друга, однако сам факт, что вы говорите об этом, даст ему или ей почувствовать, что кто-то понимает и готов поддержать. Таким образом, он будет знать, что когда понадобится помощь, можно обратиться к вам.

Чрезвычайно важно быть честным с другом. Говорите с ним во вдохновляющей и тактичной манере, так, будто уверены: он или она будет слушать вас и разбираться в сказанном.

Держите собственные проблемы в стороне

Опасайтесь быть вовлеченным в личную жизнь друга. Это может произойти в том случае, если у вас существует неразрешенная боль или обида, возможно, оставшаяся от насильственного прошлого. Возможно, что это - часть вас, которая на подсознании просит о помощи. Мне приходилось видеть людей, которые были поражены и полностью погружены в стресс из-за ситуации с другом. Такое отношение к чужим жизненным обстоятельствам появляется потому, что этим людям также нужно было ощущение безопасности.

Ваша реакция на происходящее в жизни друга может указать на то, что вы сами никогда не переживали. Вы ассоциируете себя с его болью. Всегда проще помогать другим, чем себе, ставя свои потребности на второе место.

Когда мы сталкиваемся с тем, кто нуждается в помощи, главное четко определиться, есть ли что-либо внутри нас, от чего тоже требуется исцелиться? Это особенно актуально в случае, когда мы сильно вовлекаемся в жизнь друга. Помогая сначала себе, а затем другу, вы будете делать ему большое одолжение, потому что только так вы сможете быть абсолютно объективным относительно его жизненной ситуации.

Создание благоприятной среды

Если вы решите не останавливаться только на слушании и предложите помощь, главное, показать поддержку, которую можете оказать. По сути, вы создаете страховочную сетку. Убедитесь, что вы в состоянии оказать помощь, которую предложили. Не существует ничего страшнее для человека, пытающегося покинуть насильственные отношения, чем узнать, что у него нет поддержки, которую обещали. Определитесь, как вы хотите помочь: жилье, деньги, еда или транспорт, что-то другое. Четко решите, что вы способны предложить, и не надо давать слишком много. Позднее это может вылиться в обиду, что друг так много взял.

Убедитесь, что вы находитесь в постоянном контакте с другом: выберете день и время для связи. Следите за тем, что он справляется с обстоятельствами. Заведите даже кодовые слова, которые можно использовать в разговоре по телефону, если ваш друг не может открыто просить о помощи.

Будьте уверены, что вы определились с тайным местом для встреч. Такое место важно иметь, когда встречаться в доме небезопасно. Если вы физически находитесь далеко (например, живете в другом городе), то вы можете предложить и даже оплатить несколько консультаций со специалистом. Таким образом, ваш друг сможет пообщаться с кем-то с глазу на глаз, когда это понадобится. Подобные консультации помогут разработать план действий на случай, если придется срочно покидать дом. Само наличие запасных планов даст вашему другу ощущение безопасности, является большой поддержкой и мотивацией для разрыва насильственных отношений. Когда наступит критический момент, он будет знать, что делать. У него будет план действий. Удаляя переживания по поводу того, где спать, есть и принимать душ, вы делаете весь процесс гораздо легче. Обеспечить другого основными удобствами – уже достаточно.

Ваша цель заключается в том, чтобы оказывать помощь и содействие процессу вместе с другом, но не для него. Не пытайтесь ничего контролировать. Последнее, что вашему другу нужно, это уйти из отношений с тотально контролирующим партнером и попасть под ваш контроль. Он должен научиться независимости. Иначе вскоре он снова окажется в отношениях, где попадет под контроль другого партнера.

Не жалейте своего друга, говоря: «О, бедняга. Мне так жалко тебя. Жизнь у тебя, наверное, такая тяжелая». Произнося подобное, вы намекаете, что он слаб, у него недостаточно внутренней силы для того, чтобы что-то предпринять. У вашего друга есть внутренняя энергия, с помощью которой он может изменить свою жизнь. Просто он еще не принял это решение или не получил нужной поддержки.

Вместо жалости, наоборот, напомните другу, как важна его свобода, какой он замечательный человек. Возможно, он забыл каким сильным, независимым и могущественным был когда-то. Напомните ему, что он также заслуживает уважения, любви и поддержки, как и все остальные.

Если вы застали кого-либо в трудном положении, лучшее, что можно сделать, это напомнить человеку о его гениальности. Он только на время забыл об этом своем качестве. Если ваш друг находится в опасной ситуации, подвергается жестокому обращению, то всегда заручитесь профессиональной поддержкой, когда он решит порвать болезненные отношения.

Информированность о возможных последствиях, сделает момент расставания легче и безопаснее. Используйте свою рассудительность, чтобы определиться, не зашли ли вы слишком далеко в попытке поддержать друга.

Всегда обращайтесь к социальным работникам, надежным друзьям, адвокату, профессиональным тренерам, специализирующимся на проблеме насильственных отношений.

Будьте другом, но не советчиком. Будьте источником поддержки, но не верстальщиком. Задумайтесь о том, где начинается и заканчивается ваш собственный эмоциональный багаж. Не навязывайте свои желания другим, но если это и случилось, помните, у каждого есть право выбора.

Естественно, совершать действия и принимать правильные решения будет легче с вашей поддержкой. Но в конечном счете, первый шаг должен предпринять ваш друг. Даже если вы чувствуете, что время совершать перемены уходит, проявите терпение и потом сможете постоять за своего друга. Возможно, он еще не готов, поэтому не торопится.

Вы можете любить и терпеливо поддерживать друга, пока он не будет готов к переменам. Когда он созреет для них, будьте готовы помочь всем, о чем он не попросит.

Глава 19 Исцеляем себя. Система трех шагов: признание, позволение, принятие (ППП)

Понять и принять негативную ситуацию или обстоятельства из прошлого - легче сказать, чем сделать. Мне пришлось открыть для себя, что поиск мести через насилие или превращение в обидчика – это не вариант. Я пользовалась теми же инструментами - грубое обращение, агрессия, оскорбления и гнев, - которые применял ко мне отец в детстве. Теперь я вижу, насколько больше вреда, чем пользы, я наносила не только другим, но и себе.

Это был длинный путь, каким он, наверное, будет и для вас, если вы пережили похожий опыт. Мне пришлось оставить многие вещи в жизни и двинуться к другим. На пути к исцелению я поняла ценность признания, позволения и принятия проблемы.

Когда вы признаете то, что вызывало трудности в жизни, то вместо подавления событий, получаете их осознанное понимание. Когда вы подавляете травму и неприятные ситуации, то в определенный момент они снова возвращаются и кусают, когда вы этого уже не ждете.

В данной главе я расскажу о простом инструменте для исцеления себя. Этот способ состоит в том, чтобы осознать подавленную боль.

Хочется подчеркнуть, что техника ППП не является БТЛ, которую я тоже рекомендую. Изучить технику БТЛ по книге невозможно (для достойного результата необходима работа с квалифицированным специалистом). Я рассказываю о технике ППП здесь, потому что хочу, чтобы вы начали движение к прогрессу уже сейчас. Тем не менее, если вам нужна помощь, чтобы сделать большой шаг к изменению своей личности, обратитесь к специалистам БТЛ, которых можно найти на моем сайте. Работая вместе с ними, вы обретете здоровую личность и почувствуете себя так, будто никогда не подвергались насилию.

В процессе исцеления, концентрируйтесь на своих эмоциях, а не на истории, которая с вами произошла

Вместо того, чтобы говорить о насилии, как таковом, сконцентрируйтесь на чувствах и эмоциях. Эмоциональное страдание возникает не по причине физических действий, но в результате вашей реакции на произошедшее. При исцелении в центре внимания должно быть то, как вы себя чувствуете.

Спросите себя: «Что я чувствую по отношению к насилию или определенному событию?» Задаваясь данным вопросом, не старайтесь вернуться назад во времени и мысленно снова пережить случившееся. Важно то, как вы относитесь к этому сейчас. Здесь находится отправная точка, в которой ваша травма залегает в настоящем.

Наиболее часто встречающиеся ответы на вопрос – это гнев, ярость, отвращение, вина, стыд, ужас, борьба или бегство, охлаждение и бесчувственность. Если эмоции, которые я перечислила, не вошли в список, продолжайте работать с тем, какие чувства испытываете вы. Проследите за тем, где на своем теле вы ощущаете эмоцию, и положите туда руку.

Продолжайте спрашивать: «Когда я чувствую ...., что со мной происходит?» Ответ на первый вопрос становится вторым вопросом: «Что я чувствую, вследствии этого ....?» Продолжайте задавать вопросы, пока не поймете, что идти дальше не можете, так как больше не осталось эмоций.

Помните, что вы ищете эмоции, но не историю. Ваш ответ должен состоять из одного слова, это должно быть название эмоции.

Если вы не можете подобрать правильного слова для эмоции, то продолжайте с чувствами. Когда вы дойдете до конечной точки, то начнете двигаться по кругу, не вызывая новых эмоций. В этот момент приступайте к следующему этапу техники ППП.

Закройте глаза. Помолчите несколько секунд, будьте здесь и сейчас, следите за своими ощущениями. Если вы чувствуете, что не собраны, дайте волю всем эмоциям и голосам в голове и сердце. Дайте им свободу, позвольте высказать все, что им нужно. Когда вы почувствуете себя спокойнее, следуйте шагам, описанным ниже.

Пример:

Я *признаю*, что чувствую (эмоция/травма, например, *злость*) и я признаю, что это выводит меня из себя и я вынуждена это скрывать (это стало бы вашим окончательным ответом на исцеление).

Я *позволяю* себе чувствовать … (например, *злость*). Мне больше не нужно это подавлять. Я разрешаю себе испытывать это чувство.

Я *принимаю* то, что я чувствую (*злость*) сейчас и подавлял(а) ее (злость) раньше. Теперь можно без опасений двинуться дальше. Я признаю, что мной руководила …. (*злость*). Я уже достаточно заплатил(а) за это (*злость*), теперь я выбираю движение вперед.

Например, если после ссоры вы чувствуете беспокойство и гнев, не взирая на ваше состояние, следуйте технике ППП. Вы можете спокойно **признать**, что нервничаете и злитесь. Затем мы **позволяем** себе быть такими, то есть разрешаем злиться и нервничать. И, наконец, **принимаем** случившееся и тот факт, что мы злимся и нервничаем. Скажите себе: «Я уже достаточно заплатил(а) за все».

Привнесение осознания в проблему дает возможность избавиться от нее, вместо того, чтобы пытаться подавлять ее и бороться с ней. Нам даже не всегда нужно знать, *почему* мы чувствуем именно именно это. Вам нужно научиться осознавать свои эмоции и не больше. Этот процесс не должен превращаться во внутреннюю войну. Не спорьте и не боритесь с собой из-за того, что испытываете грусть или злость. Рационализация вещей делает их хуже, чем они на самом деле есть.

Наступил момент, когда вы готовы к эмоции. Воспользуйтесь возможностями, которые вы получаете в течение дня, чтобы освободиться от бремени эмоций, привнося в них осознанность. Когда вы переключаете сознание на проблему, которую обычно подавляли, то у вас появляется и накапливается энергия для движения вперед. Эта же энергия будет способствовать разрешению проблем. Позвольте себе изучить свои эмоции так, чтобы почувствовать себя в безопасности и, как говорится, встать у руля.

Когда мы осознаем и признаем подавленную проблему, то облегчаем бремя необходимости держаться за нее. Держась за проблемы, мы тратим много энергии. Если вы позволите этому разрастись и выйти из-под контроля, то получите эмоциональное, физическое и духовное истощение от потери энергии. Испытывать злость, держаться за негативные и мстительные мысли отнимает у вас большое количество энергии.

Соберите ее и перенаправьте на достижение высшего потенциала.

Рекомендую вам также перечитать часть о скрытых выгодах. Посмотрите, обнаружите ли вы какие-либо скрытые выгоды в вопросах, в решении которых вы чувствуете, что стали инертным и застряли в проблеме. Если таковые найдутся, то повторите пошаговую технику ППП.

Глава 20 Начало Быстрой Трансформации Личности (БТЛ)

В данной главе я коснусь нескольких идей и концепций, чтобы объяснить вам, что такое БТЛ и что делает эту технику настолько полезной и эффективной.

Когда вы работаете по технике БТЛ, то не имеете дела ни с какими клятвенными заверениями, визуализацией, мантрами или магией. Мы предлагаем простые научно-проверенные методы, которые уникальны по двум причинам: они действительно работают и полученные результаты являются перманентными. Вне зависимости от того, мучаетесь ли вы глубинной травмой или лишь небольшими страхами, результаты будут.

БТЛ – терапия, основанная на спокойном общении со специалистом. Техника разрабатывалась таким образом, что те, кому необходимо работать над болезненными вопросами, не обязаны говорить о своей травме. Она основана на новых принципах психологии и эпигенетики. Личные тренеры и психологи применяют их при работе с пациентами. Ими же пользуются простые люди для достижения своих целей. Спортсмены и бизнесмены, стремящиеся к достижению наилучших результатов, применяют принципы БЛТ и получают тот последний процент энергии, которая отличает их от остальных. Если в вашей жизни есть проблемы, которые сдерживают вас в силу подавленной травмы (в их число входят страхи, негативные убеждения, заниженная самооценка и так далее), то БТЛ поможет вам.

Мы с мужем создали технику БТЛ в 2009 году. Мы осознали, что все существующие техники и методы в основном обходят травму, но не занимаются лечением ее источников. Поняли, что большинство техник упускают жизненно важные детали травмы, вторичные выгоды и шаблоны поведения, которые перерождают травму. В результате этого люди продолжают привлекать в свою жизнь нездоровые отношения и события. Звучит знакомо?

Говоря языком БТЛ, другие методики обходят травму стороной и работают над ее симптомами и тем, с чем она связана, но не над самой травмой. Нам удалось обнаружить невероятно эффективный способ разрешения данной проблемы.

Пожалуй, лучшее описание для БТЛ можно выразить в формуле: «50% науки и 50% искусства». Удивительные результаты достигаются, когда наука и искусство соединяются.

БТЛ состоит из двух частей

Метод тройственного ума – самая эффективная техника по выявлению травмы (это – «научная» часть). Научный аспект сам по себе не дает результатов; БТЛ работает только при комбинировании науки и искусства. Попробую объяснить, почему.

Наука + Искусство = Чудо

Метод тройственного ума (МТУ) поистине удивителен. Он тотчас же исцеляет от самой глубокой травмы раз и навсегда. Однако тут есть загвоздка: вы должны очиститься от «правильной» травмы, если хотите огромных перемен в жизни. Давайте представим, что в вашей жизни был миллион травм, в число которых входят и травмы родителей, бабушек и дедушек (ведь их травмы неуловимым образом тоже оказывают на нас воздействие). При помощи МТУ можно очиститься от любой из них в отдельности – но это вряд ли принесет заметные изменения.

Результаты от техники БТЛ становятся видны, когда мы сочетаем ТММ с выявлением *ключевой* травмы. Это будет вторым шагом. Мы применяем несколько различных подходов (им обучают на разных курсах), повышающих эффективность обнаружения и очищения от «правильной» травмы. Например, базовая техника (изучается на Первом уровне) помогает найти одну или две ключевых травмы, которые обладают определенным симптомом. Техника перезачатия (изучается на Втором уровне) и техника самоидентификации (изучается на Третьем уровне) могут очистить от сотни или даже тысячи травм и в то же время выявить ту деталь, которая сдерживает все на своих местах. Данная часть терапии является истинным искусством!

Таким образом, БТЛ представляет собой очень эффективную технику исцеления, в которой сочетаются две вещи: Метод Тройственного Ума и одна из форм искусства. Существующие серии подходов можно использовать для поиска «правильной» травмы, чтобы очиститься от нее навсегда.

В чем заключается научность МТУ?

МТУ – это один из крупнейших прорывов в истории психотерапии. Он сочетает две части: очень простую психологическую модель мозга (МТУ) и сильную исцеляющую технику (последовательное признание).

Метод тройственного ума – это способ понимания того, как работает наш мозг. Данный термин не совсем корректен с точки зрения нейробиологии, но он создает структуру, которая иллюстрирует представление о работе наших мыслей, чувств и инстинктов. Представьте себе простую схему: голова-сердце-живот.

Голова (передняя часть мозга или неокортекс) контролирует логику мыслей, слов и идей. Сердце (лимбическая система или мозг млекопитающего) отвечает за эмоции. И наконец, тело, или инстинкт живота (рептильный мозг или R-комплекс) руководит основными потребностями или инстинктами выживания.

Данное разграничение очень важно, так как оно поможет понять, почему БТЛ гораздо эффективнее других техник. Многие люди пытаются изменить свои мысли и симптомы (работая головой) или переосмыслить свои эмоции (в сердце), но ни эмоции, ни мысли не отвечают за нечто более существенное – инстинкты выживания в рептильном мозге.

Основываясь на исследованиях передовых психиатров Левина (Levine) и Скаера (Scaer), мы с Саймоном открыли, что включение и отключение инстинктов может моментально изменить эмоции, мысли и широкий круг телесных симптомов. Однако, в отличие от названных психиатров, мы нашли способ моментально отключать инстинкты без психотерапии!

Последовательное признание

Техника БТЛ содержит в себе то, что мы называем последовательное признание. Это – способ моментального переключения в себе и других инстинктов выживания (таких, как инстинкт борьбы или бегства). То, на что обычно уходят часы регрессии или психотерапии, можно достигнуть за пять секунд. В этом заключается ключевое отличие БТЛ от других техник.

Когда вы работаете с моделью тройственного ума, пытаясь обнаружить инстинкты, которые держат травму на своем месте, а затем используете последовательное признание, вы можете моментально очиститься от травмы и всех негативных эмоций, убеждений и симптомов. Все очень просто. Это нужно увидеть, чтобы поверить!

Как была разработана техника БТЛ?

БТЛ – это новейшая техника, которая была изобретена после многих лет изучения ведущих мировых техник по личностному росту и исцелению.

Можете считать ее оригинальной техникой, что сэкономит вам годы изысканий и десятки тысяч долларов. Наша команда высоко квалифицированных исследователей изучила множество техник исцеления. В каждой из них мы нашли жизненно важные идеи, которые затем интегрировали вместе, и возникла техника БТЛ.

Глава 21 Исцеление обидчика внутри

Исцеление обидчика (по Саймону Роуз)

В данной главе я описываю один из самых важных этапов в процессе исцеления. Он является настолько деликатным, что большинство психологов полностью опускают его, потому что боятся расстроить или вывести из равновесия пациента. На мой взгляд, это – трагедия.

Конечная точка процесса исцеления

«Исцеление не завершено до тех пор, пока любовь жертвы к обидчику не восстановлена. Если эта любовь признана, жертва вернет свою чистоту, а в ней кроется огромная свобода», - Дж. Левин, автор книги *Исцеление людей, семей и наций*.

Многие из вас найдут это утверждение спорным и, возможно, разозлятся. Хорошо. Моя идея заключалась в том, чтобы вы остановились и задумались. Почему такая простая мысль кажется спорной? Это может быть только по одной причине: наше общество все воспринимает через дуальность. Мы любим «правильное» и «неправильное». Жертва – «хорошая», а насильник – «плохой».

Ничего не может быть настолько далеко от истины. «Жертвы» и «обидчики» - это не разные типы людей. Нет «дьявола», есть только нанесенный вред. Некоторые люди, которые получили вред, навсегда сохранят насильственный цикл, если будут продолжать причинять вред другим.

Травма циклична. *Насилие порождает насилие* (от Матфея 26:52). Жертва становится насильником. Этот шаблон живет в поколениях, пока не появится смельчак, который его остановит. Цикл будет прерван, если любовь жертвы к насильнику была восстановлена.

Как восстановить любовь и разорвать насильственный круг?

Я уверен, что существует более чем один способ достичь конечной цели и восстановить поток любви. Возможно, этих способов столько же, сколько техник по исцелению (ошибка большинства психологов состоит в цели, используемая техника - вторична).

Я собираюсь описать вам всю процедуру, через которую проходят мои пациенты. Мы называем ее: «Исцеление обидчика внутри». В зависимости от готовности пациента, иногда мы проводим эту процедуру в самом начале, а иногда оставляем ее на конец.

Сама идея исцеления обидчика должна быть осторожно оговорена. Например, когда я сказал одной из моих недавних пациенток, что нужно восстановить вашу любовь, сочувствие и простить дедушку, который был насильственной фигурой в ее детстве, она заявила в шоке: «Вы, наверное, шутите!» Она обиделась и разозлилась на меня. Тем не менее, я настоял на своем и начал объяснять, что попытка исцелиться с помощью создания парадигмы «плохое-хорошее» ни к чему не приведет. Только через изучение исторического контекста, в котором ее дедушка вел себя насильственным образом, мы сможем прийти к исцелению. Она поняла эту мысль и очень быстро освободилась от травмы, поменяла взгляд на многие вещи в истории семьи.

Не все пациенты настолько готовы встретится с обидчиком внутри себя (данную концепцию я поясню ниже). Во многих случаях, прежде чем подготовится к избавлению от обидчика внутри себя, пациенту приходится пройти несколько сессий, где он избавляется от чувства агрессии и злости. Как только обидчик излечен, большая часть другой работы уже не обязательна (следовательно, этот шаг нужно делать в первую очередь, если пациент готов). Если шаблон насильственного поведения разрушен, то мы возвращаемся к состоянию, как будто насилия никогда и не было, и нет проблемы, от которой нужно исцеляться. Этот «последний» шаг, по сути, мог бы быть первым, если бы только наша культура могла избавиться от дуальности восприятия мира.

Исцеление обидчика внутри

Лучший способ исцелить травму жертвы – это исцелить обидчика. Если мы можем восстановить любовь и сострадание обидчика, чтобы он не мог совершать насилия, то жертве будет проще подарить любовь и прощение. Однако, здесь есть хитрость. Насильник, скорее всего, был жертвой насилия до этого, то есть является частью цепи межродовой травмы.

Основоположник насилия в семье, возможно, умер несколько поколений назад – но у него ключ к разрыву насильственного цикла. Как можно исцелить того, кого нет в живых (или он жив, но не разговаривает с вами)? Вы исцеляете его внутри себя.

Существует большое количество способов объяснить как и почему это работает. Данный вопрос прекрасно описан через модель семейной души в Системе семейной терапии Хеллингера. Поскольку я не специалист по системе Хеллингера, то постараюсь объяснить, как я осмыслил и применил эту систему для себя.

Я допускаю, что внутри нашей психики есть «внутренняя мать», «внутренний отец» и все остальные предки и значительные люди из нашей жизни (учитель, обидчик и так далее). Например, моя внутренняя мать – это осмысление моей мамы, нагруженное всем багажом, которым я ее наделяю (осознанно или нет).

Если я хочу исцелить свою маму (в ее отсутствие), то лучший способ для этого – это исцелить ту часть меня, которая является «внутренней матерью». Делая это, мы добиваемся двух вещей: исцеляется то, что, как мне кажется, неправильно в ней, и исцеляется та часть меня, которая допускает тот факт, что с ней что-то неправильно. (Эти два момента слегка отличаются).

Если во время исцеления моей матери я понимаю, что она была жертвой насилия со стороны ее отца, то мне нужно заниматься исцелением своего «внутреннего дедушки». Если он тоже был жертвой, я продолжаю двигаться глубже в прошлое с намерением найти начало цикла насилия. (Это сделать проще, чем кажется. Просто прислушайтесь к своей интуиции и скажите: «Я позволяю себе увидеть первоисточник этого цикла или шаблона»).

Я считаю, достаточно легко понять, что каждый предок обладает голосом, который рассказывает свою историю внутри нас. Благодаря концепции ДНК и наследственности, мы можем признать, что объединяем в себе голоса предков, которых можем легко исцелить.

Но что же тогда с другими? Есть ли «внутренний насильник» без всякой наследственности? Ответ: «Да, конечно». Если не на уровне семьи, то на социальном и человеческом уровне мы все соединены. Когда на нас кто-либо производит впечатление (например, через любовь или насилие), то мы носим образ этого человека внутри себя. Этот внутренний голос мы исцеляем.

(Естественно, существует связь между исцелением внутреннего себя и исцелением человека во внешнем мире. Объяснение данной связи выходит за рамки данной книги, но она хорошо описана в других источниках, например, в Системе семейной терапии Хеллингера).

Процесс достаточно прост. Необходимо объяснить пациенту, что нам нужно понять и переосмыслить травму в системе и среде, которые сделали насилие возможным. Затем попросите пациента (когда он готов и спокоен) расслабиться и «представить себя человеком, который жестоко обращался со мной». На это может потребоваться время и некоторая настройка, так как нужно представить, о чем думает обидчик, что чувствует, как работают его инстинкты. Затем попросите пациента представить, что он ощущает травму, которая навредила и побудила стать жестоким. Вероятнее всего, что он увидит некую проблему из детства. Это может быть что-то конкретное (как «священник сделал это») или в общем некое смутное чувство беспокойства. Затем попросите: «Представьте, что вы идете назад, чтобы найти самую раннюю травму в этом цикле или шаблоне».

Все, что нужно делать пациенту, это представить себя первоначальной жертвой (которая также и первоначальный обидчик). Ощутите первоначальную травму, постарайтесь представить, что вы можете видеть/испытывать ее. Теперь примените свою технику (такую как ППП), чтобы очиститься от травмы. Если вы все сделаете правильно, то моментально очиститесь от шаблона насильственного поведения. Обидчик – больше не жертва и, следовательно, не злоупотребляет другими.

Когда вы закончите данный процесс (исцеление от самой ранней травмы), то возвращайтесь к проблеме самого пациента и его обидчика. Попросите пациента описать свое отношение к обидчику. В большинстве случаев это – любовь, сострадание, понимание и прощение. Если пациент не может этого почувствовать, то вам придется повторить процедуру (скорее всего, там кроется больше, чем одна травма). Существует возможность того, что нужно работать над собственными проблемами пациента: например, страхом того, что случится, если они покончат с травмой. (Прочитайте главу о вторичных выгодах).

Цель данной главы – не техника (я описал лишь один из подходов). Пожалуй, ключевой момент – это философия того, что любовь между жертвой и обидчиком предназначена для восстановления. Только тогда слова «жертва» и «обидчик» теряют свое дуалистическое значение.

Мой метод достижения этого состоит в избавлении от цикла травмы или шаблона насильственного поведения внутри нас самих. Представляя себя обидчиком (или первоначальным обидчиком цикла), мы можем освободиться от того, что называется «системное бремя», и начать заметные трансформации в пациенте. Данные трансформации дают возможность пациенту выразить сострадание обидчику и восстановить свою чистоту.

Помните, что выражение сострадания и прощения не снимает ответственности с обидчика за сделанное. Вполне возможно любить и прощать кого-либо, но при этом давать против него показания в суде и позволять Правосудию делать свое дело.

С любовью,
Саймон Роуз

Глава 22 Воплощение

Искусство воплощать свои желания в реальность становится более притягательным, когда вы разрешили проблему травмы. Теперь вы ищете пути создания новой жизни и даже новых отношений. Здесь я расскажу о нескольких простых способах, используя которые вы можете ускорить воплощение желаний, избегая ям, которые люди, как правило, упускают из виду в стремлении добиться своих целей.

Прежде мне хотелось бы подчеркнуть нечто важное: невероятно сложно воплощать в реальность любовь, если вы все еще носите насильственную травму внутри. Подобным же образом, чрезвычайно трудно реализовать желание благополучия, если вы по-прежнему страдаете от травмы бедности и финансовой потери. Согласно принципу закона притяжения, мы привлекаем в свою внешнюю жизнь то, что чувствуем внутри. Если в теле сидит насильственная травма, то именно это мы привлечем.

Надеюсь, вы согласитесь, что это и очевидно. Тем не менее, вы будете потрясены, как много людей тратят огромные деньги на курсы по воплощению, которые вряд ли когда-нибудь помогут. Воплощение – это не волшебный фокус. Не существует техники, которая поможет вам привлечь любовь, если вы ее не ощущаете.

Я целенаправленно оставила данную главу на конец книги – сначала вам нужно очиститься от всего. Чем больше травм излечено, тем сильнее вы будете привлекать любовь и благополучие в свою жизнь.

Четкие намерения

Чрезвычайно важно иметь четкие намерения. Намерение – это то же самое, что цель. Что вы хотите и что вы собираетесь делать, чтобы добиться своей цели?

Ваша цель может заключаться в том, чтобы привлечь нового возлюбленного, благополучие, любовь в свою жизнь…этому списку нет конца.

Когда вы хотите воплотить что-то в своей жизни, сначала спросите себя: «Чувствую ли я, что достойна благополучия/любви/успеха?» Если вы не ощущаете себя достойным того, что хотите, то как вы собираетесь привлечь это?

Следующий вопрос состоит в том, хотите ли вы того, в чем действительно нуждаетесь? Проистекает ли ваше желание x/y/z из недостатка желаемого или настоящей нужды в нем? Вы хотите x/y/z по веской причине? Например, вы просите о возлюбленном, потому что испытываете одиночество. Вместо этого, естественнее начать искать его, потому что вы чувствуете, что достойны быть любимой и находиться рядом с возлюбленным, чтобы разделить с ним свои стремления и жизненный путь.

Шаги к воплощению

Для начала давайте определимся: чего вы хотите? В чем ваша цель? Кого или что вы хотели бы воплотить в своей жизни? Начните с одной цели.

Затем спросите себя: «Чувствую ли я себя достойной получить желаемое прямо сейчас?» Если вы не ощущаете себя достойным, то привлечь что-то или кого-то в свою жизнь сложнее. Страх будет саботировать ваши желания.

«Что бы вы почувствовали, если бы имели x/y/z прямо сейчас?» Какие эмоции вы испытываете? Вы счастливы? Вы ощущаете стресс? Чувствуете ли вы страх, проявляющийся в теле?

Важно исцелиться ото всех травм, страха и стресса, которые возникают в связи с воплощением. Если вы ищете возлюбленного и у вас был травматичный или драматичный опыт с предыдущим партнером, то вы столкнетесь с трудностями, пытаясь привлечь правильного человека. Вы, возможно, пережили негативный опыт с партнером (он или она были агрессивными) и не разрешили данную проблему. Тогда есть большая вероятность, что вы привлечете нового, но похожего партнера. Когда вы воплощаете новые желания, важно связать оборванные концы.

Другой блок, связанный с воплощением, состоит в том, знаете ли вы, как чувствуются x/y/z? Скажем, вы хотите воплотить любовь, но ваши представления о ней связаны с насилием, тревогой и отрицательными эмоциями. Как вы собираетесь привлечь спокойную, нежную и мирную любовь, если ваши ассоциации с ней негативны?

Для начала вы должны уметь различить агрессивную и спокойную/нежную любовь. Если вы хотите определенного результата в жизни, будете ли вы чувствовать себя с ним безопасно? Был ли в вашей жизни случай, когда у вас была любовь или x/y/z, но вы не смогли поддерживать ее? Если да, то почему? Что случилось? Если есть травма, которая ассоциируется с этим, то необходимо ее разрешить.

Может оказаться трудным воплощать в жизнь эмоциональную свободу или нежную любовь, если вы не знаете, что это такое. Как вы их узнаете? Что будет точкой отсчета для нежной любви? У всех разные определения для любви. Мое определение нежной любви может быть совершенно отличным от вашего. В связи с этим важно, чтобы вы нашли собственное определение человека, эмоции и предмета, воплощения которого вы хотите.

Изучите шаблоны самосаботажа, которые связаны с вашими воплощениями. Был ли тот же шаблон у ваших отца или матери? Связан ли ваш страх с событием, которое вы наблюдали в детстве или во взрослом возрасте, но которое напрямую вас не коснулось? Если так, то вы, должно быть, выражаете чужой страх, который в результате саботирует ваш личный прогресс.

Простой способ подхлестнуть процесс воплощения желаний в реальность

Когда вы поработали над страхом и стрессом, связанными с тем, что вы хотите воплотить в реальность, можете приступать к следующему этапу. Задайтесь вопросом: «Как бы я себя ощущала, если бы имела x/y/z прямо сейчас?» (К этому моменту чувства должны быть положительными.) Спросите: «Что в этом хорошего?» Если почувствуете следующую эмоцию, спросите снова: «Что в этом хорошего?» Продолжайте задавать себе этот вопрос до тех пор, пока не сможете идти глубже в ответах. Давайте представим, что последний ответ прозвучит так: «Я чувствую себя свободной. Свобода».

Следующий вопрос: «Что заставляет меня чувствовать себя свободной?» Сюда можно включить прогулки в парк, плавание, совместное времяпрепровождение с кем-нибудь особенным и так далее. Давайте скажем, что прогулки в парке дают вам ощущение свободы. Тогда во время прогулки в парке, когда вы чувствуете свободу, поставьте перед собой цель создать больше условий в жизни, в которых вы будете чувствовать себя так же. Стремитесь к тому, чтобы ваши желания воплощались здоровым и позитивным образом. Чем свободнее вы себя ощущаете, тем больше шансов привлечь x/y/z. Вы воплощаете желания для и с помощью психического и эмоционального состояний, в которых вы чувствуете себя прекрасно, вы реализовываете желания, когда чувствуете себя сильной. Вы ничего не воплотите из недостатка и ненужности. Гораздо легче привлечь то, чего по-настоящему хочется!

Отпускаем привязанности

Чем сильнее вы привязаны к результату, тем сильнее на подсознательном уровне саботируете и контролируете то, как воплощаются ваши желания. Да, будьте очень активным, однако не контролируйте все чересчур.

В чем заключается ваше предвзятое представление?

Иногда то, что мы ищем, находится прямо перед нами – но потому что мы сконцентрированы на особых деталях и ищем знаков, мы игнорируем возможность, что у нас уже есть x/y/z…Из-за предвзятости представления x/y/z, вы не замечаете различные формы x/y/z. Вы концентрируетесь на деталях. В результате, отфильтровываете положительный опыт и возможности.

Ваш «радар» воплощения может быть настроен на то, что резонирует с вашим предвзятым представлением. Вместо этого, вы могли бы быть более открытыми новым возможностям, которые будут эмоционально, духовно и психически здоровее для вас.

Мне приходилось видеть множество подобных примеров. Например, кто-то был так привязан к идее привлечения в жизнь определенной работы, что игнорировал другую карьерную возможность, которая, кстати, была значительно лучше.

Студентка была настолько зациклена на идее привлечь высокого парня, что игнорировала прекрасного человека из-за его недостатка в росте. На наших курсах БТЛ мы называем это «жесткостью». Удивительно, как «жесткость» может отгораживать от того, что вы хотите.

Мораль истории такова: «Всегда сохраняйте открытость сознания!»

Глава 23 Вы можете исцелиться

Исцелиться от насилия и начать жить нормальной жизнью – возможно. У вас есть выбор: остаться там, где вы есть или двинуться вперед, подальше от инертных отношений, карьеры, партнерства, дружбы или нездорового семейного круга.

Все сводится к выбору и пониманию, что вы хотите от себя, жизни и окружающих. Четкие намерения очень важны, когда вы хотите привнести основательные перемены в свою жизнь. Лучшее, с чего следует начать, спросить себя: «Чего я хочу достичь в жизни? Какие шаблоны, привычки и эмоции необходимо отпустить, чтобы достичь цели?» Найдя ответы на вопросы, вы сформировали стремления своего будущего и того, чего желаете добиться.

Во время своего путешествия к исцелению я заметила, что если вы готовы совершать перемены шаг за шагом, то нужные люди и обстоятельства сами начнут появляться. Ваше намерение и то, о чем вы просите, очень важны, потому что именно это вы и получите. В связи с этим чрезвычайно важно точно знать, чего вы хотите достичь во время путешествия к исцелению? Какого результат вы ждете? Если вы знаете, что хотите, то это легче привлечь в свою жизнь.

Мое путешествие было непростым, и я солгала бы, сказав обратное. Самым трудным было найти то, ради чего стараться.

Главное, найти правильного специалиста, хороших друзей и компанию, которая может раскрыть все лучшее в вас. Поэтому так важно иметь четкие намерения и знать, что работаешь в направлении каждого аспекта в своей жизни, включая карьеру, личностный рост, самоисцеление, дружбу, супруга и так далее.

Пережитое насилие изменило мою жизнь, но оно пока успело изменить ее к лучшему. Путешествие к исцелению было трудным, но я справилась с ним. Иногда боль казалась бесконечной, но боли пришел конец. Боль прекратилась. Тревога, страх, отвращение, ненависть к себе и окружающим, желание мести и избегание прощения исчезли во время путешествия. Вы можете начать счастливую, здоровую, нормальную жизнь. Это – ваше законное право.

Вы можете добиться успеха в жизни на всех уровнях, если по-настоящему захотите. Для этого требуется время, но для вас нет ничего невозможного.

Помните, что вы достойны того, чтобы быть любимой. Здоровая любовь будет давать вам силы. Ваше окружение и избранник должны хвалить вас, но не заполнять. Вы – совершенный, полноценный человек. Выбирайте людей и обстоятельства, которые, наверняка, смогут раскрыть все лучшее в вас. Окружите себя позитивными людьми и проводите больше времени за тем, что вы любите делать.

Мне остается пожелать вам мужества и любви, исцелиться от своего опыта и двинуться вперед, в новую жизнь, которой вы поистине заслуживаете.

С любовью,

Эветта Роуз

Заметки

Книги

Scaer, Robert C (2001), *The Body Bears the Burden, Trauma, Dissociation and Disease*

Stout, Martha (2005), *The Psychopath Next Door*

Интернет-источники
Blood Alcohol Information [Online] Available

http://www.bloodalcohol.info/how-alcohol-affects-the-brain.php 5 July 2011

Science Daily, "Babies Show Ripple Effects of Mothers Stress From 9/11 Trauma" Online [Available]

http://www.sciencedaily.com/releases/2005/05/050503153904.htm
May, 3, 2005

Science Daily, "Mirror, Mirror In The Brain: Mirror Neurons" Online [Available]

http://www.sciencedaily.com/releases/2007/11/071106123725.htm 7 November 2007